황금사슬

성경에서 배우는 분명한 구원의 도

황금
사슬

정대운

규장

로마서 8장은 복음의 정수(精髓)요 구원의 핵심(核心)입니다. 삼송제일교회 정대운 목사님의 《황금사슬》은 로마서 8장을 구원 서정(ordo salutis)의 신학적 맥락 속에서 청중들에게 설교 형식으로 선포한 내용을 아름답게 엮은 책입니다. 성도들에게 다소 딱딱할 수도 있는 구원론적인 주제, 즉 예정, 소명, 중생, 회개, 믿음, 칭의, 양자, 성화, 견인, 영화라는 주제를 청중의 눈높이에 맞추어 쉽고도 재미있게 전한 것이 이 책의 가장 큰 장점이자 묘미입니다.

쉽고도 재미있게 전했음에도 불구하고 신학적 깊이가 포기되거나 신학적 엄밀성이 사라지지 않은 점 또한 이 책이 자랑스럽게 내세울 수 있는 특장점입니다. 게다가 담임 목회자로서 목양적 자세와 태도를 가지고 접근한 설교문이기 때문에, 설교문 전반에 걸쳐서 등장하는 성도들의 삶 속에 적실하게 적용될 수 있는 예화 및 감칠맛 나는 에피소드들이 로마서 8장을 제대로 이해할 수 있게끔 만드는 원동력이 되고 있습니다.

신자들은 《황금사슬》을 통해 구원의 아름다움을 입체적으로 조망하게 될 것이며, 불신자들은 《황금사슬》을 통해 구원으로의 부르심을 경험하게 될 줄 믿습니다. 이 책이 신자와 불신자 모두에게 아름답게 사용되기를 간절히 기도합니다.

박재은 | 총신대학교 조직신학 교수, 교목실장

16세기 '청교도주의의 아버지'인 윌리엄 퍼킨스(William Perkins, 1558-1602)는 하나님의 절대 주권이 뚜렷하게 드러난 《황금사슬》이라는 탁월한 신학 작품을 저술하였습니다. 이 작품은 인간의 공로가 아닌 오직 하나님의 은혜로 말미암은 '구원의 서정'(ordo salutis, 롬 8:29-30)을 선언하고 찬양합니다.

정대운 목사님의 《황금사슬》은 기독교의 핵심적 구원 교리를 알기 쉽게 소개하는 16편의 교리 설교(doctrinal sermons)입니다. 청교도 신학과 사상에 철저히 헌신한 목회자로서 저자는 교리가 건조하고 딱딱하다는 편견을 일소하고, 영광스런 구원 교리의 기쁨을 성도들의 눈높이에 맞추어 적실하게 풀어내고 있습니다. 퍼킨스가 그의 작품에서 일차적으로 성도들의 경건과 실천적 삶에 관심을 두었던 것처럼, 저자 역시 성도들의 신앙의 뼈대를 세워주기 위한 목회적 관점에서 기독교 신앙의 정수를 알기 쉽게 증언합니다. 무엇보다 이 책의 가치와 중요성은 21세기 포스트모던 다원주의, 상대주의 사회 속에서 구원의 절대 진리와 거대 담론이 부정되는 현실에 맞서 세속의 거짓 사상과 타협하지 않고 성경 진리의 기치를 다시금 높이 세우는 데 있습니다.

따라서 기독교 신앙의 핵심을 배우기 원하거나 다시금 짚어보고 싶은 독자들은 누구나 목회자이든, 신학생이든, 혹은 주일학교 교사이든, 청년 대학생이든, 이 책에서 그 해답을 찾을 것입니다. 주 하나님께서 이 책을 통해 그리스도의 복음 가운데 나타난 하나님의 은혜로운 주권과 영광을 드러내시어 한국 교회가 새롭게 갱신되고 성령 안에서 부흥되기를 소원합니다.

박태현 | 총신대학교 실천신학 교수

먼저 이 귀한 책을 내도록 저자와 출판사에 은혜를 주신 성삼위 하나님께 존귀와 영광을 돌립니다.

성경은 '하나님의 사랑 이야기'에 집중된 책입니다. 사람 사이의 '사랑 이야기'는 '사랑하는 연인 사이의 인격적인 끌림과 애호와 집착과 집중'으로 나타납니다. 그런데 사람 사이의 사랑 이야기는 '알파와 오메가'의 도식이 성립되기가 매우 힘듭니다. 그것은 그 사랑 이야기의 상대가 다 연약하고 허물지고 변덕스러운 배반의 씨앗을 그 속에 다 가지고 있기 때문입니다. 그래서 사람 사이의 사랑 이야기가 필연 그렇지 않을지라도, 무수한 결말이 슬프고 파괴적이기도 합니다. 그래서 그토록 사랑하고 결혼하여 모든 이들의 부러움을 샀던 커플이 서로 가장 미워하는 원수 사이가 되는 비극을 우리는 드물지 않게 봅니다.

'황금사슬'로 지칭되는 로마서 8장 30절의 말씀은 '하나님의 주권적인 완전한 사랑 이야기의 알파와 오메가'입니다. 하나님께서 창세 전에 '사랑 가운데서 그리스도 안에서 하나님 앞에 흠이 없게 하시려고 택하신 자들에 대한 사랑 이야기 전부'입니다. 그래서 하나님의 사랑의 대상인 '죄로 부패하고 타락한 자들'의 연약과 허물에도 불구하고 그 사랑은 '완전하고 영화로운 결말'을 맞아 하나님의 이름과 그 나라의 영광을 과시하게 됩니다. 로마서 8장 30절은 성경이 말하는 대로 '하나님의 완전한 사랑의 금고리 같은 교리'의 전 체계입니다. 여기서 개혁주의 신학의 '구원의 서정'이 나온 것입니다.

정대운 목사님은 주님의 은혜 속에서 '황금사슬'을 연구하고 개혁주의적 신앙과 신학의 촉수를 잘 더듬어 이 책을 내놓았습니다. 물론 세밀한 부분에서는 신학자마다 의견이 다를 수도 있겠으나 그가 추구하는 청교도적인 목양의 열심과 의지로 잘 풀어내었습니다. 그래서 독자들이 이 책을 통하여 자기를 구원하신 하나님의 사랑의 실체를 교리적으로 견고히 다질 수 있으리라 보아 이에 추천하는 바입니다.

서문 강 | 중심교회 원로목사, 칼빈대 교수

종교개혁은 사도 바울의 복음을 다시 회복한 운동이고, 청교도 신학은 교리적인 면에서나 실천적인 면에서 종교개혁이 재발견한 진리를 더 세밀하게 천착하고 밝혀내려고 했던 운동입니다. 국내에도 개혁주의와 청교도주의(청교도 개혁주의) 신앙과 신학을 추구하는 많은 신학자들과 목회자들이 있습니다.

정대운 목사님은 청교도 개혁주의 신학을 추구하는 열심을 가지고 청교도목사회를 만들어 세미나를 개최하는가 하면 언약 출판사를 통한 청교도 문헌의 보급에 박차를 가하는 열정적인 목회자입니다. 또한 삼송제일교회 강단을 통해서 전적 타락, 무조건적 선택, 제한 속죄, 저항할 수 없는 은혜(=유효적 소명), 성도의 견인 등의 칼빈주의 5대 강령에 충실한 설교와 강의를 하는 현장이 있는 목회자이기도 합니다.

이번에 출간한 《황금사슬》은 청교도 개혁주의 구원론의 주요 서정을 차례대로 강설한 내용을 담고 있습니다. 청교도 윌리엄 퍼킨스의 동명의 저술로 유명해진 이 표제는 워필드가 좀 더 명시적으로 수식한 대로 "우리 구원의 끊어지지 않은 황금사슬"이라고 불리는 로마서 8장 29-30절의 본문을 적시해주는 문구입니다.

이 책을 통해 저자는 그리스도인들에게 성경적인 구원론을 해설해주고 있기 때문에, 머리 아픈 신학적인 논의에 대한 부담감 없이 편

하게 읽어 내려갈 수 있다는 장점이 있습니다. 자신이 참여하고 있
는 구원의 황금사슬에 대해 관심이 있는 그리스도인들이나 신자들
에게, 구원론을 설교 내지 강론하고자 준비하는 목회자들에게 본서
를 권독합니다.

이상웅 ┃ 총신대학교 신학대학원 조직신학 교수

구원에 대한 참된 진리와
위로와 해답을 주는 책이 되기를 바라며

"성경의 모든 책들이 다 소실되어 없어진다 할지라도, 요한복음과 로마서만 있으면 복음을 이해하는 데 전혀 부족함이 없다." 종교개혁을 일으킨 마르틴 루터(Martin Luther, 1483-1546)의 이 말처럼 로마서는 복음의 핵심을 담고 있습니다. 복음의 정수를 담고 있는 이 서신 앞에 우리가 두렵고 떨리는 마음으로 나아가기 원합니다.

복음과 로마서

로마서는 그 구조로서도 우리에게 메시지를 주고 있습니다. 로마서는 전체 16장으로 구성되어 있으며, 1장부터 8장까지는 구원의 전 과정, 즉 구원을 어떻게 이루느냐의 문제에 대해 설명하고 있습니다. 교회의 본질은 '구원의 선포'입니다. 복음의 정수인 로마서가 더욱 중요하게 다루어져야 할 이유가 여기에 있습니다. 교회가 교회다워지는 것은 구원을 선포하느냐의 문제이기 때문입니다. 구원받은 자의 삶을 논하는 것은 구원의 전 과정을 바르게 선포하고 난 이후에라도 늦지 않을 것입니다.

그다음 9장부터 11장까지는 그리스도교 확장에 대한 이스라엘의 역할과 그들의 구원에 대해서 이야기하고 있고, 12장부터 16장까지는 구원받은 자에게서 드러나는 행동들에 관하여 언급하고 있습니다. 여기서 주의해야 할 점은 구원받은 자의 '삶' 자체에 초점을 맞추는 '행위구원론'으로 빠지지 않도록 조심해야 한다는 것입니다. 구원받은 자에게서 구원받은 자만의 행동의 특징들이 나타나는 것은 사실이지만, 다른 한편으로 그렇게 산다고 해서 다 구원받는 것은 아니라는 것을 분명히 알아야 하는 것입니다.

사복음서를 텍스트(Text : 본문, 문자 그대로의 의미, 해석되기 이전의 원천)라 한다면, 로마서를 비롯한 바울서신은 컨텍스트(Context : 맥락, 문맥상의 의미, 본문이 기록되기까지의 역사적 정황이나 상황, 저자의 의도 등 본문의 배경)라 할 수 있습니다. 텍스트는 그 자체만으로 여러 해석이 나올 수 있기 때문에 텍스트를 올바로 해석할 수 있는 해설집이 따로 필요하기도 합니다.

자비로우신 하나님께서는 성경 66권 안에 로마서와 같은 컨텍스트를 포함시켜서 우리가 사복음서를 바르게 이해할 수 있도록 도우십니다. 따라서 사복음서를 읽기 전에 우리는 반드시 갈라디아서나 로마서와 같은 교리서를 먼저 공부해야 합니다. 교리가 무엇인지 알고, 그 교리의 틀로 사복음서를 대할 때, 우리의 신앙은 운동력 있는 하나님의 날 선 말씀과 조우하여 복음 앞에 무릎 꿇게 될 것입니다.

로마서는 AD 57년경 고린도에 있던 바울이 로마교회에 쓴 편지입니다. 땅 끝까지 복음을 전파하기로 작정한 바울에게 로마는 땅 끝으로 진출하기 위한 복음의 전초 기지였습니다. 그러나 로마교회는 사도들에 의해 세워진 것이 아니라 복음을 들은 디아스포라 유대인들에 의해 자연발생적으로 생겨난 교회이기 때문에 교리적으로 탄탄하지 못했습니다. 로마교회를 중요하게 생각했던 사도 바울은 로마교회가 교리의 체계적인 바탕 위에 세워지도록 하기 위한 바람으로 이 로마서를 쓰게 된 것입니다. 따라서 로마서는 복음의 모든 내용을 처음부터 끝까지 체계적으로 서술하고 있습니다. 바울이 썼던 다른 서신서와 비교해보더라도 로마서의 복음의 체계성이 선명히 드러납니다.

이렇게 복음을 가장 완벽하게 서술해내고 있는 로마서를 공부하면서 우리의 신앙이 '신념'이 아닌 '확신'에 거할 수 있게 되기를 겸손한 마음으로 성령님께 구합니다.

로마서 8장의 해석과 황금사슬

만일 성경이 반지라면 로마서는 그 반지 가운데 박힌 보석이고, 그중에서도 로마서 8장은 가장 빛나는 보석이라고 했습니다. 성경을 연구하는 많은 이들 역시 성경의 핵심은 로마서에 있고, 로마서의 핵심은 로마서 8장에 있다고 말합니다.

저 역시 120여 편에 이르는 로마서 강해 설교를 하였는데, 그중에서 로마서 8장을 설교한 '황금사슬 : 구원의 서정' 시리즈 16편의 설교를 정리하여 출간하게 되었습니다. 처음 설교할 때에는 구원의 서정 설교가 16편이나 되리라고는 생각하지 못했습니다. 왜냐하면 로마서 강해로 로마서 8장 29-30절만 설교하려고 했기 때문입니다.

그러나 윌리엄 퍼킨스가 이 구절을 중심으로 '황금사슬'이라는 구원의 서정 전체를 다루었던 것은 교회사적으로 매우 중요한 일이었기에 저 역시 그 구조대로 하게 되었습니다. 진귀한 보석과 같은 진리들을 빼거나 생략할 수가 없었기 때문입니다. 하지만 설교를 끝내고 강단을 내려올 때마다 항상 시간의 제약 때문에 아쉬움이 남았던 기억이 납니다.

'황금사슬'(Golden Chain)이란 용어를 가장 먼저 사용한 사람이 영국 케임브리지대학의 교수이며 청교도 신학의 선구자로 불리는 윌리엄 퍼킨스(William Perkins, 1558-1602)였습니다. 그는 로마서 8장 29-30절을 바탕으로 '구원의 서정'을 황금사슬에 비유하여, 구원의 과정이 마치 사슬처럼 매우 단단하지만 서로 연결이 되어 마지막 단계까지 이어진다는 개념을 제시했습니다.

그는 '예정'부터 시작하여 소명, 중생, 회개, 믿음, 칭의, 양자, 성화, 견인, 영화로 마무리가 되는 구원의 전체 과정을 서술하였습니다. 신학에서는 이것을 '구원의 서정 9단계'라고 표현합니다. 이 책에서는 회개와 믿음을 묶어 '회심'이라고 부르기도 하였으며, 이 때에는 구원의 서정을 8단계로 보기도 합니다. 이 책은 윌리엄 퍼킨스의 '황금사슬'을 중심으로 구원의 도(道)를 설교하며 이 '서정' 전체를 이해하기 쉽게 접근하려고 노력하였습니다.

윌리엄 퍼킨스는 이 과정이 '하나님의 주권적 은혜'에 의해 이루어진 것을 강조하면서, 각 단계와 단계가 유기적이고 밀접하게 연결되어 있다는 것을 보여줍니다. 전체 과정은 하나님의 은혜와 주권에 의해 이루어지는데, 그에 따른 인간의 반응과 책임에 대해서도 분명히 기록하고 있습니다. 퍼킨스의 '황금사슬'은 많은 청교도 설교자들이 설교를 구성하는 데 핵심적인 뼈대를 이루게 하였습니다. 이것은 현대 개혁주의 구원의 서정으로 자리매김하고 있는 매우 중요한 교리라고 할 수 있습니다.

황금사슬과 구원의 확신

'황금사슬'은 단순한 이론이나 지식이 아니라 구원에 확신을 주는 생명력 있는 주제입니다. 이 책은 구원에 대한 해부학이라고 할 수 있을 만큼 구원에 대해서 세밀하고 일목요연하게 정리되어 있습니다. 인간적 사고가 곁들여진 현대의 가벼운 신앙관과는 거리가 멀다고 할 수 있습니다. 일반적인 교회에 자주 등장하는 설교 주제인 가정의 행복이나 십대 청소년의 문제, 사회적 불평등 문제 같은, 구원과 상관없는 것들은 전혀 찾아볼 수가 없습니다.

부디 이 책이 우리에게 가장 의미심장한 주제인 '구원'에 대하여 참된 진리와 위로와 해답을 주는 책이 되기를 소망합니다. 손에 잡히지 않는 허황된 구원이 아니라 구체적이고 손에 잡히는 적용점을 지닌 구원에 관한 책으로 성도들에게 다가가 실질적인 도움이 되기를 바랍니다. 또한 소위 '값싼 은혜'에 오염되어 '거짓된 구원의 확신'을 가진 자들에게 양약으로 쓰이기를 바라마지 않습니다.

정대운 목사

추천사

프롤로그

01

예지
예정
소명

나는 구원의 길에 있는가?

우리가 알거니와
하나님을 사랑하는 자
곧 그의 뜻대로
부르심을 입은 자들에게는
모든 것이 합력하여 선을 이루느니라
하나님이 미리 아신 자들을
또한 그 아들의 형상을
본받게 하기 위하여
미리 정하셨으니
이는 그로 많은 형제 중에서
맏아들이 되게 하려 하심이니라
또 미리 정하신 그들을 또한 부르시고
부르신 그들을 또한 의롭다 하시고
의롭다 하신 그들을
또한 영화롭게 하셨느니라

구원의 서정? 황금사슬?

우리는 이제 황금사슬, 구원의 서정에 대해 배우게 될 것입니다. 그런데 우리가 교회를 다니면서 '황금사슬'이라는 말을 처음 들었거나 한 번도 그런 설교를 들어보지 못했고, 구원의 서정을 배우지 않았다면 그것은 '로마서'를 주의 깊게 배우지 않은 것과 마찬가지입니다.

만일 성경이 반지라면 로마서는 그 반지 가운데 박힌 보석이고, 그중에서도 로마서 8장은 가장 빛나는 보석이라고 했습니다. 성경을 연구하는 많은 이들 역시 성경의 핵심은 로마서에 있고, 로마서의 핵심은 로마서 8장에 있다고 말합니다. 이 로마서 8장에 나오는 복음의 핵심인 구원의 도를 가르치지 않고, 도덕과 윤리만 이야기하는 설교만을 듣는다면 구원의 역사가 일어나지 않을 것입니다.

또 많은 이들이 로마서 8장 28절을 잘 알고 있습니다. 성경에서 중요한 말씀이자 삶의 큰 위로를 받는 구절이기도 합니다.

> 우리가 알거니와 하나님을 사랑하는 자 곧 그의 뜻대로 부르심을 입은 자들에게는 모든 것이 합력하여 선을 이루느니라 롬 8:28

하나님은 모든 그리스도인들을 위하여 크고 좋은 뜻을 가지고 계시며, 그 뜻을 이루기 위하여 그리스도인들의 생활에서 벌어지는 온갖 세세한 상황 가운데 활동하십니다. 28절의 말씀이 이처럼 놀랍지만, 사실은 29절부터가 진짜 놀라운 말씀입니다.

> 하나님이 미리 아신 자들을 또한 그 아들의 형상을 본받게 하기 위하여 미리 정하셨으니 이는 그로 많은 형제 중에서 맏아들이 되게 하려 하심이니라 또 미리 정하신 그들을 또한 부르시고 부르신 그들을 또한 의롭다 하시고 의롭다 하신 그들을 또한 영화롭게 하셨느니라
>
> 롬 8:29-30

우리는 대부분 28절만 많이 알고, 진짜 중요한 29-30절 말씀을 깊이 공부하지 않습니다. 그런데 29-30절 말씀이 바로 '구원의 서정'을 다루고 있습니다. 이 말씀을 근거로 구원의 모든 것이 일종의 사슬처럼 하나로 연결되어 있다고 해서 '황금사슬'[1]이라고 하는데, 이것을 가장 먼저 명명한 사람이 영국의 윌리엄 퍼킨스(William Perkins, 1558-1602)입니다. 윌리엄 퍼킨스의 몇 가지 별명 중에 유명한 별명이 "엘리자베스 시대 청교도의 핵심 건축자"입니다. 그러니까 청교도가 그로부터 형성되었다는 뜻입니다. 또한 그는 "청교도 신학자들의 왕자"라고도 불립니다. 심지어 존 칼

---

1 이하 '구원의 서정'을, '황금사슬', '구원의 도', '십자가의 도' 등으로 교차하여 사용하였습니다.

빈(John Calvin, 1509-1564), 그의 수제자인 테오도르 베자(Theodore Beza, 1519-1605) 그리고 윌리엄 퍼킨스를 "개혁신학의 삼위일체"라고 표현하기도 합니다.

청교도들은 존 칼빈보다 대체로 약 100년 후에 활약한 사람들입니다. 대표적인 청교도로 토머스 굿윈(Thomas Goodwin, 1600-1680), 존 오웬(John Owen, 1616-1683) 등이 있습니다. 청교도들은 존 칼빈과 수많은 개혁주의자들로부터 진리를 전수받았을 뿐만 아니라 그것을 삶에서 실천하려고 몸부림쳤습니다. 청교도들이 종교개혁자 1세대나 2세대들에 비해 더 깊고 더 실용적이기 때문에 현대 교회는 청교도를 더 깊이 탐구해야 할 필요성이 있습니다.

바로 그 청교도의 아버지 윌리엄 퍼킨스가 쓴 유명한 책이 《황금사슬》(A Golden Chain)입니다. 이 책을 기점으로 '황금사슬'이라는 단어가 개혁주의 신학에서 많이 회자되는 것입니다. 그는 이 책이 삶과 구원에 관한 조상들의 가르침을 엮은 것이며 자신이 이 가르침으로 거듭났다고 하였습니다.

이신칭의 논쟁

종교개혁은 '이신칭의'에 대한 문제와 함께 출발했습니다. 이신칭의(以信稱義), "오직 믿음으로 말미암아 구원을 얻는다"는 것은 16세기 종교개혁의 밑불이었습니다. 그러니까 종교개혁은 구원론의 개혁에서부터 시작한 것이라고 볼 수 있습니다.

그런데 지금의 한국 교회는 교회개혁을 말할 때 진보적인 색채를 가진 교회들이 보수적인 교회를 개혁해야 된다는 식으로 이야기합니다. 보수적인 교회가 물질숭배, 대형화 추구, 보수주의 정치와 결탁한 모습을 비판하며 교회가 개혁되어야 한다고 말합니다.

그러나 교회는 데모하고, 비리를 밝혀내고, 잘못한 사람을 도려낸다고 개혁되는 것이 아닙니다. 종교개혁이든 교회개혁이든 그런 식으로 개혁된 경우는 없습니다. 교회는 항상 바른 교리를 발견하고 개혁되었으며 특별히 구원론의 개혁이 그 핵심입니다. 교회개혁을 마치 세상의 혁명처럼 하려고 하는 소위 진보주의적 기독교의 아이디어는 그 자체가 세상의 논리와 똑같습니다. 결국 이런 교회 개혁론자들은 세상적 가치로 무장된 혁명론자들이 될 수밖에 없습니다. 단지 기독교적 용어로 치장한 것에 지나지 않습니다. 그렇기 때문에 정말 교회가 개혁되기 원한다면 먼저 깊이 공부하는 것이 급선무입니다. 진짜 구원이 무엇인지 깨달을 때까지 열심히 공부부터 하고 그다음에 외치는 것입니다. 그러면 교회개혁의 불씨가 거기서 발화될 것입니다.

다시 말하지만 교회개혁은 교리적 개혁이고, 이 교리적 개혁은 종교개혁 때부터 일어났습니다. 문제는 루터가 이신칭의 교리, 즉 오직 믿음으로 말미암아 구원을 얻는다고 외치기는 했는데, 그러면 '믿음'이 무엇인지, '칭의'가 무엇인지 면밀한 정의를 내리지는 못했다는 것입니다. 그 후 칼빈이 그 믿음이 무엇인지, 회개가 무엇인지를 성경적으로 가르치기 시작했습니다. 칼빈 이후 그 내용을 한층 더 깊이 해석하여 우리가 적용할 수 있도록 하나하나 다루어낸 것이 바로 청교도들이었습니다. 기독교 역사상 수많은 책을 읽어봐도 청교도를 넘어서는 저작이 없다고 할 만큼 청교도들이야말로 기독교 신앙의 정점이라고 생각합니다.

이신칭의 교리, 즉 구원론의 문제는 더 깊은 주제로 나아가게 되었습니다. 그것은 "구원의 원인이 하나님께 있느냐, 혹은 구원받은 사람에게 있느냐" 하는 것이었습니다. "우리가 구원을 받을 때 오직 은혜로 받느냐, 아니면 인간의 공로가 조금 들어가느냐" 하는 논쟁입니다. 루터가 말한 오직 믿음을 통한 은혜로 구원을 받는다면 인간의 공로는 아무것도 없어야 합니다. 오직 은혜로 구원을 받는다면 결국 하나님이 우리를 구원해주실 수밖에 없다는 논리가 성립됩니다. 그러면 우리를 구원해주시기 위해 하나님께서는 언제 그 사람의 무엇을 보고 구원해주시느냐고 할 때 사람이 선행하는 것을 보고 구원해주셨다고 하면 그것은 곧바로 행위구원이 됩니다.

하나님의 예정과 선택 그리고 실행

이신칭의 교리의 논쟁에서 "누가 구원하는가?", "하나님이 구원해주셨다", "언제 구원시키셨는가?", "우리의 선행과 상관없이 만세 전부터 우리를 선택하셨다"라는 선택 교리가 나오게 된 것입니다. 이런 상황에서 인간은 무엇을 해야 하느냐 하는 것이 예정론 논쟁입니다. "만일 모든 사람이 만세 전에 이미 선택되었고, 구원을 얻는 일에 우리가 아무것도 할 수 없다면 우리는 왜 선한 일을 해야 되는가?", "우리가 어렵게 신앙생활을 할 필요가 있는가?" 하는 문제가 종교개혁 당시 그리고 그 후에도 계속 발생했습니다.

영국에서도 케임브리지대학 교수였던 피터 바로(Peter Baro, 1534-1599)가 칼빈의 예정론을 거부하였는데 그를 논박하여 쓴 책이 바로 윌리엄 퍼킨스의 《황금사슬》입니다. 그러니까 이것이 전부 종교개혁 100년 어간에 수많은 사람들이 오직 은혜로 받는 구원이 무엇인지 무지했기 때문에 일어났던 엄청난 논쟁이었으며, 《황금사슬》이 그 정점에 있었다고 할 수 있습니다. 이 책은 전체적으로 예정론, 특별히 선택론의 관점에서 전개되고 있습니다. 이 책의 첫 번째 주제는 '하나님의 선택하심'입니다. 두 번째 주제는 그 선택의 기초가 우리의 선행이 아니라 예수 그리스도이시며, 그 선택을 수행하기 위한 수단으로 율법, 은혜, 성례가 필요하고, 그 선택의 실행이 바로 구원의 서정, 즉 황금사슬이라는 것입니다.

'구원의 서정'은 라틴어로 '오르도 살루티스'(Ordo Salutis), "구원의 길", "구원의 순서"라는 뜻입니다. "당신은 구원의 길을 아십니까?"라고 물으면 우리는 대부분 대답을 못합니다. 그러나 '구원의 길'을 아는 것은 우리에게 엄청나게 중요한 일입니다. 만일 어떤 분이 저에게 "삼송역에 가려면 어떻게 가야 합니까?"라고 묻는다면 저는 일단 종이를 꺼내서 "여기서 300미터쯤 가다가 편의점을 만나면 우회전하여 횡단보도를 건너서 300미터 더 가면 삼송역이 있습니다"라고 지도를 그려가며 설명할 수 있습니다. 눈을 감고 설명할 수도 있습니다. 왜냐하면 저는 매일 삼송역을 왔다갔다 하기 때문입니다.

그렇다면 이번에는 제가 묻고 싶습니다. "여러분, 구원받았습니까? 그렇다면 구원의 길을 한번 써보십시오." 그럴 때 구원받은 사람은 "네. 잘 보십시오. 구원은 이렇게 이렇게 됩니다. 구원은 이런 과정을 거쳐서 이루어지는 것입니다"라고 능숙하게 쓸 수 있습니다. 왜냐하면 그가 구원의 길을 자주 왕래하기 때문입니다. 그러면 반대로 왜 쓰지 못합니까? 구원의 길을 가보지 않았으면 쓰지 못하는 것입니다.

이것이 황금사슬이고 구원의 길입니다. 구원은 하나님이 하시는 일이니까 나는 가만히 있는데 벼락을 맞은 것처럼 구원을 받았겠거니 생각하십니까? 그렇다면 로마서나 구원의 서정이 왜 필요하고, 십자가의 도가 왜 필요하겠습니까? 구원받는 길을 모르는데 누가 구원의 길을 가겠습니까? 우리가 구원의 길을 완벽하게 알아도 갈까 말까 한데, 아무것도 모르고 어디를 간다고 합니까? 도대체 천국 가는 길이 어디에 있습니까? 물론 우리가 구원의 서정을 안다고 해서 다 천국에 가는 것은 아니지만 천국에 갈 사람들은 익숙하게 알게 될 것입니다. 왜냐하면 그 길을 매일 걷게 되기 때문입니다.

구원의 서정, 그 순서는 "소명, 중생, 회심(회개와 믿음을 회심이라고 말하기도 합니다), 칭의, 양자, 성화, 견인, 영화"입니다. 쉽게 순서를 기억하려면 "소중한 친구, 양성견화" 보통 이렇게 이야기합니다. 소명, 중생, 회심을 '소중한'이라고 기억하면 되는데, 사실 이 부분이 기초이자 그 내용이 어렵습니다. '회심' 안에 '회개'와 '믿음'이 포함되어 있기 때문에 회심을 회개와 믿음이라고 쓴다면 "소명, 중생, 회개, 믿음, 칭의, 양자, 성화, 견인, 영화" 이렇게 구원의 서정 9단계가 됩니다. 양자, 성화, 견인, 영화는 앞의 소명, 중생, 회심, 칭의를 기초로 해석해야만 합니다.

하나님의 예정하심

로마서에는 하나님이 우리를 구원하시는 과정을 구원의 서정보다 한 단계 앞서 '예정'부터 설명합니다. 예정은 누가 구원받을 것인지가 미리 정해져 있다는 뜻입니다. 하나님은 하나님의 구별하시는 사랑을 우리에게 쏟기로 하셨습니다. 그다음에 무엇을 하려고 미리 정하셨습니까? 자기 아들의 형상을 본받게 하려고 하셨습니다.

그렇다면 결국 예정은 무엇이고 누가 예정된 사람입니까? 예수 그리스도를 비슷하게 따라가는 사람, 그 사람이 예정된 사람입니다. 하나님은 홍길동을 구원하기로 예정하셨습니다. 홍길동을 구원하기로 예정하셨다는 것은 결론적으로 그가 예수 그리스도를 닮아가게끔 예정해놓으셨다는 것이 됩니다. 여러분, 정말 그리스도인이십니까? 모든 그리스도인에게는 운명이 있습니다. 바로 예수님을 닮아가는 운명입니다. 우리 주님은 예수님을 닮게 하기 위하여 우리를 예정하셨습니다.

　종종 이런 질문을 하는 사람들이 있습니다. "목사님, 예정되었으면 무슨 죄를 지어도 천국에 갑니까?", "목사님, 예정되지 않았으면 내가 아무리 하나님을 믿고 천국 가고 싶어 안달해도 천국에 못 가나요? 이런 불합리한 종교가 어디 있습니까?" 이것은 예정론을 전혀 알지 못하는 사람들의 우문입니다. 우리는 맏아들 예수 그리스도를 본받게 하기 위해서 예정되었습니다. "예정되었으면 무슨 죄를 지어도 천국에 가겠네요?" 이렇게 말하는 것은 예정되지 않았다는 것입니다. "목사님, 김 집사는 윤리적이지 않고, 엄청나게 사납고, 정말 이상한 사람이에요. 그렇지만 그도 천국 백성인지 모르는데 너무하시는 것 아닙니까?" 아니요. 그는 아직 천국 백성이 아닙니다. 천국 백성이 어떻게 늑대처럼 사납게 달려듭니까? 최소한 그런 현재의 모습으로는 그가 예정되었다고 보기 어렵습니다.

　여러분, 착각하지 마시기 바랍니다. 예정은 눈에 보이고 알 수 있습니다. 제가 자주 말씀드리는 것이 있습니다. 첫째, 누가 구원받지 않았는지 대번에 확실히 알 수 있다는 것입니다. 누구입니까? 그는 예수님의 형상을 전혀 닮지 않았습니다. 성경은 그리 어렵지 않습니다. 성경은 명료합니다. 그래서 성경은 아이들도 이해할 수 있는데, 박사도 이해하지 못하는 것입니다. 둘째, 단 누가 구원받은 자인지 아닌지는 구분하기가 쉽지 않습니다. 왜냐하면 구원받지 않았는데도 사람들을 속이면서 겉으로 깨끗한 척 윤리적으로 도덕적으로 살 수 있고, 자신도 수십 년 동안 자기가 선한 사람이라고 착각하며 살 수 있기 때문입니다.

이제 예정을 이해하셨습니까? "예정된 사람은 예수님을 닮아갈 것이고, 예수님을 닮아가지 않은 자들은 예정된 사람이 아닙니다"라고 대답하면 "예정된 사람은 무슨 죄를 지어도 천국에 갑니까?"라고 하는 우문에 현답이 될 것입니다. 칼빈도 자신이 목회하던 제네바교회 안에 있는 100명 중에 1명만 구원받았다고 말할 정도였습니다. 그렇게 말하는 근거는 예수님 닮을 생각을 하지 않는 사람은 구원받지 않았으며 예수님의 사람이 아니기 때문입니다.

구원의 서정의 시작, 소명

로마서 8장 30절부터 구원의 서정이 시작되는데 부르심이 구원의 서정의 시작입니다.

> 또 미리 정하신 그들을 또한 부르시고 부르신 그들을 또한 의롭다 하시고 의롭다 하신 그들을 또한 영화롭게 하셨느니라 롬 8:30

"미리 정하신 그들을 또한 부르시고", 이 부르심을 '소명'이라고 부릅니다. 30절에 부르심, 구원의 서정의 첫 번째 소명이 나오고,

그다음 "부르신 그들을 또한 의롭다 하시고", 이것이 '칭의'입니다. 그리고 "의롭다 하신 그들을 또한 영화롭게 하셨느니라" 이렇게 '영화'가 나옵니다. 그러니까 30절에 구원의 서정의 9단계가 다 나오는 것이 아닙니다. 소명, 칭의, 영화 이렇게 세 가지밖에 나오지 않습니다. 그래서 로마서의 다른 구절과 다른 성경을 찾아 구원의 9단계를 찾아낸 것이 청교도(윌리엄 퍼킨스)입니다.

1. 외적 소명

구원의 서정의 첫 번째 소명을 다시 파헤쳐보면, 소명은 '외적 소명'과 '내적 소명'으로 구분됩니다. 외적 소명은 모든 사람에게 죄를 회개하고 주 예수 그리스도에게 돌아와 구원을 얻으라고 하는 공개적 부르심입니다. 어떻게 부르느냐 하면 "수고하고 무거운 짐 진 자들아 다 내게로 오라 내가 너희를 쉬게 하리라"(마 11:28), "누구든지 목마르거든 내게로 와서 마시라"(요 7:37), "나를 보내신 아버지께서 이끌지 아니하시면 아무도 내게 올 수 없으니 오는 그를 내가 마지막 날에 다시 살리라"(요 6:44) 이렇게 주님께 초청하는 것으로, 이 외적 소명은 주로 목사의 설교를 통해서 받게 됩니다.

제가 청교도들을 연구하면서 깜짝 놀랐는데 이분들은 정말 담대합니다. 청교도들은 하나님의 말씀이 두 가지로 나타나는데, 첫째, '기록된 성경'이고, 둘째, '기록을 선포하는 설교'라고 했습니다. 그런데 이중에서 성령의 역사는 목사의 설교를 통해 훨씬 많이 나타난다고 했습니다. 청교도인 느헤미야 로저스(Nehemiah Rogers, 1593-1660)는 다음과 같이 말했습니다.

"본문은 축약된 하나님의 말씀이고, 설교는 확대된 하나님의 말씀이다."

여러분의 상식을 깨는 말 아닌가요? 목사의 설교에는 오류가 있고, 목사의 설교는 인간의 말이고, 정말 때묻지 않은 성경을 통해서 참된 성령의 역사가 일어나리라고 생각했을 것입니다. 그런데 청교도들은 오히려 우리가 혼자 성경을 읽을 때보다 설교를 들을 때 성령의 역사가 더 잘 나타난다고 표현합니다. 토머스 카트라이트(Thomas Cartwright, 1535-1603)는 다음과 같이 말했습니다.

"설교는 단순히 성경을 읽는 것이 아닌 절대적으로 필수적인 것으로, 불이 더 높은 열을 발생시키듯이 말씀도 설교를 통해 쏟아져 나올 때, 말씀을 읽을 때보다 더 큰 불길을 청자들 속에 일으킨다."

그러니까 그만큼 외적 소명인 설교를 담당하는 목사를 가벼이 여겨서는 안 됩니다. 설교를 하는 목사 역시 그의 일이 얼마나 중차대한지 인식하고, 뉴스나 일반 서적들을 보거나 심지어 농담이나 장난으로 설교 단상에 서서는 안 됩니다. 오직 구원이 일어나는 말씀이 무엇인지 몸부림치고 파헤쳐서 강단에 서야 합니다.

청교도들이 설교한 유서 깊은 교회의 강대상은 모두 높게 제작되었습니다. 예배당의 높은 천장을 통해 공명되어 설교자의 음성이 잘 전달되게 하려는 목적도 있었지만, 무엇보다 말씀의 권위를 높이기 위해서입니다. 목사가 하나님의 말씀을 전하기 위해 가운을 입고 강대상에 오를 때 그는 인간 아무개가 아닌 베드로요 바울입니다. 주의 종입니다. 베드로나 바울 또는 선지자의 마음으로, 즉 주의 종으로 단상에 오르는 것입니다. 높은 강대상이 상징하듯이, 위에서 아래로 강력하게 던지는 것이 하나님의 말씀입니다. 그 하나님의 말씀으로부터 구원이 일어나는 것입니다. 존 프레스턴(John Preston, 1587-1628)은 "들려지는 설교 가운데 우리를 천국이나 지옥으로 가까이 이끌지 않는 설교는 없다"라고 말했습니다. 사실 구원의 서정은 처음부터 끝까지 전부 다 하나님이 하신 일이라는 것이 핵심입니다. 그런데 그 첫 번째인 소명이 외적 소명으로부터 시작하며 그것이 목사의 설교라는 것이 매우 놀라운 것입니다. 그러므로 설교자들은 윌리엄 거널(William Gurnall, 1616-1679)의 말을 경청해야 합니다.

"하나님의 말씀은 매우 거룩하고, 설교는 매우 엄중하여서 절대로 장난치거나 가지고 놀 수 없다."

2. 내적 소명

둘째, 내적 소명입니다. 내적 소명은 '유효적 소명'으로 불리며 성령에 의하여 이루어집니다. 내적 소명은 성도가 설교를 듣고 그 설교에 동의와 기쁨으로 자발적으로 반응하도록 하는 성령의 역사입니다. 성령께서 그 사람의 마음을 뒤집어서 그 말씀이 참으로 옳다고 느끼고, 그 말씀대로 살고자 하는 마음을 강력히 일으키는 것으로, 이 내적 소명이 없으면 아무리 정교한 외적 소명일지라도 아무런 효력을 발생하지 못합니다.

우리 안에 처음 들어오는 믿음은 외적 소명을 통해 들어오는 율법적 믿음입니다. '율법적 믿음'이라고 하면 우리는 흔히 우리를 강제하는 무엇으로 생각하지만, 사실 율법적 믿음은 "하나님을 아는 지식" 또는 "성경적인 지식"을 말합니다. 율법적 믿음이란 성경적 믿음이며 하나님을 아는 지식입니다. 따라서 끊임없이 지식적으로 설교하는 것이 목사의 임무입니다. 바른 지식, 오류가 없는 지식으로 계속 성경을 가르쳐야 하기 때문에 목사는 학교 선생님에 가깝습니다. 바른 하나님의 말씀을 이성적으로 지식적으로 잘 전달하는 것이 목사의 근본적인 일입니다.

이 율법적 믿음, 성경적 지식이 우리에게 주어졌을 때 그것을 우리 마음에 조명해주는 것은 목사가 아니라 성령이 하시는 일입니다. 그것을 '내적 소명'이라고 부르기도 하고 '유효한 부르심'이라고도 합니다. 성령의 조명하심으로 눈이 떠져야 "맞다, 맞다, 그 말씀이 맞다"라고 깨닫게 되는 유효적 역사가 일어나는 것입니다. 그러나 성령의 역사가 없는 사람들에게는 아무리 아름다운 설교를 해도 우이독경일 뿐입니다. 이에 반해 성령의 역사하심을 입은 자들은 오늘 첫 설교를 들을 때부터 "저 말씀이 맞다!"라고 동의하며 놀라기도 합니다.

그럴 때 죽은 나사로를 부르시는 주님의 모습을 한번 떠올려보십시오. 죽은 나사로는 자연 상태에 있는 인간의 모습입니다. 그는 죽어 있고 큰 돌이 무덤 입구를 막고 있습니다. 그런데 이때 주님이 무덤 밖에서 "나사로야, 나오너라" 하고 부르십니다. 이런 외침은 누구나 할 수 있습니다. 그러나 인간이 하는 말과 예수님이 하는 말은 권세가 다릅니다. 무(無)에서 천지 만물을 창조하신 하나님께서 이제는 사망에서 생명으로 나사로를 부르고 계신 것입니다.

나사로는 죽은 지 나흘이나 되었는데도 예수님의 음성을 듣고 주인의 목소리에 순종하여 나왔습니다. 이것이 '유효한 부르심'입니다. 하나님은 하나님이 미리 아시고(예지), 구원하시기로 미리 정하신(예정) 자들을 이렇게 부르십니다(소명). 성령에 의한 이 유효적 소명을 듣는 사람은 말씀이 합당하게 여겨져 자신이 죄인이라는 것을 깊이 깨닫습니다. 자신이 교만할 것 없고 내세울 것 없는, 그저 누더기를 입은 거지와 같은 자로 보여집니다. 이것이 바로 내적 소명을 받은 자의 전형적인 특징입니다.

그러나 내적 소명 없이 계속 말씀을 듣거나 성경을 공부하는 자들은 겸비해지기는커녕 마음이 높아져 주변과 교회와 사회에 대해 비판하며 스스로 의로운 자리로 올라갑니다. 교인들 중에서 자신의 죄를 돌아보는 자는 적고, 스스로 의로워져 옳은 말이라고 소리치는 사람들이 많은 이유는 그들에게 유효적 소명이 없거나 거짓된 가르침을 받아왔기 때문입니다. 유효적 소명이 있는 사람은 "말씀이 맞다, 내가 죄인이다, 내가 누구를 탓할 수 있겠는가, 만물보다 거짓되고 부패한 것이 내 마음인데…"라고 겸비해집니다.

바울이 바울 되기 전, 정의를 위한답시고 자기 생각에 의롭지 못한 사람들을 처단하려고 날뛰던 사울에게 예수님이 나타나서 말씀하셨습니다. "사울아 사울아 네가 어찌하여 나를 박해하느냐 가시채를 뒷발질하기가 네게 고생이니라"(행 26:14). 하나님의 말씀을 들을 때 내적 소명을 받는 사람은 겸손해지고, 낮아지고, 심령이 정말 가난해집니다.

중생(거듭남)

소명 다음은 '중생'입니다. "중생은 순간적으로 이루어지는 성령의 비밀한 사역으로 개인의 전인격에 영향을 미칩니다. 중생은 우리가 하나님나라에 들어가는 첫 번째 요건입니다." 이것이 중생을 설명하는 신학적 언어입니다. 그러나 중생을 너무 어렵게 생각하지 마십시오. 단적으로 중생은 "소명의 내적 효과"를 말합니다. 우리가 설교를 듣고 그 설교에 합당한 마음이 되는 것입니다. '맞다, 맞다, 내가 하나님께 죄인이구나, 내가 사람들 앞에 죄인이다' 이것을 느끼는 것입니다.

황금사슬을 다시 연결해보겠습니다. 우리에게 소명이 있고, 소명에는 외적 소명과 내적 소명이 있습니다. 외적 소명은 내적 소명에 연결되어 있으며, 내적 소명은 다시 중생과 연결되어 있습니다. 그러니까 성령의 내적 소명으로 말미암아 '아, 그렇구나, 그렇구나'라고 하는 것이 중생한 흔적입니다. 그래서 중생한 사람은 자기 자신이 죄인이라는 것을 깊이 깨닫고 지금까지 자기가 살아왔던 방식이 참으로 허망하고 더 나아가 영적으로 매우 위험하다는 것을 깨닫게 됩니다. 이것이 중생한 자의 대표적인 모습입니다.

> 그런즉 그들이 믿지 아니하는 이를 어찌 부르리요 듣지도 못한 이를 어찌 믿으리요 전파하는 자가 없이 어찌 들으리요 보내심을 받지 아니하였으면 어찌 전파하리요 기록된 바 아름답도다 좋은 소식을 전하는 자들의 발이여 함과 같으니라 롬 10:14-15

구원의 시작은 전파하는 자의 전파로부터 시작됩니다. 전파하는 목회자가 없이 어떻게 믿겠습니까? 전파할 때 그 진리의 말씀에 동의가 되어 마음에 합당하게 반응한 자는 중생을 받은 것입니다. 목사는 자신의 설교를 통하여 한 사람의 영혼이 구원을 받게도 하고, 구원의 길을 막기도 한다는 것을 깨닫고, 구원의 서정의 깊은 전문가로 설교자가 먼저 그 길을 걸어야 하며, 설교할 때 한 치의 오차도 없이 해석해낼 수 있도록 노력해야 합니다.

목회자는 한 사람의 영혼을 하나님께 이끌 수 있는 사람입니다. 따라서 정말 말할 수 없는 영광과 말할 수 없는 책임감으로 살아가게 됩니다. 토머스 굿윈(Thomas Goodwin, 1600-1680)은 다음과 같이 말했습니다.

"하나님은 세상에 오직 한 아들을 갖고 계시는데, 그분을 목사로 삼으셨다."

우리가 설교 말씀에 무릎을 꿇고, 자신의 존재를 포기하고, 오직 주님을 믿는 믿음으로 살아가는 내면의 유효함이 나타나는 시간, 우리가 중생할 수 있는 시간이 바로 설교 시간입니다. 말씀을 따라서 그 말씀에 합당하게 살고자 하는 마음으로 충만해야 중생한 사람입니다.

우리 자신이 중생의 길에 있는지 확인해보시기 바랍니다. 먼저 우리가 '외적 소명'인 설교를 듣고 내 마음에 감동을 받는 '내적 소명'을 받았는지 체크해보십시오. 우리가 말씀에 합당한 반응을 하는지 이것이 가장 중요합니다. 말씀에 합당한 반응이란 나의 바른 삶에 대한 자부심이 아니라 전적으로 타락한 자로서 나의 죄됨에 대한 겸손입니다. 이것이 '중생'입니다. 이 기준을 가지고 우리 자신을 검증할 수 있습니다. 구원의 서정은 이 땅에서 이루어지는 일입니다. 우리가 구원의 서정에 들어가 있으면 구원의 확신으로 소망을 가지는 삶을 살 것이요 우리가 구원의 서정 밖에 있다면 영적으로 매우 위험한 상태에 있는 것입니다.

혹시 설교를 들으면 재미가 없고 심지어 화가 나십니까? 그렇다면 기도하십시오. 누구든지 주의 이름을 부르는 자는 구원을 얻을 것입니다. 하나님은 자기를 찾는 자들에게 상 주시는 분이십니다. 말씀에 무릎 꿇게 해주시고 말씀에 동의하게 되는 은혜를 달라고, 구원의 서정 안으로 들어가게 해달라고 기도하시기 바랍니다. 불쌍히 여겨주시기를 간절히 기도하십시오. 하나님은 그런 자들을 거절하지 않으십니다. 그렇게 기도한다는 것 자체가 구원받은 자의 특징입니다.

02

중생
회심
칭의

거듭나고 회개했는가?

하나님이 미리 아신 자들을
또한 그 아들의 형상을
본받게 하기 위하여
미리 정하셨으니
이는 그로 많은 형제 중에서
맏아들이 되게 하려 하심이니라
또 미리 정하신 그들을 또한 부르시고
부르신 그들을 또한 의롭다 하시고
의롭다 하신 그들을
또한 영화롭게 하셨느니라

하나님의 나라, 그 나라에 가는 법

예수님이 전한 복음의 핵심은 '하나님의 나라'입니다. 그런데 바울은 '하나님의 나라'라는 단어를 거의 쓰지 않았습니다. 바울은 예수 그리스도와 십자가의 도를 전했습니다. 왜냐하면 예수 그리스도 자체가 하나님의 나라이기 때문입니다. 예수 그리스도와 십자가의 도가 바로 하나님의 나라로 가는 길입니다. 그러니까 우리 예수님은 하나님나라를 선포하셨고, 사도 바울은 하나님나라에 들어가는 길을 설명한 것입니다. 그렇기 때문에 하나님의 나라와 하나님나라에 가는 길을 결합해야 복음이 되는 것입니다. 사실 하나님의 나라도 중요하지만 그 나라에 가는 방식도 중요합니다. 그래서 그 방식을 설명해주는 바울서신, 특별히 로마서가 중요합니다.

우리가 한국에서 미국으로 이민을 가려고 해도 먼저 미국의 허락으로 비자를 받아야 합니다. 마찬가지로 우리가 하나님나라에 갈 때도 이 땅에서 하나님나라 비자를 받아야만 합니다. 성경의 대 주제는 하나님의 나라입니다. 그런데 예수님과 사도 바울이 증거한 하나님나라는 많은 이들이 알고 있는 것처럼 죽어서만 가는 것이 아니라 이미 이 땅에서 그 시민권을 획득하고 그 나라의 삶을 살아가는 것입니다. 즉 이 땅에서 하나님나라를 경험하며 살다가 최종적으로 사후에 완성된 나라에 입성하는 것입니다. 천국과 지옥의 문제는 죽었거나 심판대 앞에서 정해지는 것이 아니라 이 땅에서 정해집니다.

따라서 하나님나라에 들어가기 위해서는 이 땅에서 하나님나라에 들어가는 방식을 배우고, 하나님나라 비자가 있는지 없는지 확인해야 합니다. 만약에 없다면 이 땅에서 하나님나라 비자를 획득하는 삶을 살아가야 합니다. 우리는 이 땅에서 천국의 시민권을 획득할 수 있습니다. 천국을 획득할 수 있습니다. 어렴풋하게 '선택 교리'니 '택자'니 하는 복잡하고 어려운 생각은 하나님께 맡기고, 우리가 이 땅에서 할 수 있는 방식대로 천국을 침노하여 다 천국 백성이 되시기를 바랍니다. 그래서 우리에게 로마서 8장이 있는 것입니다. 바울은 로마서에서 그 방식을 알려주고 있습니다.

하나님이 인정하시는 의를 얻는 방식

천국은 오직 의인만 들어가게 되어 있습니다.

> 너희 의가 서기관과 바리새인보다 더 낫지 못하면 결코 천국에 들어가지 못하리라 마 5:20

하나님나라에 들어가기 위해서는 하나님나라 비자를 꼭 받아야 하는데, 이것은 하나님께서 인정하시는 의인만 받을 수 있습니다. 그렇기 때문에 우리의 의(義)는 서기관과 바리새인보다 훨씬 뛰어나야 합니다. 주님이 말씀하신 것처럼 서기관과 바리새인보다 더 나은 의, 그 의를 얻는 것을 '칭의'라고 합니다.

> 또 미리 정하신 그들을 또한 부르시고 부르신 그들을 또한 의롭다 하시고 의롭다 하신 그들을 또한 영화롭게 하셨느니라 롬 8:30

"부르신 그들을 또한 의롭다 하시고", 이것이 '칭의'입니다. 로마서 8장 30절에는 소명, 칭의, 영화가 나오는데 그 중심에 칭의가 있습니다. 즉 바울은 "너희가 하나님나라에 들어가려면 의로워져야 하는데, 그 의로워짐을 획득하는 것을 칭의라고 한다"라고 설명하는 것입니다. 따라서 이제 우리는 어떻게 칭의를 획득하는지 배울 것입니다. 그리고 그 방식대로 한다면 우리는 하나님나라에 들어갈 수 있습니다.

주님은 우리의 의가 서기관과 바리새인의 의보다 더 뛰어나야 한다고 말씀하셨습니다. 그러면 오직 의인만이 천국에 간다는 것을 깨달았으니 이제부터 의롭게 살아간다 하더라도, 지금까지 의롭지 않았던 삶의 수많은 죄는 어떻게 해야 할까요? 또한 앞으로 의롭게 살아간들 어떻게 하나님의 의의 기준에 맞출 수 있겠습니까? 따라서 우리는 하나님이 인정하시는 의를 취득할 수 없습니다. 사람의 노력으로는 도저히 천국에 들어갈 수 없고, 그렇기 때문에 오직 하나님이 제시해주시는 그 길로만 갈 수 있습니다.

그 길이란, 예수님이 우리를 대신해서 하나님이 인정하시는 의를 성취하셨고, 그 의를 획득하셨다는 것입니다. 우리 주님은 우리가 살아야 할 모든 율법을 지키며 사셨고, 우리를 대신해서 고난받으셨으며, 우리의 죄 때문에 우리 대신 십자가에서 돌아가셨습니다. 그 예수님은 그분의 고난, 삶과 죽음의 모든 여정을 하나님께서 받으셨다는 합법적인 증거로 부활하셨습니다. 우리가 예수님이 우리를 위해 완벽하게 이루어주신 모든 것을 그대로 받아들이는 것, '믿음'으로 그 의를 받는 것이 바울이 말하는 의를 얻는 방식입니다.

외부에서부터 오는 의, 낯선 의

그런데 예수님이 이루신 의는 우리가 만들어낸 의가 아닙니다. 우리가 노력하거나 깨달은 것이 아니라 외부에서 오기 때문에 '외부에서부터 오는 의'라고 말합니다. 기독교가 아닌 모든 종교, 모든 사상은 사실 '내부에서부터 오는 의'를 말합니다. 예를 들어 "좀 더 선하게 살자", "좀 더 금욕적인 삶을 살자", "청렴결백하게 살자", "화를 절제하자" 이런 것은 전부 내 노력이자 수행에 해당합니다.

수행으로 분노를 잘 절제하는 사람이나 좀 더 수행해서 다른 사람들을 잘 보살피는 사람은 어디서나 칭찬받습니다. 그런데 그것은 전부 자신의 내부에서부터 나오는 자기 수행의 결과이고, 기독교는 우리가 백날 수행을 해봐야 안 된다는 것이 결론입니다. 성도란 누구입니까? 우리가 우리 속에서 의롭게 되려고 수행하고 명상하고 금욕해서 의를 키워나가는 것이 아니라 나와 전혀 상관이 없는 의, 우리 주님이 다 이루어주신 의를 받아들이는 사람입니다.

문제는 한국 교회 성도들이 천국 가는 방식을 모르고, 천국은 무조건 하나님이 내려주신다고 믿는 것을 믿음이라고 생각한다는 것입니다. 그런데 아닙니다. 분명히 우리가 칭의를 얻을 수 있는 방법이 있습니다. 그 방법이 없다면 얼마나 당황스럽겠습니까? 그것은 우리가 수련해서 우리 내면에서 뭔가 개선되고 개발되어 더 좋은 사람으로 점점 더 발전하는 것이 아니라 '외부에서부터 오는 의'가 우리 안에 들어올 때 우리가 의롭게 된다는 것입니다.

마르틴 루터는 이런 의를 '낯선 의'라고 표현했습니다. 여기에는 두 가지 뜻이 있는데 첫째, 우리가 노력하고 아무리 수련을 해도 스스로 떠올릴 수 없다는 것과 둘째, 전수를 받아야 한다는 것입니다. 누군가로부터 이 낯선 의를 가르침 받지 않는다면 그 사람이 아무리 많이 배우고, 아무리 오래 살아서 연륜과 경험이 많아도 이 '낯선 의'가 절대로 떠오르지 않는다는 것입니다. 결국 하나님의 말씀을 전하는 목사들에게 직접 전달받지 않는다면 평생 살아도 하나님의 나라에 들어갈 수 있는 방법을 절대 알 수 없다는 것이 '낯선 의'가 갖는 중요한 개념입니다.

어떤 분들은 "아이고 목사님, 제가 한 팔십을 살아보니 믿음이라는 게 이런 것입디다" 이런 말씀을 하는데 아닙니다. 그것은 하나님의 나라를 전파하는 자에게 하나하나 배워야 하는 것입니다. 예컨대 팔십을 살아도 미적분이니, 양자역학이니, 불확정성의 원리가 저절로 떠오르지 않고, 누군가로부터 배워야만 알듯이 '낯선 의'도 누군가로부터 전수를 받아야 합니다.

하나님과의 화평

내가 스스로 만들어내거나 수련해서 알 수 있는 것이 아닌 의, 외부에서부터 의가 들어올 때 내가 그것을 어떻게 받아들이느냐 하는 것이 중요합니다. 예수님께서 이미 이루신 의를 우리가 어떻게 받아들입니까? 바로 '믿음'입니다. 그것을 받아들이는 도구가 믿음이기 때문에 '이신칭의', 즉 믿음으로 의롭게 된다는 교리가 나오는 것입니다. 그러므로 여기서 우리는 믿음이 무엇인지 배우고, 칭의가 무엇인지 배워야 합니다. 무조건 "믿으십시오"라고 하는 것은 사실 아무것도 믿지 않는 것과 같습니다. 믿음이 무엇이고 칭의가 무엇인지 가르쳐줄 때 자연스럽게 믿어지는 것입니다.

이렇듯 칭의는 나의 공로나 나의 노력으로 이루어지는 것이 아니라 외부에서 이루어진 것을 전달받기 때문에 "내가 그것을 합당하게 받겠습니다"라는 마음이야말로 내가 의롭게 되는 핵심입니다. 이렇게 의롭게 된 자는 이제 하나님나라에 들어간다는 것입니다.

그런데 문제는 미국 비자는 서류로 나오는데, 하나님나라 비자는 서류로 나오지 않는다는 것입니다. 그러면 어떻게 나오나요? 우리 마음속에 확신으로 떠오릅니다. 그것이 비자입니다. 이 땅에서 하나님나라 비자를 받은 자는 자신이 하나님나라의 백성이 되었고 하나님나라에 들어간다는 확신을 가질 것이고, 그 비자를 받지 않은 사람은 항상 두려워 떨 것입니다.

로마서 5장에서는 우리가 하나님나라의 백성이 되어 하나님나라에 들어간 상태, 즉 의롭다 하심을 받은 사람의 삶이 어떠한지 언급합니다.

그러므로 우리가 믿음으로 의롭다 하심을 받았으니 우리 주 예수 그리스도로 말미암아 하나님과 화평을 누리자 롬 5:1

우리가 믿음으로 의롭다 하심을 받았으면 우리는 하나님과 화평을 누리는 상태가 됩니다. 이것이 우리가 하나님나라에 들어간 것을 의미합니다.

하나님의 나라는 먹는 것과 마시는 것이 아니요 오직 성령 안에 있는 의와 평강과 희락이라 롬 14:17

바울은 로마서 14장 17절에서 로마서 최초로 '하나님의 나라'를 언명합니다. 결국 로마서 5장 1절에 '하나님과 화평을 누리는' 상태와 로마서 14장 17절에 "하나님의 나라는 오직 성령 안에 있는 의와 평강과 희락이라"는 말씀은 동일한 말씀입니다. 의롭게 된 자는 곧바로 하나님과 화평한 관계가 됩니다. 칭의의 결과가 곧 하나님과 더불어 화평한 것이기 때문에 하나님과 화평한 자들은 천국 백성입니다. 그러니까 지금 죽어도 얼마든지 천국에 갈 수 있습니다.

그런데도 누가 천국에 들어갈지, 누가 구원받을지 어떻게 아느냐고 하는 사람, 나중에 천국에 가봐야 안다는 사람, 누가 이단인지 정통인지 천국에 가봐야 알 수 있다고 한다면 그는 정말 우매한 사람입니다. 천국은 이미 이 땅에서 확신할 수 있습니다. 어떻게 알 수 있습니까? 하나님과 화평한 관계에 있느냐 아니냐로 아는 것입니다.

그럴 때 "목사님, 저는 이 땅에서 살아갈 때 화평하지 않은데요?" 이렇게 질문할 수 있습니다. 이 땅에서 하나님나라를 경험해 보지 못했다는 것은 그들에게 고통과 슬픔이 있기 때문입니다. 영원한 하나님나라에는 고통과 슬픔이 없는데, 이 땅에서 살아가는 천국은 고통과 슬픔과 화평이 같이 있기 때문입니다. 이 땅의 천국은 고통과 슬픔이 제거되는 것이 아니라 '하나님의 임재하심'이 함께 있는 것이라고 이해해야 합니다. 많은 사람들이 이 땅에서 신앙생활을 하며 천국 백성으로 살아가는데도 여전히 삶에 고통과 슬픔이 있습니다. 그러나 천국 백성은 그 고통 속에서도 하나님과 동행하며 하나님의 임재를 경험하고 평강을 얻게 됩니다.

그러니까 우리가 이 땅에서 하나님과 화평을 누리고 천국을 살아가는 것은 얼마든지 가능합니다. 얼마든지 이룰 수 있기 때문에 하나님께서도 분명히 말씀해주셨습니다. 하나님께 나아가십시오. 하나님은 자기를 찾는 자들에게 상 주시기를 기뻐하시는 분입니다. "하나님, 저도 천국 백성다운 삶을 살게 해주십시오"라고 하나님께 의탁하십시오. 걱정하지 마십시오. 하나님께서 여러분을 얼마든지 천국 백성으로 만들어주실 수 있다는 것을 믿으시기 바랍니다.

로마서 8장 해석의 중요성

로마서와 바울서신의 전반적인 흐름은 그리스도의 도, 십자가의 길을 전하는 것입니다. 그러면 바울이 왜 '그리스도의 도'를 우리에게 알려주고자 하는 것일까요? 어떻게 하면 우리가 예수 그리스도께서 가신 길을 갈 수 있는지, 어떻게 걷는 것이 십자가의 길인지 알려주려는 것입니다. 우리 예수님이 천국의 문이기 때문에 우리가 예수님께 가게 되면 우리는 천국에 들어가게 됩니다. 그것이 바로 구원의 서정이자 황금사슬입니다.

우리는 이미 성경 중의 성경이라고 하는 로마서, 그중에서도 구원의 서정을 기록한 로마서 8장으로 들어왔습니다. 이 말씀을 나누는 시간이야말로 우리가 천국 비자를 받는 시간입니다. 우리가 구원의 서정을 이해하고 그것을 우리 내면에 자기 것으로 받아들이면 우리는 천국 백성이 됩니다. 이 얼마나 기쁘고 아름다운 시간입니까? 많은 사람들이 로마서를 암송하고, 특별히 로마서 8장을 암송합니다. 그러나 구원의 서정을 모르고 그냥 암송만 하는 것은 의미가 없습니다. 성경은 계속해서 주문을 외는 책이 아니라 우리의 이성을 가지고 이해할 수 있는 책입니다. 그렇기 때문에 로마서 8장에 대한 해석이 중요합니다.

성경을 자세히 보면 천국 백성은 이 땅에서 천국 비자를 받고 이 땅에서 천국 백성이 됩니다. 거듭나고 회개하고 '아, 내가 천국 백성이 맞구나. 내가 하나님나라에 들어가는구나'라는 확신을 가지고 당당하게 살아갑니다. 이것을 알 때 우리는 순교의 자리에도 설 수 있고 눈을 감는 그 순간에도 내가 하나님나라에 들어간다는 것을 확신할 수 있습니다.

청교도 회심론

구원의 길, 구원의 서정 9단계는 "소명, 중생, 회심(회개, 믿음), 칭의, 양자, 성화, 견인, 영화"입니다. 즉 소명, 중생, 회심, 그다음이 곧바로 칭의입니다. 회심을 하면 의롭게 될 것이고, 의롭게 되면 양자가 되어 내가 예수님과 한 형제가 됩니다. 양자가 되면 그는 일평생 예수님을 닮아간다고 해서 '성화', 그 성화의 삶을 끝까지 살아간다고 해서 '견인', 그렇게 견인한 사람은 마지막에 영화롭게 변화된다고 해서 '영화'입니다. 이것이 구원의 서정 9단계인데, 이번에 회심의 문제를 살펴보려고 합니다.

우리는 하나님의 말씀을 듣게 됩니다. 목사님의 설교라는 외적 소명으로 하나님의 말씀을 듣고, 성령이 그 말씀을 강하게 감동시키는 내적 소명으로 하나님의 말씀을 듣습니다. 그런데 똑같은 말씀을 들어도 어떤 사람은 '아, 이 말씀이 맞다. 이 말씀이 참된 진리다. 말씀이 꿀송이 같구나' 이렇게 반응하는 반면 어떤 사람은 눈이 반쯤 풀려서 '말씀아, 가거라. 말씀아, 오너라. 나는 오늘도 이 예배를 인내하여 아내에게 바가지를 긁히지 않을 것이다' 이렇게 생각합니다.

그중에서 하나님의 말씀을 듣고 기쁘고 즐겁게 반응하는 사람은 중생된 자입니다. 하나님이 예정하셔서 이 땅에서 선택받았다는 첫 번째 증거가 중생입니다. 문제는 중생에도 가짜 중생이 있다는 것이고, 이 가짜 중생의 문제 때문에 나온 것이 회심입니다. 회심 안에는 두 가지 요소가 있습니다. 바로 '회개와 믿음'입니다.

이 지점에서 우리는 청교도의 핵심을 알게 되는데, 청교도는 바로 회심의 문제로부터 나왔습니다. 회심은 너무나 아름답습니다. 그렇지만 19-20세기 신학교에서는 이 회심의 문제를 다루지 않았습니다. 회심의 문제를 다루기 위해서는 회개와 믿음, 그중에서 먼저 회개를 다루어야 하는데, 죄인을 회개시키기 위해 목사가 과연 어떤 메시지를 전할 것인지가 문제가 되었기 때문입니다.

여기서 우리는 회심이 구원의 서정에서 어느 단계인지 살펴봐야 합니다. 회심은 소명과 중생 이후에 오는 것을 알 수 있습니다. 즉, 회심의 사역은 이미 중생된 자들에게 효력이 있는 것입니다. 중생은 되었지만 여전히 죄인에게 하나님의 말씀을 사용하여 그의 죄책, 위험성, 절망을 깨닫게 하셔서 두렵고 떨림으로 그리스도께 나올 수 있도록 하는 것이 목사가 설교해야 할 내용입니다. 즉, 죄를 자각하게 하시는 성령의 사역을 설명하고, 죄인들에게 자신을 살피게 하고, 그들이 죄에 대해 회한을 가지며, 부지런히 은혜의 수단(성경 읽기, 설교 듣기, 말씀 묵상, 기도, 영적 교제)을 사용하는 반응을 하도록 권면하는 폭넓은 강론을 한 것이 바로 청교도 설교자들입니다.

그러기 위해서는 첫째, 인간이 죄로 죽었다는 전적 타락설을 강조해야 합니다. 로마서 1장은 이방인들의 죄를, 로마서 2장은 유대인들의 죄를, 로마서 3장은 전 인류의 죄를 다룹니다. 복음 중의 복음이라는 로마서의 1,2,3장이 모두 '죄'를 다루고 있습니다. 그러니까 바울은 복음을 설명할 때 죄부터 지적하라고 합니다. 죄부터 지적하지 않으면 그것은 복음이 아니라는 메시지를 로마서의 구조 자체가 전달하고 있는 것입니다.

청교도의 회심론을 좀 더 쉽게 말하면 첫째, 인간은 '죄'로 죽었고, 둘째, 그렇기 때문에 하나님이 '오직 은혜'로 거듭나게 하시며, 셋째, 오직 은혜로 거듭나는 것은 '회심'을 통해서 체험되고, 넷째, 회심은 통상적으로 죄를 자각할 때 시작되고, 다섯째, 이 죄의 자각은 하나님의 말씀을 주의 깊게 경청하는 과정에서 일어난다는 것입니다.

우리는 교회에 다니면서 허튼 데 신경을 쓰면 안 됩니다. 인격의 도야나 인격의 완성은 그리스도인의 지표가 아닙니다. 인격이 완성되어서 지옥에 가면 뭐하겠습니까? 그리스도인에게 중요한 것은 우리가 구원의 길에 들어서 있느냐 하는 것입니다. 결국 죄로 죽어 있다는 것을 깊이 깨닫게 되는 것은 목사의 설교를 통해서 이루어진다는 것이 청교도의 주장입니다. 그럴 때 목사는 우리가 죄인이라는 것을 깊이 깨닫게 하고, 우리가 하나님을 얼마나 배신한 자들인지 알려주는 설교를 해야 합니다.

바울은 율법이 우리를 회심시킬 수는 없지만, 율법은 우리의 죄를 드러내는 데 사용된다고 분명히 말하고 있습니다. 율법은 잠자는 죄인을 깨웁니다. 율법은 우리 속에 얼마나 참람한 죄가 있는지를 우리의 이성에 설득하는 역할을 합니다. 그렇기 때문에 율법을 율법의 기능대로 잘 사용한다면 율법이야말로 우리를 구원시키는 첩경이라는 것이 바울서신의 핵심입니다.

죄인은 스스로 회심할 수 없습니다. 그러나 죄인은 말씀 안에서 구원받기를 갈구하고 힘써야 합니다. 회심은 율법과 복음의 합작품이 되어야 합니다. 그럼에도 기억할 것은 그 마음을 열게 하는 것은 율법이 아니라 복음과 은혜라는 것입니다. 하나님께서는 말씀 사역의 결과로 사람들을 회심시키기로 작정하셨습니다. 우리는 말씀을 배우고 들으면서 구원으로 들어가는 것입니다.

지옥으로 가는 길은 평안으로 포장되어 있다

사실 거듭나지 않은 자들은 불행한 상태에 있는 것이 맞지만, 이들은 그런 자신의 상태를 알지 못하기 때문에 만족하고 기뻐하면서 하루하루를 살아갑니다. 거듭나지 않은 자들의 마음은 마귀가 주인이기 때문에 마귀가 그들에게 주는 평안이 있습니다. 그들은 자신들이 영적으로 얼마나 위험한 상태에 있는지 깨닫지 못하기 때문에 평안합니다. 하루하루 열심히 일도 하고 자녀를 양육하면서 소소한 삶에 만족하며 살아갑니다. 그런 사람들에게 "하나님은 당신을 사랑하십니다. 그의 아들 예수 그리스도를 믿으면 구원을 얻습니다"라는 말을 전한다면 그들은 피식피식 웃고 말 것입니다. 그것은 진주를 돼지 앞에 던지는 꼴입니다. 그러나 우리 주님은 진주를 돼지 앞에 던지지 말라고 하셨습니다.

> 그러나 내가 만일 하나님의 손을 힘입어 귀신을 쫓아낸다면 하나님의 나라가 이미 너희에게 임하였느니라 강한 자가 무장을 하고 자기 집을 지킬 때에는 그 소유가 안전하되 더 강한 자가 와서 그를 굴복시킬 때에는 그가 믿던 무장을 빼앗고 그의 재물을 나누느니라 눅 11:20-22

불신자는 마귀에게 속해 있으면서도 마음이 평안합니다. 이들은 교회에 출석하면서도 복음에 대한 피상적인 반응, 자기 사랑에 치우친 자기 긍정, 더 악한 상황에 있는 죄인들과 자신을 비교하는 데서 오는 망상 등의 마취제에 취하여 그 마음이 안정된 채 그의 영혼이 그대로 지옥으로 끌려가는 중입니다.

21절에 '강한 자'는 바로 지금까지 그를 지배했던 '마귀'입니다. 일평생 마귀에게 속해 있는 사람들은 대장 마귀가 무장을 하고 자기 집을 지킬 때 편안하고 안전하다고 느낍니다. 그러나 22절에 "더 강한 자가 와서 그를 굴복시킬 때에는 그가 믿던 무장을 빼앗고 그의 재물을 나누느니라", 여기서 '더 강한 자'란 '말씀'입니다. 이때는 마귀를 굴복시킬 만한 말씀, 강력하게 죄를 책망하는 말씀을 전해야 합니다. 그러니까 더 강력한 하나님의 말씀으로 평안한 마음을 흩어버려야 하는 것입니다.

그런데 죄 아래서 평안히 살고 있는 자들에게, 불신앙으로 죽어 있는 자들에게 "하나님은 당신을 사랑하십니다. 하나님이 그리스도를 통하여 당신의 죄를 용서해주시고 당신에게 복 주시기를 원합니다"라고 설교한다면 그것이야말로 그를 당장 지옥으로 보내는 말이나 다름이 없습니다.

우리가 복음의 씨앗을 뿌릴 때는 밭을 기경합니다. 아스팔트나 딱딱하게 굳은 땅 위에 그대로 씨를 뿌리지 않듯이, 설교자는 그 사람의 양심을 향해 마치 화살을 쏘듯이 강력한 율법을 날려야 합니다. 그의 마음이 하나님의 말씀으로 뒤죽박죽이 되어야 합니다. 그렇게 해야 헛된 안전과 헛된 만족, 헛된 확신을 가지고 점차 지옥을 향해 가는 자들에게 경각심과 괴로움을 줄 수 있습니다. 그렇지 않다면 어느덧 눈을 떴을 때 결국 마귀의 밥이 되고 말 것입니다.

그렇기 때문에 불신자에게 말씀을 전하는 설교자는 죄를 책망하고, 우리가 얼마나 무서운 죄인이고, 하나님이 죄를 얼마나 싫어하시는지 깨닫게 해주는 메시지를 던지라는 것입니다. 지금은 사람들이 저에게 "목사님, 죄를 지적하는 것이 목사님 설교의 은사입니다"라고 하는데, 15년 전만 해도 제 설교는 처음부터 끝까지 웃음소리가 끊이지 않았습니다. 제 설교의 특기는 그야말로 개그였습니다. 그런데 이제는 그렇게 하지 못합니다. 왜냐하면 사람의 마음을 기쁘게 해주거나 사람들의 마음에 '이만하면 이 세상도 살 만하다'라고 느끼게 한다면, 청교도의 말을 빌리자면 그것은 그들을 지옥으로 보내는 설교이기 때문입니다. 제 설교가 공격하는 것 같고, 사람을 찌르는 것 같다면 그것이 복음을 전하는 방식이기 때문입니다.

회심 = 회개와 믿음

"목사님, 그러면 거듭나지 않은 자도 하나님의 율법을 들을 때 마음이 찔리고 통회하는 마음이 일어나나요?", "복음을 들을 때 마음에 감동이 있고 찔림이 있습니까? 믿는 사람이나 믿지 않는 사람도 그렇습니까? 아니면 믿는 사람만 그렇습니까?" 여러분, 만약에 믿는 사람만 하나님의 말씀을 듣고 마음에 찔림이 있어서 회개한다면 소명 다음으로 중생했을 때 우리 모두 구원받을 것입니다. 그런데 중생에 가짜 중생이 있다는 것이 문제입니다.

믿지 않는 자도, 아직 거듭나지 않아도 하나님의 말씀을 듣고 다 찔립니다. 하나님께서 말씀의 씨앗을 뿌릴 때 비록 거듭나지 않은 사람의 마음밭에 말씀이 떨어져서 열매를 맺지 못하더라도, 그 말씀의 씨를 받고 기뻐하기도 하고, 그 말씀 때문에 두려워하기도 하고, 즐거워하기도 하는 것입니다. 그것은 구원을 이루시는 성령의 특별 사역이 아니라 성령의 일반 은총이며 믿는 사람이나 믿지 않는 사람이 동일하게 느끼는 것입니다.

회심은 회개와 믿음으로 나눠진다고 했는데, 일반적으로 교회에서는 하나님의 말씀을 듣고 두려워하고, 자신이 죄인이라고 고백하고 눈물 좀 흘리고, 열심히 봉사하면 그 사람을 거듭났다고 하고, 그의 회심을 전혀 의심하지 않습니다. 더 나아가 교회에서 하나님의 말씀만 들어도 거듭났다는 식으로, 더 이상 거듭남의 체크를 하지 않고 지내온 시간이 있었습니다. 그러나 개혁교회와 청교도들은 그렇지 않습니다. 그것은 거듭나기 전이며 거듭난다는 것은 회개만이 아니라 회개 이후의 믿음, 예수 그리스도를 통해서 믿음으로 거듭나게 된다는 것을 강조합니다.

우리가 공부 안 하는 학생들에게는 공부 좀 하라고 말해야 하고, 공부 잘하는 학생들에게는 공부 잘하는 것이 다가 아니니 자만하지 말라고 말해주어야 합니다. 그런데 자기가 옳다 여기고 마음이 평안한 사람에게 다시 평강을 선포하고, 하나님의 자비와 사랑을 선포하고, 하나님의 구원을 선포한다면 그것은 돼지가 진주를 짓밟아버리도록 하는 것입니다. 하나님의 말씀을 듣고 자신이 정말 죄인이라는 것을 깨닫는 회개가 곧 회심의 첫 단계라는 것을 기억하고, 죄인이 회개할 수 있는 메시지, 하나님의 공의와 거룩하심, 죄인들을 향해 진노하시는 하나님을 설명해야 하는 것입니다.

천국에 갈 때까지 이 구원의 길을 가시기 바랍니다. 구원의 서정 9단계인 소명과 중생과 회개와 믿음과 칭의는 완벽하게 동일한 방향으로 사슬처럼 얽혀 있습니다. 주님은 이 로마서 8장의 해석을 정말 기뻐하십니다. 우리가 회개하자고 말은 많이 하지만 무엇을 어떻게 회개해야 하는지 잘 모릅니다. 사실 회개는 하나님 앞에서 우리가 얼마나 큰 죄를 저질렀는지 알기 위해 하나님의 말씀에 끊임없이 자신을 오픈하는 것입니다. 하나님의 말씀 앞에 간절히 기도하는 성도, 그것을 권면하고 촉구하는 목회가 이루어지는 교회가 되도록 기도하시기를 바랍니다.

03
회심 1

구원으로 인도하는 지식을 배웠는가?

하나님이 미리 아신 자들을
또한 그 아들의 형상을
본받게 하기 위하여
미리 정하셨으니
이는 그로 많은 형제 중에서
맏아들이 되게 하려 하심이니라
또 미리 정하신 그들을 또한 부르시고
부르신 그들을 또한 의롭다 하시고
의롭다 하신 그들을
또한 영화롭게 하셨느니라

나는 진짜 구원받았을까?

어떤 이들은 이렇게 질문할 수 있습니다. "우리가 신앙생활하고 구원받아 하나님나라로 들어가려면 구원의 서정을 다 알아야 하고, 또 그것에 깊이 관심을 기울여야만 하나요?"라고 말입니다. 그러나 우리는 우리에게 소중한 것들에 대해서 깊이 알고자 하고, 자주 생각하고, 심지어 매우 까다롭게 관심을 기울입니다. 예를 들면 내가 살 집을 건축할 때 방을 몇 개로 할지, 어디에 문을 달지, 내장재는 어떤 것으로 할지, 건물 외벽은 무슨 색으로 칠할지를 아주 꼼꼼히 체크할 것입니다. 왜냐하면 그 집은 매우 소중하고 한번 건축하고 나면 수정하기가 매우 어렵기 때문입니다. 이처럼 영원히 살 천국에 가려는 사람들이 천국과 천국에 가는 과정을 꼼꼼히 연구하고 자주 생각하는 것은 마땅한 일이고, 당연히 그렇게 해야 합니다.

구원의 서정 8(9)단계는 '소중한', 소명, 중생, 회심(회개, 믿음), 그다음으로 칭의, 양자, 성화, 견인, 영화입니다. 그런데 회심 안에 '회개'와 '믿음'이 있어서 회심이라는 한 단어로 묶지 않고 회개, 믿음으로 나열할 경우 구원의 서정 9단계가 됩니다. 구원의 서정 8단계 또는 구원의 서정 9단계라는 순서가 우리 머릿속에 있어야 우리가 구원의 서정을 자유자재로 왔다갔다 할 수 있습니다.

저도 신학교에 다닐 때 이것을 많이 외웠습니다. 그런데 구원에 대해서 자세히 배운 기억이 없습니다. 기껏해야 어떻게 살아야 거룩해지는지 성화에 대한 설명 정도만 들은 것 같습니다. 정말 중요한 소명, 중생, 회심, 칭의는 교과서를 읽고 지나가는 수준이었습니다. 신학교에서도 제대로 배우지 못했는데 신학생이나 목회자인들 어떻게 구원의 도를 설명해낼 수 있겠습니까?

더욱이 한국 교회 교인들의 머릿속에는 이미 "사람이 마음으로 믿어 의에 이르고 입으로 시인하여 구원에 이르느니라"(롬 10:10)라는 말씀이 박혀 있습니다. 입으로 시인하기만 하면 끝인데 또 어떤 구원을 배우겠습니까? 이것이 한국 교회에 방만하게 퍼져 있었기 때문에 교수님들도 이 부분을 설명해내지 못한 것이 아닌가 싶습니다. 구원의 도를 설명해내지 못하니까 많은 교회에서 윤리와 도덕만을 이야기합니다. 그렇기 때문에 로마서 8장 29-30절 말씀을 그냥 쑥 지나가는 것입니다. 실질적으로 구원의 도를 아는 사람이라면 이 구절이 얼마나 중차대한 구절인지 알 것입니다.

우리가 구원의 확신이 분명해야 하는 것은 맞습니다. 그런데 개인적으로 저는 현대 교회의 구원의 확신은 마인드 컨트롤이 아닌가 하는 생각이 들 때가 있습니다. 우리가 만약 도장이 찍힌 계약서를 받았다면 굳이 마인드 컨트롤을 하지 않아도 확신이 생깁니다. 그런데 도무지 무슨 계약서를 받았는지, 과연 그 계약서에 도장이 찍혔는지 아닌지 아무것도 모르면서 "나는 계약서를 받았을 것이다", "아니, 나는 받았어. 다시는 의심하지 않을 거야" 이렇게 마인드 컨트롤을 하며 살지 않았을까 하는 것입니다.

도대체 구원이 무엇인지 모르고 신경 쓰지도 않다가 갑자기 '내가 진짜 구원받았나?' 이런 생각이 들 때 '에이, 받았겠지! 받았다고 확신해야지' 하고 살아온 것이 일반적인 오늘날 교회의 모습이었습니다. 그렇기 때문에 로마서 8장 29-30절을 소상히 설교해내기가 참 어렵습니다.

분명한 구원의 도를 배우라

구원의 서정 8(9)단계는 소명, 중생, 회심(회개, 믿음), 칭의, 양자, 성화, 견인, 영화입니다. 그 첫 번째가 소명입니다. 소명은 외적 소명과 내적 소명이 있고, 외적 소명은 목사의 설교입니다. 목사의 설교에 동의와 기쁨으로 반응하도록 하는 성령의 역사인 내적 소명을 듣는 사람이 중생한 사람입니다. 회심에는 회개와 믿음이 있는데, 회심은 우리의 마음과 몸에서 일어나기 때문에 우리가 배울 것이 많습니다.

이렇듯 구원은 뜬구름 잡는 것도 아니고 마인드 컨트롤도 아닙니다. 입으로 시인하여 구원에 이르게 되었다는 한마디로 넘어갈 것이 아니라 분명한 구원의 도를 배우셔야 합니다. 교회에서 구원의 도를 가르치는 것이야말로 이 구원의 도를 선포하는 것입니다. 성경에는 분명히 구원에 이르는 지혜가 기록되어 있고, 우리가 그 말씀에 합당한 형태로 자라가면 구원에 대한 확신의 열매가 맺어 집니다. 얼마나 간단하고 합리적입니까? 외적인 소명을 듣고 내면에서 유효적 소명을 경험했다면 그 사람이 중생했다고 봅니다. 중생한 다음 회심하면 비로소 구원의 길에 들어섰는지 아닌지가 보이게 됩니다. 왜냐하면 중생에는 가짜 중생이 많기 때문에 회심을 경험하지 않는 중생으로는 안심할 수가 없기 때문입니다. 따라서 우리가 회심이 되었는지, 그래서 의롭게 되었는지, 그 일이 나에게 일어났는지, 아니면 아무 일도 일어나지 않았는지 분별할 수 있는 것입니다.

만약에 그 일이 나에게 일어나지 않았고, 나와 아무 상관이 없다면 후히 주시기를 즐겨 하시는 하나님 앞에 나아가 내게 구원의 역사가 일어나게 해달라고 기도하면 됩니다. 내게 구원의 역사가 일어나지 않았다고 기분 나빠 하는 것이 아니라 이 사건이 아직까지 내게 일어나지 않았기 때문에 하나님을 붙잡는 행위 자체가 구원받은 사람의 전형적인 모습입니다.

구원의 서정 중에 진짜 중요한 것이 바로 회심의 문제입니다. 이 회심의 부분이 내가 진짜 구원의 길에 들어 있는지 아닌지를 가르기 때문입니다. 회심은 두 가지가 변해야 하는데, 첫째는 지식, 둘째는 양심입니다. 지식과 양심이 변화되었다면 여러분은 구원받은 사람입니다. 여러분이 회심된 자인지 아닌지 바로미터를 잡으면 천국 백성인지 아닌지도 드러납니다.

성령이 지식을 조명하심

우리에게 가장 필요한 성령의 위대한 사역 중에 하나는 성령께서 우리의 지식에 영적인 빛을 공급해주시는 것입니다. 이를 성령의 역사인 '지혜와 계시의 정신'이라고 부릅니다. 그런데 우리는 자칫 성령의 역사를 소위 성령파, 은사파라는 사람들이 생각하듯 성령에 취한 모습으로 오해합니다. 그러나 성경은 성령의 첫 번째 사역으로 지식의 자극을 말씀합니다. 우리에게 지혜와 계시의 정신을 주신다는 것입니다. 왜냐하면 지식이 자극되어야 외적 소명을 시작으로 구원의 서정으로 들어가기 때문입니다.

> 우리 주 예수 그리스도의 하나님, 영광의 아버지께서 지혜와 계시의 영을 너희에게 주사 하나님을 알게 하시고 너희 마음의 눈을 밝히사 그의 부르심의 소망이 무엇이며 성도 안에서 그 기업의 영광의 풍성함이 무엇이며 그의 힘의 위력으로 역사하심을 따라 믿는 우리에게 베푸신 능력의 지극히 크심이 어떠한 것을 너희로 알게 하시기를 구하노라
>
> 엡 1:17-19

17절에 "지혜와 계시의 영을 너희에게 주사", 성령이 하시는 첫 번째 일은 지혜와 계시의 정신을 주셔서 하나님을 알게 하시는 것으로 '지식'과 관계가 있습니다. 18절에 "너희 마음의 눈을 밝히사"라고 했는데 밝힌다는 것 역시 항상 지식과 연관되어 있습니다. 사도 바울은 참된 회심자를 가리켜 "그 눈이 밝아진 자이며

어둠에서 나아와 빛으로 들어간 자"라고 말합니다. 즉 어두운 데서 불러내어 하나님의 기이한 빛의 나라로 옮겨진 자입니다.

계속해서 18-19절에 "그의 부르심의 소망이 무엇이며 성도 안에서 그 기업의 영광의 풍성함이 무엇이며 그의 힘의 위력으로 역사하심을 따라 믿는 우리에게 베푸신 능력이 지극히 크심이 어떠한 것을 너희로 알게 하시기를 구하노라", 이 역시 알고 배워야 하는 지식입니다. 지식의 변화야말로 구원의 시작입니다. 제가 정말 안타깝게 생각하는 것이 있는데, 목사들이 은근히 성도들이 지식이 쌓이면 교만해질 거라고 생각하고 있다는 것입니다. 그런데 그것은 성령께서 원하셨던 지식이 아니라 구원과 상관이 없는 잘못된 지식을 전달했기 때문입니다. 성도들이 정말 바른 지식을 알게 되면 구원의 길을 갈 것이고, 구원의 길에 들어선 자의 특징이 겸손이기 때문에 구원의 길을 가는 사람에게는 교만이 허용될 자리가 없습니다. 바른 지식은 많이 알면 알수록 오히려 성도를 겸손하게 만듭니다. 반대로 구원과 상관없는 지식은 그들을 교만하게 합니다.

성령의 첫 번째 조명하심은 우리의 지식을 조명하시는 것이고, 지식의 조명하심은 우리를 구원으로 이끌어가는 출발점입니다. 하나님을 아는 지식은 우리가 구원받을 수 있는 가장 귀한 밑거름인 하나님의 말씀을 가지는 것입니다.

1. 영적 흑암에 갇힌 죄인의 마음

성령은 사람들의 마음을 영적으로 조명하시는 분입니다. 성령이 우리의 지식을 조명하신다는 것은 첫째, 모든 사람의 자연적인 영적 상태가 흑암과 무지의 상태라는 것을 전제하는 것입니다. 하나님의 말씀으로 거듭나지 않은 모든 일반인들은 영적 흑암 속에 살고 있습니다. 이것이 성령이 지식을 조명하시는 전제 이유입니다.

> 육에 속한 사람은 하나님의 성령의 일들을 받지 아니하나니 이는 그것들이 그에게는 어리석게 보임이요, 또 그는 그것들을 알 수도 없나니 그러한 일은 영적으로 분별되기 때문이라 고전 2:14

회심의 순간 우리 마음에 발생하는 변화의 고백은 바로 "나는 과거에 어둠에 있었는데 지금은 밝히 봅니다"라는 것입니다. 자신이 어둠에서 빛으로 옮겨졌다는 탄성이 터져 나와야 합니다.

> … 이는 너희를 어두운 데서 불러내어 그의 기이한 빛에 들어가게 하신 이의 아름다운 덕을 선포하게 하려 하심이라 벧전 2:9

흑암 속에 있다가 밝은 광명을 보는 것이 인생에서 얼마나 충격적인 일이겠습니까?

> 그 눈을 뜨게 하여 어둠에서 빛으로, 사탄의 권세에서 하나님께로 돌
> 아오게 하고… 행 26:18

어둠에서 빛으로, 사탄의 권세에서 하나님께로 돌아오게 한다
는 것은 영적 소경이었다가 이제는 말씀을 듣고 회심하여 이것 하
나만큼은 분명하다고 외치게 되는 것입니다.

> 대답하되 그가 죄인인지 내가 알지 못하나 한 가지 아는 것은 내가 맹
> 인으로 있다가 지금 보는 그것이니이다 요 9:25

어둠에서 빛으로 왔고, 흑암에서 광명을 보았고, 지금 내 눈에
모든 것이 새로워진 세상이 펼쳐졌다는 이 고백이야말로 천국 가
는 백성들의 고백입니다. 종교개혁 당시 그리고 청교도와 같은 개
신교 성도들이 왜 구원에 대한 확신이 강렬했느냐 하면 이런 고백
이 자신들 안에 분명히 있었기 때문입니다. 모든 사람은 흑암 속
에서 태어났고 흑암 속에서 살아갑니다. 그런데 어느 날 빛을 바
라보고 그 빛으로 나아가 지식적으로 그 빛을 경험했을 때 마음
속에 감탄을 자아내는 것, 이것이 회심의 반응입니다.

2. 구원의 유일한 방편

둘째, 구원의 유일한 방편은 성령의 조명 사역입니다. 성령의 사
역이 아니고는 회심을 목적으로 하는 말씀 사역이 아무런 열매를

맺지 못합니다. 성령이 깨닫게 해주는 것이 없다면 성경은 세상의 도덕책과 비슷해 보일 것입니다.

그런데 성령의 조명이 없이도 자연인의 상태에서 성경을 이해할 수 있습니다. 자연인들 중에서 뛰어난 학문과 독서력으로, 믿는 사람보다 성경을 더 잘 해석하고, 심지어 논쟁에서 이기는 사람도 있습니다. 인도의 간디와 같은 불신자는 "나는 그리스도를 좋아한다. 그러나 그리스도인은 좋아하지 않는다"라는 말을 남겼습니다. 그는 산상수훈을 좋아했다고 합니다. 간디도 산상수훈을 읽고 얼마든지 산상수훈을 깨달을 수 있습니다. 도올 김용옥은 완전한 불신자입니다. 그런데 누구보다 열심히 요한복음을 공부해서 책까지 썼습니다.

바로 이 부분에서 많은 성도들이 착각하는데, 성경을 많이 알고 성경을 잘 해석하고 심지어 성경을 많이 암송하면 구원의 도에 들어갔다고 생각한다는 것입니다. 그러나 불신자도 성경을 잘 이해할 수 있습니다. 중생하지 못한 자도, 구원받지 못한 자도, 심지어 지옥의 아궁이에 던져질 자도 성경을 깊이 해석해낼 수 있다는 것을 기억하십시오. 그렇기 때문에 누가 성경을 많이 알고 누가 논쟁에서 이기느냐 하는 것과 그 사람이 성도냐 아니냐는 직접적인 연관성이 없습니다.

육에 속한 사람, 불신자가 하나님의 복음을 들을 때 보이는 세 가지 반응이 있습니다. 어떤 사람은 완전히 화를 내고, 어떤 사람은 겉으로 예의를 차려서 생각해보겠다고 하고 상대를 돌려보

냅니다. 또 어떤 사람은 말씀을 경청합니다. 사도 바울은 세 명의 권력자에게 복음을 전했습니다. 베스도 총독, 아그립바 왕, 벨릭스 총독입니다. 이때 베스도 총독은 바울을 미친 사람 취급하며 크게 화를 내는 반응을 했습니다(행 26:24). 아그립바 왕은 그나마 온유하게 그 정도로 설복되지는 않는다고 했고(행 26:28), 벨릭스 총독은 말씀을 듣고 놀라며 두려워했지만 뒤로 미루는 반응을 보였습니다(행 24:25).

그러니까 불신자도 성경을 충분히 이해할 수 있고, 불신자도 말씀을 듣고 두려워할 수 있고, 감동을 받을 수 있고, 말씀에 순종할 수도 있습니다. 그러나 불신자가 성경을 해석하는 것과 성도가 성경을 해석하는 것은 다릅니다. 불신자에게는 성령의 조명하심이 없고, 성도는 성령의 조명하심이 있는 성경 해석을 합니다. 무엇보다 불신자들에게 성경은 절대로 영혼을 구하는 생명의 수단이 되지 않습니다.

3. 육적 지식과 영적 지식의 차이

셋째, 육적인 사람은 성경의 지식을 받아들일 때 육적인 지식으로 받아들입니다. 육적인 사람은 성경을 윤리와 도덕으로 해석합니다. 성경에 윤리와 도덕에 적합한 구절이 얼마나 많습니까? 그들에게는 성경이 논어, 맹자와 같은 윤리 도덕책으로 보입니다. 그들은 여전히 성령이 깨닫게 하시는 역사를 경험해보지 못한 자입니다.

그러나 성령의 조명하심으로 성경을 보는 사람의 눈에는 이 성경이 윤리와 도덕으로 보이는 것이 아니라 하늘나라에서 내려준 동아줄로 보입니다. 이 밧줄을 붙잡아야 하늘나라에 올라간다고 믿기 때문에 죽자사자 밧줄에 매달리는 것이 성령의 조명하심을 받은 사람의 성경 해석법입니다. 저는 이것이 회심에서 가장 중요하다고 생각합니다. 성경을 아무리 많이 배우고 아무리 많이 설교할지라도 성경을 윤리로 설교하는 목사가 있다면 저는 그가 구원받지 못했다고 봅니다. 그런 가르침으로는 어느 누구도 구원의 도에 들어가게 할 수가 없습니다.

한국 교회가 타락한 이유를 자본주의, 맘모니즘, 교회 세습, 개교회주의, 교회 대형화라고 지적하는 분들이 많습니다. 그런데 그런 한국 교회를 살리자고 내놓는 주제들을 보십시오. 다 윤리적인 문제라는 것을 발견하게 될 것입니다. 이런 주제로 목소리를 높이는 자들은 구원이 뭔지 모르는 자들입니다. 1980년대와 1990년대 한국 교회는 대형교회를 중심으로 삼박자 축복을 강조하며 기복 신앙이 활개를 쳤습니다. 이에 반발하여 한국 교회를 비판하기 시작한 잣대가 바로 윤리와 도덕입니다. 우리는 선해야 하고, 우리는 보살펴야 하고, 우리는 소외된 자를 찾아가야 한다고 합니다. 그러나 이것은 둘 다 극단이자 둘 다 틀렸습니다. 그런데 문제는 청렴하고, 정의를 외치고, 부조리를 비판하고, 기득권 세력을 가만두면 안 되고, 빛과 소금으로 이 사회를 변화시켜야 한다고 외치는 쪽으로 한국 교회가 치우치기 시작했다는 것입니다.

그렇지만 이것은 100퍼센트 가짜입니다. 물론 당연히 교회에서 정의가 실현되어야 합니다. 단 이것은 교회가 해야 할 일 중 부수적인 주제입니다. 진짜 중요한 주제는 저와 여러분의 구원입니다. 우리 가족이 천국에 가는 것입니다. 이토록 중요한 것을 빼버리고 선행만 강조하는 것이 한국 교회의 현주소입니다. 지금도 많은 청년들에게 인기가 있고 좋은 목사라고 칭찬받는 수많은 목회자들이 한국 교회의 윤리 문제를 지적합니다. 그런데 많은 목사가 돈을 탐하고, 많은 교회가 대형화를 추구하고, 많은 교회가 물질주의와 세속주의에 빠져 있다는 것은 이단도 말할 수 있고 가톨릭도 말할 수 있고, 심지어 스님도 그렇게 말할 수가 있습니다. 그것을 교회개혁이라고 하는 것은 너무나 수준이 낮은 이야기입니다.

진짜는 가짜의 이야기가 귀에 들어오지 않습니다. 진짜는 그런 것에 관심이 없습니다. 싸우지 말고 서로 양보해야 착한 사람이라는 이야기는 초등학생도 하는 것입니다. 목회자가 굳이 교회 강단에서 그런 설교를 할 필요는 없습니다. 진짜는 우리 성도들이 구원의 밧줄을 붙잡고 있느냐에만 관심이 있습니다. 스스로 의롭다고 외치는 사람들에게 묻고 싶습니다. "당신들이 비판하는 그들이 구원받지 못했기 때문에 그런 부끄러운 일들을 저지른다는 생각은 왜 해보지 못합니까?"

우리 주님은 거짓 교사를 싫어하십니다. 그들도 성경을 알고 말씀을 전하는 방식으로 사역을 합니다. 그런데 거짓 교사의 특징이 있습니다. 그가 광명의 천사와 같은 모습이라는 것입니다.

그가 전하는 메시지도 천사와 같이 아름답습니다. 가난한 자, 소외된 자의 손을 잡아주자고 합니다. 그런 말을 하는 사람을 가리켜 누가 잘못됐다고 말할 수 있겠습니까? 그들은 선한 말, 좋은 이야기를 하는 사람들입니다. 그래서 우리가 발견해내기가 어려운 것입니다.

그런데 그래서 세상을 바라보는 눈이 좀 달라지고, 가난한 자를 좀 돕고, 불의와 싸우고, 가정에서 배우자에게 잘하고, 부모에게 효도하고, 도덕적으로 바르게 살아가라는 것만 가르치면, 그러면 '구원으로 인도하는 지식'은 언제 누구에게 배웁니까? 이런 거짓 교사는 우리의 영혼을 결코 그리스도께로 끌어가지 못합니다.

진짜 교사는 광명의 천사가 아니라 나와 예수 그리스도를 중매해주는 중매자입니다. 따라서 진짜 교사, 모든 설교자들은 구원으로 이끌어가는 지식을 반드시 알아야 합니다. 흑암에 싸여 있는 우리의 지식에 하나님의 빛이 들어가 분별해내시기를 바랍니다. 교회를 사회개혁 하듯이 개혁하려고 한다면 그들은 다 가짜입니다. 하나님의 말씀을 도덕과 윤리로 설교하고 가르치면 가짜입니다. 그들의 배후에는 마귀가 있습니다. 왜냐하면 선으로 가장된 지옥의 길로 안내하기 때문입니다.

이것이 육적 지식과 영적 지식의 엄청난 차이입니다. 육적 지식인들에게는 하나님의 말씀이 도덕과 윤리로 보이지만, 성령의 조명하심으로 성경을 보는 영적인 사람들은 성경이야말로 하늘로

부터 내려오는 구원의 동아줄로 보입니다. 이 결정적인 차이를 아
시기 바랍니다.

목사의 바른 가르침 = 구원으로 인도하는 지식

> 너희는 주께 받은 바 기름 부음이 너희 안에 거하나니 아무도 너희를
> 가르칠 필요가 없고 오직 그의 기름 부음이 모든 것을 너희에게 가르
> 치며 또 참되고 거짓이 없으니 너희를 가르치신 그대로 주 안에 거하
> 라 요일 2:27

이 말씀은 우리가 '가르침'에 의해 구원에 이른다는 것을 분명히
말하고 있습니다. 그런데 "아무도 너희를 가르칠 필요가 없고",
구원에 관한 기름 부음의 역사는 구원을 경험한 사람이 아닌 다
른 사람의 가르침으로는 일어나지 않습니다. 그러니까 그가 얼
마나 뛰어난 사람인지 전혀 고려하지 마십시오. 사람의 가르침은
우리의 구원에 전혀 도움을 주지 않습니다.

구원은 무엇으로 이루어집니까? 가르침으로 이루어집니다. 구
원은 뜬구름을 잡는 것이 아닙니다. 구원은 배워서 되는 것입니
다. 우리가 바른 가르침을 배울 때 구원이 일어납니다. 다만 이
지식을 성령께서 갑자기 전달해주시는 것이 아니라 지극히 평범
한 사람, 사역자의 설교를 통해서 학교와 같은 방식의 가르침을

통해 전달되는 것입니다.

설교자는 이 일을 위해 강단에 섭니다. 말씀이 성령의 능력에 붙들리면 지성인이나 무지한 자나 어른이나 아이나 상관이 없이 그 말씀 앞에 고꾸라지지 않을 수 없습니다. 그러나 성령의 도우심이 없다면 절대로 구원에 이르는 깨달음이나 감동도 있을 수 없습니다.

개혁교회와 청교도 목사들은 설교자의 바른 가르침에 대한 자부심과 의무감이 하늘을 찔렀습니다. 왜냐하면 구원의 서정의 첫 단계인 소명에서도 외적 소명인 목사의 설교가 중요했고, 회심의 단계에서도 구원으로 인도하는 지식, 설교자의 바른 가르침이 정말 중요하기 때문입니다. 우리는 스스로 깨닫는 것이 아닙니다. 목사의 설교에 따라 성경을 새롭게 해석하고, 그 해석에 열광하여 사랑에 빠지고, 지금껏 내가 알던 것이 문자요 껍데기였다는 것을 깨달으면 주일에 예배를 드리고 하나님의 말씀을 배우는 그 시간이 너무 귀해서 먼길을 마다하지 않고 교회로 달려오게 됩니다. 구원의 처음부터 마지막까지 끝까지 인내하도록 지도해주는 사람 역시 목회자입니다. 그렇게 가르치는 교사, 목사를 만나야 하지 않겠습니까?

한국 교회가 지나치게 목사 중심이고 목사의 권위주의가 문제라고 하면서 목사의 권위를 끌어내리려고 하지만 권위주의는 없애도 이토록 중요한 목사의 권위는 올라가야 합니다. 목사는 성도의 나이, 경력, 지위, 어떤 상황과 상관없이 하나님의 말씀을 그대로 선포해야 합니다. 그것이 목사의 권위입니다. 성도는 선포된 하나님의 말씀을 "아멘"으로 받아들여야 합니다. 그것이 목사와 성도의 관계입니다.

기독교는 매력적인가?

성품도 좋고 차도 있고 안정적인 조건을 고루 갖춘 형제 청년이 있다고 합시다. 이론적으로 객관적으로는 이 형제가 참 괜찮습니다. 그러나 자매는 조건 좋은 남자가 아무리 괜찮아도 눈에 콩깍지가 씌어서 첫눈에 반한 형제에게 갑니다. 형제도 마찬가지입니다. "아무개야, 너 소개팅할래?"라고 하는데 그 자매가 건강한지, 도덕적으로 올바른지 묻지는 않습니다. "예쁘냐?" 이렇게 물어봅니다. 윤리 도덕은 매력이 아닙니다. 예쁜 것이 매력입니다.

　사람은 이론으로 행동하는 것이 아니라 감각으로 행동합니다. 우리가 어디로 갑니까? 사람은 자기가 좋은 데로 가지, 옳은 데로 가는 것이 아닙니다. 우리는 기독교가 맞다고 주장할 것이 아니라 기독교가 매력적이고 좋아야 합니다. 그래야 그 길을 가게 됩니다. 이것이 육적인 사람과 영적인 사람의 지식의 차이입니다.

　성경을 하나님의 시각으로 보지 않는 육적인 사람은 성경을 윤리 도덕으로 보기 때문에 하나님이 매력적으로 보이지 않습니다. 그러나 영적으로 조명을 받은 사람은 말씀이 매력적으로 보입니다. 윤리 도덕적인 사람은 주님의 일을 어렵게 어렵게 순종해 나갑니다. 육적인 사람이 성경을 보고 신앙생활할 때는 하나님의 말씀을 지켜내기가 어렵고 고난의 연속입니다. 왜냐하면 주님의 일은 내가 지키기에 너무 어렵지만 마땅히 해야 하기 때문입니다.

하지만 그 매력에 빠진 사람은 정신 못 차리고 미친 듯이 합니다. 우리가 신앙생활을 할 때 주의 일을 지켜나가기 어렵다면 그것은 대단히 위험한 상태입니다. 그런데 말씀이 너무 재미있고 주님이 너무 매력적이고 아름답다면 그 사람은 회심한 자입니다. 어두운 데서 빛으로 나왔습니까? 성령께 지식의 조명하심을 받았습니까? 구원으로 인도하는 지식을 배웠습니까? 구원받으면 확신할 수 있습니다.

04

회심 2

성령이 양심을 조명하시는가?

또 미리 정하신 그들을 또한 부르시고
부르신 그들을 또한 의롭다 하시고
의롭다 하신 그들을
또한 영화롭게 하셨느니라

양심의 회심?

청교도의 절정기는 1640년대 웨스트민스터 신앙고백서가 쓰여
질 때입니다. 그런데 약 100년 정도 활발하게 활동하던 청교도가
100년 만에 거의 자취를 감추는 일이 일어났습니다.[2] 물론 그 후
17세기 청교도를 연구하여 세계적인 설교자로 자리매김한 찰스
스펄전(Charles Spurgeon, 1834-1892)과 같은 분도 있었습니다.

그런데 20세기에 거의 홀로 17세기 청교도의 전통을 이어가던
마틴 로이드존스(Martyn Lloyd Jones, 1899-1981)를 비롯해서 제임스
패커(James Packer, 1926-2020) 등이 주축이 되어 1950년대 영국과
미국에서 청교도에 대한 재연구가 시작되었습니다. 그 후 청교도
를 연구한 책이 80-90년대에 우리나라에도 번역 소개되었습니다.
하지만 그 당시에도 널리 알려지기보다 소수의 사람들만 찾아 읽
는 정도였기 때문에 청교도는 한국 교회에서 거의 발견되기 어려
운 상황이었습니다.

많은 사람들이 청교도라는 단어를 알더라도 청교도가 무엇을
설교했고 어떤 것이 청교도의 사상인지 잘 몰랐습니다. 단적으로

---

2 청교도는 엘리자베스 여왕 시대인 1558년에 시작되어 1660년 찰스 2세의 복귀로 쇠퇴하
   게 됩니다.

청교도는 양대 기둥으로 '언약신학'과 '회심론'을 강조합니다. 언약신학의 핵심은 우리의 상태와 상관없이 하나님과 예수 그리스도의 언약으로 말미암아 우리가 구원을 얻는다는 것입니다. 하지만 정말 중요하고 독특한 청교도의 회심론이 빠지면서 한국 교회에서도 오직 믿음으로 구원을 얻는다는 교리만 두드러지게 강조되고 있습니다.

따라서 제가 '양심의 회심'에 대해 설교하면 처음 들어보는 것 같고, 여러분의 양심을 찌르기 때문에 당연히 기분이 나쁠 수 있고, 마치 혼내는 것 같고, 정죄한다는 생각이 들 텐데, 그것은 저의 개인적인 스타일이 아니라 바로 청교도의 스타일입니다.

로마서 8장 30절 "또한 부르시고 부르신 그들을 또한 의롭다 하시고", 이 소명과 칭의 사이에 회심이라는 사건이 있는데, 우리가 이것을 전문적으로 공부하지 못하면 지나쳐버리고 맙니다. 회심에는 지식의 회심과 양심의 회심이 있으며 우리 안에 양심의 회심이 있다면 구원의 확신을 가져도 좋고, 없다면 이 양심의 회심이 있게 해달라고 성령님께 매달려야 합니다. 또한 이 회심은 내 마음속에서 일어나기 때문에 직접 경험하고 감각할 수 있습니다. 따라서 우리가 이것을 감각적으로 느끼느냐도 매우 중요합니다.

하나님의 법적 기관으로서의 양심

양심은 우리 마음속에 있는 율법의 기능을 수행하는 특별기관입니다. 양심은 우리가 반드시 지켜야 될 규범을 우리에게 끊임없이 전달해줍니다. 그래서 양심은 심판의 기능을 담당합니다. 양심은 나의 상황과 상관없이 계속해서 움직이기 때문에 양심이 강한 사람, 양심에 예민한 사람들은 누가 뭐라고 하지 않았는데 양심 때문에 잠을 못 이루기도 합니다. 그만큼 양심은 강력합니다.

양심은 내 마음대로 조정되는 것이 아니라 내 마음의 상태와 상관없이 자체적으로 구동됩니다. 양심은 우리 속에서 율법의 기능을 수행하는 특별기관, 즉 하나님나라에서 우리 마음속에 파송한 하나님나라의 파출소입니다. 그렇기 때문에 양심은 우리 안에서 우리 마음의 상태와 상관없이 계속 활동하면서 옳고 그름을 이야기하고, 하라 하지 말라고 요구합니다. 양심은 "나와 상관없다", "하나님의 특별기구다" 이 두 가지를 기억하시기 바랍니다.

1. 타락한 양심

그런데 인간의 전적 타락으로 말미암아 양심도 타락했습니다. 양심조차 타락했다는 결정적인 증거는 타락한 우리의 양심이 하나님의 탁월하신 거룩을 발견해내지 못한다는 것입니다. 하나님의 놀라우신 거룩하심을 인식하지 못한다면 우리는 우리 죄가 얼마나 깊은지도 알지 못하게 됩니다. 우리가 하나님의 거룩하심을 알아야 하나님의 거룩하심에 빗대봤을 때 우리가 얼마나 타락했고 내 죄가 얼마나 심각한지를 아는데, 하나님의 거룩하심을 알지 못하니까 내 죄가 심각한지 알지 못하고, 내 죄가 심각한지 알지 못하니까 깊은 죄의식에 빠지지 못하고, 깊은 죄의식에 빠지지 못하니까 참된 회개가 없는 것입니다.

이렇듯 양심에 화인 맞거나 양심이 잠자버리면 우리는 회심할 수 없습니다. 양심이 단단해지면 결코 깊은 죄의식을 깨닫지 못합니다. 깊은 죄의식을 깨닫지 못하니까 구원자 되시는 예수 그리스도가 필요 없고, 내게 구원자가 필요 없으니까 참된 회개 이후에 오는 믿음으로 들어가지 못하고, 대부분 그저 왔다갔다 습관적으로 신앙생활을 하는 모습에 빠져버리고 마는 것입니다.

이것이 모두 양심의 문제입니다. 양심이 아무것도 아닌 것 같아도 결국에 우리가 실질적으로 구원을 받는 데 핵심적인 문제입니다. 따라서 청교도들이 가장 중요하게 여겼으며 가장 깊이 연구했던 문제가 바로 '양심'과 '마음'의 문제였습니다. 문제는 양심이 타락해서 하나님의 거룩을 보지 못하는데, 내 노력으로는 이 양심이 깨워지지 않는다는 것입니다.

내 양심을 더 선량하게 하려고 스스로 노력할 것이 없습니다. 주변 누군가에게 자신의 단점을 발견하는 즉시 그때그때 알려달라고 해보십시오. 그가 내 잘못과 단점을 지적해주면 그때 그곳이 곧바로 지옥이 된다는 것을 느끼게 될 것입니다. 더욱이 차마 치명적인 죄는 지적하지도 못합니다. 아주 작은 잘못 하나만 지적해도 얼굴이 울그락불그락해지는 것이 우리 양심의 수준입니다.

사람은 자신의 죄를 살피지 않습니다. 혹시 살핀다고 하면 그는 삶의 의욕이 완전히 떨어져버립니다. 그러나 다른 사람의 잘못을 찾아내는 데는 빛의 속도와 같이 빠릅니다. 만약 자기 주변에서 어떤 사람의 작은 죄를 한 번 지적하고 책망해보십시오. 그 사람의 죄를 지적하는 순간 그가 독사요 사자라는 것을 느끼게 될 것입니다. 사람은 아무리 작은 죄라도, 아무리 작은 약점이라도 지적을 당하면 매우 불쾌해집니다. 화가 납니다. 자신에 대해서는 적개심과 분노가 일어나지 않지만, 잘못한 타인에 대한 분노는 화염의 불길처럼 솟아오릅니다.

별로 실감이 나지 않는 것 같은데, 어떤 느낌인지 한번 예를 들어보겠습니다. 제가 어떤 분과 차를 마시며 대화를 나누다가 이렇게 말했다고 합시다. "그런데 집사님, 말씀은 고마운데 입냄새 납니다. 구강치료 안 하셨어요? 위가 나쁘신가요?" 우리 영혼의 문제와 삶의 문제에 비한다면 입냄새만큼 작은 실책이 어디 있습니까? 그것은 내 잘못도 아니고 치료하면 그만인데, 그것을 지적하는 순간 흥분하고 화를 내고 상처를 받았다고 하고 교회를 떠날 것입니다. 하물며 우리가 그런 작은 잘못이나 실수를 깨달아도 수치심이 드는데, 우리의 큰 죄, 어마어마한 자신의 죄를 인식하게 된다면 우리는 살 수 없을 것입니다.

지구는 초속 30킬로미터라는 엄청난 속도로 공전합니다. 야구 투수가 시속 150킬로미터의 속도로 공을 던져도 그 소리가 "슝" 하고 크게 들립니다. 그런데 지구가 그보다 훨씬 빨리 돌아가면서 내는 굉음이 얼마나 크겠습니까? 거대한 지구가 돌아가는 소리가 들린다면 어떻게 될까요? 그러나 우리에게는 그 소리가 들리지 않습니다. 그 소리를 들으면 살아갈 수 없기 때문에 하나님께서 그 소리를 듣지 못하도록 우리의 주파수를 맞춰놓으셨습니다.

마찬가지로 일반인들은 지옥에 갈 수밖에 없는 죄를 인식하는 순간 살 수 없습니다. 모든 죄인은 지옥에 갈 수밖에 없는 깊은 죄를 인식할 수 없어서 자기 영혼이 얼마나 위태로운지 모릅니다. 자기 영혼이 얼마나 위태로운지 모르기 때문에 이 땅에서 회개 없이 평안히 살아갑니다.

제가 분명히 말하는데, 우리는 성령이 충만해서 평안한 것이 아닙니다. 하나님이 우리 마음에 계셔서 평안한 것이 아니라 양심에 화인 맞으면 평안합니다. 양심이 죽어버리면 평안합니다. 그렇기 때문에 우리는 우리에게 있는 평안이 성령이 주신 평안인지, 아니면 양심이 굳어서 오는 평안인지 분별해낼 수 있어야 합니다.

2. 양심을 소생시키는 성령의 역사

우리는 양심을 발견할 수 없고, 그 양심을 선하게 만들 수도 없고, 심지어 우리에게 얼마나 큰 죄가 있는지도 모릅니다. 이것이 보편적인 사람의 양심의 상태입니다. 그러면 성령께서 어떻게 우리의 양심을 소생시키실까요?

성령께서는 여전히 진리의 말씀을 통해서 우리의 양심을 소생시키십니다. 성령께서 우리의 지식을 조명하시면 율법적으로 들리고 도덕규범으로만 보이던 성경 말씀이 나를 천국으로 이끌어가기 위해 하늘에서 내려주는 동아줄로 보입니다. 지식의 조명함으로 지식이 각성되면 점차 양심으로 그 영향력이 퍼져서 양심을 각성시키기 시작합니다. 하나님의 말씀이 양심에 영향을 미치는 것역시 지식, 말씀의 이해, 설교를 통해서입니다. 다만 학교에서 배우는 것처럼 지식을 보이기만 하는 것이 아니라 우리가 그 지식에 크게 동의가 되어 감탄하며 받아들일 때 그 말씀이 양심으로 들어가게 됩니다.

"지식이 우리 마음을 각성시킬 수는 없다. 그러나 지식이 없이는 각성될 수 없다."

아주 유명한 말입니다. 따라서 목회자라면 반드시 언변이 뛰어나야 합니다. 성도들이 하나님의 말씀을 들을 때 자주 졸거나 딴생각을 하게 하는 설교자는 일단 설교자로서 자격이 없습니다. 하나님의 말씀은 흥미로워야 합니다. 청교도 당시 목사님들의 설교가 얼마나 인기가 있었는지, 한쪽에서 셰익스피어의 희곡이 공연되고, 다른 한쪽에서 청교도 목사가 설교를 했다면 사람들이 청교도 목사의 설교를 들으러 훨씬 많이 몰려갔다는 일화도 있습니다. 그만큼 청교도 목사가 설교를 감각적으로 즐겁게 전달했다는 것입니다.

증거 1 성령께서 죄를 보게 한다

성령의 역사가 없어도 우리가 얼마든지 성경을 읽고 성경을 연구하고 암송할 수 있습니다. 성령의 역사가 없을 때는 성경이 도덕 규범으로 보이기 때문에 그 말씀이 맞다고 생각하고 그 말씀대로 살아볼 수도 있습니다. 그러나 양심에 성령의 역사가 일어나는 사람은 말씀을 들을 때 "말씀이 맞다. 내가 너무 잘못 살았구나. 내가 알고 있는 것은 전부 껍데기였구나. 목사님의 말씀이 맞다. 이 말씀이 나를 천국으로 이끄는구나" 바로 이것을 경험하게 됩니다.

다메섹 도상에서 예수님을 만나기 전부터 사도 바울은 이미 성경을 너무 잘 알았습니다. 사도 바울이 그토록 많은 성경을 알았음에도 불구하고, 그는 예수님을 만난 다음 자신이 전에는 율법을 깨닫지 못했다고 말합니다.

> 전에 율법을 깨닫지 못했을 때에는 내가 살았더니 계명이 이르매 죄는
> 살아나고 나는 죽었도다 롬 7:9

우리도 마찬가지입니다. 우리가 전에 율법을 깨닫지 못했을 때 우리는 살아서 하나님의 말씀을 많이 알고, 교리도 알고, 다른 사람을 가르치기도 하고, 논쟁에서도 얼마든지 이길 수 있었습니다. 성경을 윤리와 도덕의 기준으로 보았기 때문입니다. 그런데 이제 성령으로 말미암아 진리의 빛으로 양심이 소생하면 내 속에

서 죄는 살아나고 나는 죽었다는 것입니다.

우리는 진실해야 합니다. 우리가 성경을 읽고 하나님의 말씀을 들을 때 "나는 죽을 놈이다. 이렇게 살다가는 가망이 없다. 오직 예수님만이 답이다" 이것이 깊이 깨달아져야지, 그렇지 않다면 우리는 헛되이 살 뿐입니다. 교회에서는 교인인 척 열심히 암송도 하고 성경공부를 좋아해도 성령이 역사하시는 설교를 통해 철저히 양심이 깨어져 자기의 죄를 발견하고 눈물을 흘리며 용서를 구하는 데까지 이끌려야 합니다. 그것이 회심의 과정이며 그런 사람만이 다음과 같은 바울의 고백이 터져 나오게 될 것입니다.

우리가 율법은 신령한 줄 알거니와 나는 육신에 속하여 죄 아래 팔렸도다 롬 7:14

증거 2 말씀이 나를 찌른다

성령의 능력으로 양심이 깨어지고 있다면 하나님의 말씀을 들을 때마다, 하나님의 말씀을 연구할 때마다 그 말씀이 좌우에 날 선 검처럼 내 양심을 사정없이 난도질할 것입니다. 성경을 읽다가 자복하게 되고, 눈물을 흘리고, 겸손해지는 삶이 이어질 것입니다. 그것이 우리가 진짜 성도인지 아닌지를 가르는 증거입니다. 아무리 성경을 많이 알아도 하나님의 말씀이 나를 찌르지 않으면 그저 바리새인일 뿐입니다. 교만하여 하나님의 말씀을 다른 사람을 죽이는 데 사용하게 됩니다.

3. 양심을 각성시키는 수단으로써의 말씀

죄인들을 율법으로 인도하고 전에는 한 번도 경험해보지 못한 계명을 깨닫게 하시는 분은 예수 그리스도이십니다. 율법으로 각성된 죄인의 눈은 십자가에 고정되며 십자가는 다시 죄인의 양심을 율법이 발산하는 진리의 빛에 고정시킵니다.

양심을 각성시키는 수단으로써 말씀이 개입되는 방식은 대략 다음과 같습니다. 그 첫 번째는 자기 죄로 절망에 빠진 사람은 눈을 들어 십자가를 바라보게 되고 두 번째, 하나님께서 십자가 주변에 천둥을 내리치고 흑암으로 덮으셨듯이 십자가가 두려움과 공포로 보이기 시작합니다. 말씀이 그 이야기를 해줍니다. 성령이 아니고서는 말씀을 들어도 허투루 흘려버리지만 성령이 작용하시면 그 말씀이 가슴에 깊숙이 찔립니다. 세 번째, 십자가를 보면서 저 형벌은 내가 받아 마땅하다는 양심의 가책이 느껴지기 시작합니다. 이것이 성령의 역사하심입니다.

네 번째, 그때 그 십자가에서 우리 예수님의 음성이 들려옵니다. 내 귀에 들리고 머릿속에서 들려옵니다. "나의 하나님, 나의 하나님, 어찌하여 나를 버리셨나이까"(마 27:46). 성경이 윤리 도덕이 아니라 내 생명줄과도 같다는 것이 바로 이런 것입니다. 회심의 단계에서 말씀이 들려오는 것입니다. 다섯 번째, 그리고 곧바로 "이는 내 사랑하는 아들이요 내 기뻐하는 자라"(마 3:17)라고 하시는 하나님의 음성이 들립니다. 우리는 여전히 십자가 한가운데 계신 그리스도를 바라보고 있습니다. 여섯 번째, 그러자 예수님은 십자가에서 "아버지여 만일 할 만하시거든 이 잔을 내게서 지나가게 하옵소서"(마 26:39) 이렇게 울부짖습니다. 우리가 바라보는 십자가는 그 십자가에서 이루어진 사건이자 말씀입니다.

그러면 도대체 하나님께서는 왜 죄를 알지도 못하신 분을 우리를 대신해서 십자가에 못 박으셨을까요? 일곱 번째, 그리고 내 속에서 이런 마음이 생깁니다. "그에게는 죄가 없으시다. 죄를 알지도 못하신 분인데 우리를 대신해서 죄를 짊어지셨구나. 하나님의 공의를 만족시키기 위해 나를 위해 찔리시고 나를 위해 상하신 분이 나 대신 매달려 계시는구나" 이것이 다 말씀입니다.

> 그가 우리 죄를 없애려고 나타나신 것을 너희가 아나니 그에게는 죄가 없느니라 요일 3:5

회심하게 하는 한 구절 한 구절의 말씀이 우리의 양심을 찢어놓습니다. 죄인이 십자가의 율법으로 말미암아 마음이 녹고 죄의식을 깨달았으면 그리스도의 십자가야말로 가장 엄숙하고도 무시무시한 하나님의 정의가 드러나는 기념비적 사건이라는 것도 알게 될 것입니다.

여덟 번째, 나를 대신해 저주와 공포와 고통의 십자가에 매달리신 주님은 "내가 이 모든 것을 짊어지고 갈 테니 내게 피하라. 내게 피하는 자는 구원을 얻을 것이다" 이렇게 말씀하십니다. 오직 저주의 십자가에 못 박힌 구세주를 의지하고 그분께로 피하는 자들만 구원하실 것이라고 하십니다.

우리가 죄에 대한 지식을 얻는 수단은 율법입니다. 그 율법의 총체적 합이 '십자가'입니다. 우리의 죄는 그리스도에게 전가되었으며 못이 되어 그분의 손을 깊이 찔렀습니다. 우리의 죄가 대못이 되어 그분의 발등을 뚫고 지나갔습니다. 그분의 옆구리를 창으로 찌르니 물과 피가 쏟아졌습니다. '주님이 매달리신 저 자리가 내 자리인데, 주님의 손의 못자국과 주님의 옆구리의 창자국이 내게 있어야 하는데, 내가 주님의 손에 못을 박고 주님의 옆구리를 창으로 찔렀구나. 내가 바로 죄인의 괴수요 십자가의 원흉이구나'라는 마음이 들어옵니다.

십자가는 고통과 수치의 대명사입니다. 십자가는 벌거벗긴 채 매달게 되어 있습니다. 십자가에 매달리는 육체의 고통, 하나님 아버지께 버림을 받는 영적인 고통뿐만 아니라 온몸이 드러난 채 매달리는 부끄러움, 정신적인 고통까지 십자가는 그야말로 우리의 육체, 영혼, 정신이 어디에도 숨을 곳이 없는 곳입니다. 이것이 우리 자신에게 임할 형벌이었다는 것을 잘 알지 않습니까? 마지막으로 이 음성이 들려오게 됩니다.

하나님이 세상을 이처럼 사랑하사 독생자를 주셨으니… 요 3:16

그때 우리는 통곡하며 그리스도께 의탁하게 됩니다. 불변하는 율법의 원리가 우리를 찌르고, 우리에게 그리스도를 보게 하고,

두려워하게 하고, 그곳에서 회복의 빛을 보고, 우리를 감싸주시는 하나님의 자비하심과 구주 예수님을 볼 때 우리는 드디어 자복하고 통회하게 됩니다. 이 모든 것을 성령이 주도하시며, 이 일이 우리의 양심에서 일어나며, 또한 이 일이 목사의 설교를 통해서 이루어집니다. 이것이 바로 회심입니다.

얼마 전 유튜브로 설교를 듣다보니 설교를 마친 목사가 회중에게 입으로 시인하라고 하면서 자신을 따라해달라고 했습니다. "예수님, 저는 죄인입니다. 저는 이제 예수님께 저를 온전히 의탁합니다. 예수님, 저의 주인이 되십시오."[3] 우리에게 청교도의 회심이 사라져버리자 죄의식이라는 감각도, 슬픔도, 고통도 없이 그저 입으로 시인하기만 하면 자녀가 되고, 제자가 되는 일들이 어느새 구원의 방식이 되어버렸습니다. 그러나 주님은 분명히 말씀하셨습니다.

> 나더러 주여 주여 하는 자마다 다 천국에 들어갈 것이 아니요 다만 하늘에 계신 내 아버지의 뜻대로 행하는 자라야 들어가리라 마 7:21

이 말씀이 도저히 해석이 되지 않았는데 청교도를 보니 그 안에 얼마나 정확하고 자세한 하나님의 말씀과 성령의 연합이 있는지 모릅니다. 이 말씀이 여러분의 양심에 꽂히시기 바랍니다. 더 예

---

3 이러한 중생관을 흔히 'easy believism'(값싼 믿음, 안이한 신앙주의)이라고 합니다. 이것은 교회에 치명적인 독소 중 하나입니다.

민하고, 더 선명하고, 하나님께 더욱 의지하고자 하는 양심으로
일평생 신앙생활하시기를 바랍니다.

4. 마귀가 뿌려놓은 네 가지 거짓

수많은 사람들이 하나님의 복음을 듣고 그대로 알곡을 맺어야
하는데, 마귀가 밤새 가라지를 뿌려놓고 갑니다. 마귀가 뿌려놓
은 가라지는 첫째, 우리가 하나님의 법도에 순종하지 못하므로
우리를 책망하시고 그 결과로 고난을 당하는데도, 마귀는 그것
을 하나님으로부터 온 고난이 아니라 인생이라면 누구나 겪는 고
해(苦海)이며 고통이라고 우리를 안심시킨다는 것입니다.

둘째, 하나님의 여러 가지 속성 중에 사랑의 속성만을 강조하
여 우리를 속입니다. 우리 하나님은 거룩하신 하나님, 진노의 하
나님, 불꽃 같은 눈으로 우리 마음을 감찰하시는 하나님이신데
도 우리의 모든 죄를 용서해주시는 사랑의 하나님만을 강조하여
우리가 주저 없이 죄를 짓도록 하는 것입니다.

셋째, 어릴 때부터 착실하게 신앙생활을 해왔다면 구원을 의심
하지 말아야 하며, 구원을 의심하는 것은 믿음이 없는 것이고, 설
교를 통해 어떠한 양심의 가책이 오더라도 자신은 이미 구원받았
다고 끝내버리는 것입니다. 그렇게 함으로써 자신이 얼마나 위
태로운 상황에 처했는지 모르고 평안하게 살아가게 하는 것입니

다.[4]

넷째, 목사가 지옥을 강조하면 목사가 교인들을 겁박하여 교회를 떠나지 못하게 하려는 수작일 뿐이라고 속삭입니다.

마귀의 이 네 가지 속임이라는 마취제가 주입되어버리면 제아무리 양심을 노크해도 끄떡하지 않는 상태가 되는데, 그것이 바로 자기기만입니다. 자기기만에 빠진 사람들은 점점 더 기만에 익숙해지고 나이가 들수록 얼굴이 편안해집니다. 마지막까지 자기 영혼이 얼마나 위태로운 처지인지 깨닫지 못한 채 평안하게 서서히 늙어갑니다.

제가 설교 준비를 하다가 인터넷에서 '사람이 죽을 때 후회하는 다섯 가지'라는 짧은 메시지를 보았는데 아마 보신 분들이 많을 것입니다. 그 다섯 가지란 "첫 번째, 남들 이목에 신경 쓰지 말고 나 자신의 인생을 살걸, 그렇게 열심히 일만 하지 말걸. 두 번째, 다른 사람의 기대에 부응하는 삶을 살지 말걸, 다른 사람의 눈치를 보며 살지 말걸 이 말입니다. 세 번째, 감정을 표현할 용기를 가질걸. 네 번째, 친구들과 계속 연락하며 지낼걸. 다섯 번째, 나 자신이 더 행복해질걸." 이렇게 다섯 가지를 마지막에 후회한다는 것입니다.

물론 믿지 않는 사람들은 얼마든지 그렇게 말할 수 있습니다. 그러나 성도가 이런 이야기를 듣고 일정 부분 마음에 동의가 된

---

4 이를 '간주된 중생'이라고 하는데 'easy believism'이 뿌려진 곳에서 필연적으로 나타나는 중생관입니다.

다면 정신 차리시기 바랍니다. '죽을 때 이런 후회를 하겠구나' 싶은 마음이 든다면 아직 자기 영혼의 상태를 모르는 것입니다. 이것은 양심이 완전히 화인 맞아서 자신이 지금 지옥의 불구덩이 바로 위에 있다는 것을 깨닫지 못하고 하는 소리입니다. 내 영혼이 지옥의 문앞에 있다는 절망의 깨달음은 죽기 직전에 아는 것이 아니라 죽은 후에 깨닫게 된다는 것이 공포입니다. "내가 주님을 좀 더 섬길걸, 내가 주의 말씀 안에 좀 더 살걸, 내가 좀 더 전도할걸, 내 영혼이 얼마나 위태로운지 더 알걸" 이것이 성도가 할 소리입니다.

양심이 화인 맞는 인간들

우리 영혼이 얼마나 강퍅한지 예를 들어보겠습니다. 어린이는 고양이 한 마리만 봐도 "아이, 귀여워", 꽃을 봐도 "아이 예뻐, 꽃아, 꽃아, 이리와" 이럽니다. 청소년들을 보십시오. 남학생은 작은 칭찬에도 뿌듯해하고, 여학생은 굴러가는 낙엽만 봐도, 날아가는 새만 봐도 까르르 웃고 좋아합니다. 청년들은 이 땅의 불의에 대해 의로운 분노를 느낍니다.

그런데 장년들을 보면 점차 감각이 사라집니다. 버스나 전철에서 자리가 나면 뒤에서 가방이 날아옵니다. "권사님, 여기 자리 있어요!" 그들은 기쁠 것도 없고, 부끄러울 것도 없고, 두려울 것도 없습니다. 마음의 강퍅함은 이루 말할 수 없습니다. 과연 여고생이 가방을 던지면서 친구를 부를 수 있을까요? 그러나 권사님은 던질 수가 있습니다. 왜냐하면 이미 부끄러움을 모르고 마음은 강퍅해져서 냉담하고 무관심하기 때문입니다.

그렇기 때문에 그들은 표정이 오히려 평안합니다. 얼굴에 희로애락이 없이 그저 일정합니다. 그러나 그것은 돌처럼 굳어진 평안함입니다. 이들은 '하나님'과 '예수님'과 '구원'을 몰라도 죽을 때 평안하게 죽습니다. 성도의 평안함과 불신자의 평안함은 전혀 다릅니다. 불신자의 평안함은 그의 양심이 죽었다는 결정적인 증거입니다. 따라서 마지막에 평안히 돌아가셨다고 다 천국에 갔다고 보면 안 됩니다.

중년 남성들은 어떻습니까? 그들도 어릴 때는 엄마가 너무 좋고 항상 따뜻한 엄마의 품, 엄마의 손길을 그리워했습니다. 아버지 역시 근엄하고 무섭지만 좋아합니다. 그런데 어느덧 자신 역시 중년이 된 남성들은 어릴 때와 달리 연로하신 어머니의 손길, 말 한마디에 아무 감동이 없고, 아버지의 충고 역시 잘 듣지 않습니다. 심지어 부모님이 돌아가셔도 생각보다 크게 슬퍼하지 않습니다. 이런 것은 매우 무서운 현상인데, 이것이 바로 양심에 화인 맞은 형태들 중 하나입니다.

그런데 이들이 언제 웃는지 아십니까? 귀한 말씀의 교제를 나눌 수 있는 성도는 만나지 않습니다. 술 한 잔 마시고 친구들과 시시덕거릴 때, 바로 죄지으려고 할 때 편히 웃습니다. 그들은 어떤 말씀을 들어도 찔리지 않고, 어떤 재미있는 이야기를 들어도 웃지 않습니다. 이것이 보편적인 중년의 모습이자 어른의 양심입니다.

그러나 주님은 너희가 어린아이와 같지 아니하면 천국에 들어가지 못한다고 말씀하셨습니다. 어린아이와 같은 것이 무엇입니까? 바로 아이들처럼 양심이 선명한 것입니다. 나이가 들면 주름이 깊이 잡히듯이 모든 사람은 양심에 깊은 화인을 맞습니다. 그런데도 세월이 지날수록 양심이 살아나고, 세월이 지날수록 감화감동이 있다면 그것이 바로 성령의 역사라는 뜻입니다.

단적으로 하나님의 말씀을 들을 때 내 마음에 찔림과 걱정과 수치심이 있습니까? 또 아름다운 자연을 볼 때 내 마음에 기쁨과 감동이 있습니까? 아니면 무슨 소리를 들어도 덤덤하고 무슨 이야기에도 표정 변화가 없고 강퍅한가요? 이것을 비교해볼 때 그가 천국 백성인지 아닌지가 대략 드러납니다.

그런데 문제는 구원받지 않은 사람도 양심의 가책을 느낀다는 것입니다. 대표적으로 헤롯 같은 사람입니다. 헤롯은 세례 요한을 죽이고 나서 마음에 두려움이 엄습했습니다. 그런데 예수님과 그의 제자들이 나타나 세례 요한과 똑같이 회개하라 외치고 다니는 것입니다. 그러자 헤롯은 자신이 목 베어 죽인 요한이 살아났다고 말합니다(막 6:14). 양심의 가책을 느낀 것입니다. 가룟 유다 역시 주님을 팔면서 자신이 입맞추는 사람이 그이니 그를 잡으라고 할 정도로 강퍅한 자였습니다. 그러나 그도 주님을 팔고 나서 무고한 피를 팔았다는 양심의 가책으로 자살하고 말았습니다. 그러니 양심의 가책을 받는다고 해서 꼭 구원받은 자가 아니며, 양심의 가책조차 받지 않는 자라면 아예 유기된 자라고 보아야 합니다.

천국과 지옥 백성을 가르는 말씀

우리가 이 말씀을 어떤 마음으로 받느냐가 천국과 지옥을 가른다고 해도 과언이 아닙니다.

> 한 번 빛을 받고 하늘의 은사를 맛보고 성령에 참여한 바 되고 하나님
> 의 선한 말씀과 내세의 능력을 맛보고도 히 6:4-5

4절에 "한 번 빛을 받고 하늘의 은사를 맛보고 성령에 참여한 바 되고", 여기서 빛이란 성령이 양심을 조명하시는 것을 말합니다. 지성과 양심에 성령의 조명하심을 얻어 동일한 성령의 역사를 경험하고, 5절에 "하나님의 선한 말씀과 내세의 능력을 맛보고도", 이것은 우리가 천국과 지옥이 있다는 것을 알았다는 것입니다.

> 타락한 자들은 다시 새롭게 하여 회개하게 할 수 없나니 이는 그들이
> 하나님의 아들을 다시 십자가에 못 박아 드러내 놓고 욕되게 함이라
>
> 히 6:6

그러나 타락한 자들은 하늘에서 내리는 단비와 같은 말씀, 즉 복음이 계속 선포되는데도 그 말씀으로 양심이 깨어지지 않습니다. 그러면 그는 절대로 회개하지 못합니다. 이것이 히브리서 6장 4-6절의 말씀입니다. 말씀을 듣고도 여전히 냉담하고, 답답하고, 아무런 감동이 없는 자들의 영혼이 지금 어떤 상태인지 아십니까?

> 땅이 그 위에 자주 내리는 비를 흡수하여 밭 가는 자들이 쓰기에 합당한 채소를 내면 하나님께 복을 받고 만일 가시와 엉겅퀴를 내면 버림을 당하고 저주함에 가까워 그 마지막은 불사름이 되리라 히 6:7-8

땅 위에 자주 내리는 비란 복음의 단비입니다. 이 비를 흡수하여 그 땅이 유익한 농작물을 내면 하나님께 복을 받지만 가시와 엉겅퀴를 내면 아무 쓸모가 없기 때문에 버려지고, 결국에 불에 타버리고 말 것입니다. 성경을 올바르게 해석하는 설교를 듣는 성도의 마음이 담담하고 여전히 강퍅하다면 차라리 이 말씀이 가짜인 것이 나을 것입니다. 그러나 이 말씀이 진짜인데 이 말씀을 듣는 사람의 마음이 담담하고 강퍅하다면 그가 지옥 백성일 확률은 대단히 높습니다. 이것이 정말 중요한 회심의 이론입니다.

베드로의 오순절 설교를 들었을 때 사람들은 그 말씀을 듣고 마음에 찔렸습니다.

> 그들이 이 말을 듣고 마음에 찔려 베드로와 다른 사도들에게 물어 이

르되 형제들아 우리가 어찌할꼬 하거늘 행 2:37

그래서 베드로와 다른 사도들에게 물었습니다. 그때 베드로의 말씀을 받은 사람들이 세례를 받고 믿은 자의 수가 삼천이나 되었습니다.

베드로가 이르되 너희가 회개하여 각각 예수 그리스도의 이름으로 세례를 받고 죄 사함을 받으라 그리하면 성령의 선물을 받으리니 행 2:38

스데반 집사가 똑같이 설교했을 때에도 그들은 말씀을 듣고 마음에 찔렸지만 스데반을 향하여 이를 갈았고 그에게 달려들어 그를 돌로 쳐서 죽였습니다.

그들이 이 말을 듣고 마음에 찔려 그를 향하여 이를 갈거늘 행 7:54

우리가 말씀을 흘려버리거나, 양심의 가책을 받았지만 곧 잊어버리거나, 심지어 분노를 내는 자들은 양심에 화인 맞은 자들이기에 이런 이들은 다시 돌이켜 회개할 기회가 사라져버리고 맙니다. 즉 하나님의 말씀이 떨어지는 그 곳에서 우리는 천국과 지옥 백성으로 나눠지게 됩니다.

우리가 말씀을 듣고 "화로다 나여 망하게 되었도다", "참으로 내가 죄인이구나", "내가 왜 이런 영혼의 상태에 빠져 있을까? 주여, 나를 불쌍히 여겨주시고 나를 구원의 길로 이끌어주십시오"
이런 반응을 하는 자들이 칭의 된 사람입니다. 이런 아름다운 마음을 가진 사람이 천국 백성입니다. 그런데 말씀을 들어도 여전히 말씀에 반응이 없다면 지금이라도 회개하고 주님을 붙잡으십시오. 그렇지 않으면 당신이 눈을 감았다가 다시 뜬 곳이 지옥일 것입니다.

한 말씀이라도 그 말씀이 여러분의 양심에 한 줄기 빛으로 들어가기를 바랍니다. 혼동과 흑암으로 가득 찬 영혼에 진리의 빛이 들어가야 회심할 수 있습니다. 말씀과 성령의 역사하심으로 내 양심에 금이 가고, 양심이 깨어져 주 앞에 무릎 꿇고, 눈물 흘리는 회심의 역사가 일어나게 되시기를 바랍니다.

05

칭의 1

그리스도의 의를 전가받았는가?

또 미리 정하신 그들을 또한 부르시고
부르신 그들을 또한 의롭다 하시고
의롭다 하신 그들을
또한 영화롭게 하셨느니라

칭의 되지 않았으면 거룩은 없다

황금사슬 8단계는 소명, 중생, 회심, 칭의까지가 아주 독특합니다. 사실 칭의 교리는 기독교에만 있는 매우 독특한 교리입니다. 칭의란 우리가 의롭게 되었다는 것입니다. 칭의 되지 않은 상태는 의로운 상태가 아니므로 영원한 저주의 상태에 있는 것이며, 그때 우리는 거룩하게 살 수 없습니다. 구원의 서정에서 칭의 그다음이 양자인데, 출생이 순간적으로 이루어지듯이 칭의와 양자는 사실 거의 같습니다. 칭의와 양자 이후에 성화가 순차적으로 나옵니다. 이로써 칭의가 되지 않은 상태에서는 사실 성화가 나올 수 없다는 원리가 됩니다.

따라서 불신자는 칭의 되지 않았기 때문에 그 누구도 거룩하게 살 수 없고, 그들이 자랑하는 의로움이란 한낱 누더기옷에 지나지 않습니다. 누군가 정말 위대한 선을 행했는데 그것이 가식인지 아닌지 알려면 그가 참된 성도인지 아닌지를 보면 됩니다. 왜냐하면 칭의 되지 않았으면 거룩함이 없기 때문입니다. 칭의를 경험한 자들이 하나님의 아들로서 자라가는 것이 성화이고 거룩함입니다. 성도가 말하는 진짜 선(善)이 바로 성화입니다.

그러니 소명, 중생, 회심, 칭의가 없이 어떻게 그가 거룩한 삶을 살 수 있겠습니까? 세상 사람들이 외치는 의로움은 자신의 죄를 바라보지 못하기 때문에 결국 내로남불로 귀결될 수밖에 없습니다. 그러므로 세상 사람이 큰 공을 세우고 위대한 일을 성취하였다고 하여 그 사람이 의로운 자라고 여기는 것은 큰 우를 범하는 것입니다. 그들은 스스로 속아 외적인 변화만 추구할 뿐이지 내면의 변화가 없으므로 선을 행하는 그 순간에도 외식하고 이기적이며 자기중심적이기 때문입니다.

고귀한 사람은 거듭난 자입니다. 그들이야말로 하나님께서 인정하는 자이고, 그들이 곧 천국에 갈 사람들이기 때문입니다. 칭의 되지 않은 상태는 영원한 저주에 빠져 있는 상태인데, 어떻게 그 삶이 행복할 수 있겠습니까? 불신자의 행복은 임기응변식이고 세월이 흘러 노인이 되었을 때 그에게는 눈물과 한숨밖에 남지 않습니다. 겨우 하는 자랑이란 소싯적 영웅담일 뿐입니다.

칭의 교리의 중요성

우리는 지금까지 소명, 중생, 회심에 대해서 살펴보았습니다. 우리의 구원은 이런 지식이 충만한 상태에서 가능한 것이지, 나도 모르게 과거 어느 때에 구원이 되어 있었다는 것은 어불성설입니다. 왜냐하면 하나님은 우리를 인격적으로 대우하기 때문에 우리가 스스로 그 길을 갈 때 비로소 구원의 길이 열리기 때문입니다.

회개는 누가 하는 것입니까? 내가 하는 것이지 하나님이 회개를 시켜주실 때까지 기다리는 것이 아닙니다. 믿음은 누구에게 있는 것입니까? 믿음은 내 안에 있는 것이지 하나님에게 믿음이 필요한 것이 아닙니다. 하나님은 우리 믿음의 대상이요 우리가 믿음의 주체입니다. 따라서 믿음도 우리에게 있어야 하고, 회심도 우리가 하는 것입니다.

그런데 이런 것이 우리 내면에 없이 어떻게 칭의 될 수 있다고 말하겠습니까? 저는 단호히 말씀드릴 수 있습니다. 우리는 지금까지 소명, 중생, 회심을 배웠고 '칭의'도 배울 것입니다. 여러분, 이것을 모르면서 구원받았다고 생각하지 마시기 바랍니다. 어떤 이들은 이런 것들을 배워서 알아야 구원받는 것이냐고 항변할 수 있지만, 최소한 우리가 가야 하는 길을 알아야 첫발이라도 뗄 수 있다는 것을 잊으면 안 됩니다.

구원의 길을 알아도 그 길을 가지 않는 자들이 많지만, 구원의 길을 모르는 자들은 결코 그 길을 갈 수 없습니다. 비록 새롭고 생소하더라도 우리가 구원에 대해 배우고 돌다리도 두드려가며 건너는 것이 선한 행위입니다. 존 오웬(John Owen, 1616-1683)은 이런 말을 했습니다.

"그러므로 나는 누가 그것을 공격하든지 간에, 곧 만일 우리가 그리스도의 피를 믿는 믿음을 통한 칭의에 대한 전통적인 교리와 우리에게 전가된 그리스도의 의의 교리를 잃어버린다면 종교의 공적 업무는 신속히 교황주의나 무신론으로 전락하게 되고 만다고 담대히 말할 수 있다."

즉 우리가 칭의 교리를 잃어버리면 교황주의자나 무신론자가 되어버린다는 것입니다. 칭의 교리를 잘 모르면 우리가 비록 개혁교회를 다녀도 우리의 영적 상태는 교황주의자나 무신론자 쪽으로 가는 셈입니다. 루터 역시 "칭의 교리를 상실하는 것은 기독교 교리 전부를 상실하는 결과를 낳는다"라고 했을 만큼 칭의 교리는 정말 중요합니다.

칭의 이해에 대한 로마 가톨릭과 개혁교회의 차이

칭의에 대해서 로마 가톨릭과 개혁교회의 주장에 차이가 있습니다. 로마 가톨릭은 하나님께서 우리를 의롭다 칭하시면 그때부터 서서히 우리가 의롭게 되어진다고 주장합니다. 칭의 된 자들은 선한 자가 되고 하나님의 사람으로 점점 변화된다는 것입니다. 이러한 로마 가톨릭의 주장을 칭의의 '주입 교리'라고 합니다. 주입 교리를 이해하기 쉽게 표현하면 주사액이 몸 전체에 퍼지면서 몸에 영향을 주는 것과 같은 이치입니다. 그러므로 로마 가톨릭의 주장은 우리가 칭의 되면 성도의 삶이 가능하다고 말합니다. 그래서 가톨릭은 칭의라는 말 대신 의화(義化)라고 하는데 이것은 사람의 도덕적 본성이 부패로부터 구원을 이루어낸다는 의미입니다. 결국 칭의가 된 사람은 점점 죄를 짓지 않음과 동시에 점점 부패에서부터 이탈한다고 주장하고 있습니다.

결국 로마 가톨릭은 중생, 칭의, 성화를 얼버무려 의롭게 되는 자는 그 안에 성령이 계시기 때문에 점점 성령의 사람이 되어간다고 합니다. 그러나 개혁교회에서는 그것을 칭의가 아닌 성화로 보며 칭의와 성화를 분명히 구별합니다. 개혁교회에서 말하는 칭의는 하나님께서 법률적인 용어로 "너는 의로운 자다"라고 선포하시는 것이라고 정의합니다. 그러니까 개혁교회에서는 우리가 칭의 되더라도 우리에게는 도덕적이고 본질적인 변화가 없다는 것이고, 로마 가톨릭은 우리에게 본질적인 변화가 있다고 보는 것입니다.

예컨대 보통 8월이면 광복절 특별 사면이 단행됩니다. 그때 법무부에서는 대상자를 심사하고 확정하여 광복절에 그를 특별 사면 석방하게 됩니다. 즉 특사 심사를 마치고 대상자가 되면 그는 8월 15일 석방이 되기 전에 이미 서류상 특사 대상자로 확정이 되는 것입니다. 그럴 때 특사 대상자가 여전히 감옥에 있으면서 특사 대상임을 인식하고 점점 도덕성이 좋아집니까? 그렇지 않습니다. 아무것도 변하지 않습니다. 그는 어제도 홍길동이었고 오늘도 홍길동인데, 단지 서류상 법적으로 석방 대상자로 바뀐 것입니다.

개혁교회에서는 이것을 '칭의'라고 하고 이것을 '전가 교리'라고 합니다. 로마 가톨릭이 주장하는 칭의 교리는 칭의가 되면 내 속에서 그리스도화가 되어간다고 보는 것으로 이것을 '주입 교리'라고 합니다. 전가 교리와 주입 교리의 차이는 대단히 큽니다. 단적으로 전가 교리는 우리가 의롭게 되어도 우리는 본질적으로 타락한 존재라고 봅니다. 단지 법률적으로 의롭게 여겨질 뿐 본성 자체는 여전히 죄인이라고 보는 것입니다. 따라서 개혁교회는 성도를 바라보는 입장에서도 로마 가톨릭교회와 차이가 있습니다. 개혁교회는 의롭게 되었으니 이제부터 거룩한 삶을 살 수 있다는 것이 아니라 여전히 죄인이기 때문에 매주 하나님의 말씀을 듣고 죄성을 다스려야 하며 천국에 갈 때까지 성화의 삶을 살아가야 한다는 것입니다.

주변에 혹시 이런 사람이 있지 않습니까? "아무개야, 교회 가자" 그러면 "내 마음에 주님이 계신데 어디 가느냐?" 이런 사람 말입니다. 대체 누구한테 그렇게 주입 교리를 철저히 배웠을까요? 그런 사람에게 저는 이렇게 말해주고 싶습니다. "이상하다. 네 마음에 계신 주님은 성격이 안 좋으신가? 네 안에 주님이 계신다면서 너는 무슨 죄를 그렇게나 많이 짓니?" 우리 내면에 딱히 배우지 않아도 자연스럽게 형성되어 있는 신앙적 상상은 대부분 로마 가톨릭의 개념과 동일합니다.

의의 전가 교리

개혁교회는 우리가 여전히 죄인이라고 합니다. 단지 8. 15 특사로 지정되어 서류에 도장만 찍힌 것입니다. 석방될 때까지 우리는 하나님의 말씀으로 계속해서 죄성을 억제하게 하고, 죄짓고자 하는 마음을 없애는 사역 아래 있어야 합니다. 우리는 전가 교리를 가지고 있습니다. 우리는 의롭다고 선언되었고 의롭다는 법정적 칭의를 얻었을 뿐이지 실존적으로 의로워진 자가 아닙니다.

흔히 의의 전가 교리를 말할 때 우리는 주로 '의의 옷'을 입는다고 표현합니다. 혼인 잔치에서는 합당한 예복을 입어야 합니다. 하나님이 입혀주시는 의의 옷을 입는 것입니다. 의의 전가는 선물로 받는 것이요 옷을 입는 것이지 내 본성에 변화가 없다는 것을 기억하시기 바랍니다. 웨스트민스터 대요리 문답 70문 "칭의란 무엇입니까?" 그 답은 이것입니다.

70문 "칭의란 무엇입니까?"

답 "칭의란 죄인을 향한 하나님의 무조건적인 은혜의 행위로, 하나님이 우리의 모든 죄를 용서하시고 그분이 보시기에 우리를 의로운 자로 받아주시는 것입니다. 이는 그들 안에 생겨난 어떤 것이나 그들이 수행한 어떤 것에 의해서가 아니라 하나님이 그들에게 전가하시고 오직 믿음으로만 받게 되는 그리스도의 완전한 순종과 충분한 속죄로 일어나는 일입니다."

우리가 의로운 자가 된 것이 아니라 하나님께서 우리를 의로운 자로 받아주신 것입니다. 그러면 하나님이 우리에게 무엇을 전가해주셨습니까? 예수 그리스도께서 이 땅에서 율법을 지키신 '완전한 순종'과 예수 그리스도께서 우리 대신 피 흘려 돌아가신 '충분한 속죄', 바로 그 '그리스도의 의'를 전가해주셨습니다. 이것이 칭의입니다. 오직 그리스도만이 우리의 칭의의 조건을 이행해주실 수 있습니다. 우리가 의롭게 되는 데는 우리의 의가 단 1퍼센트도 들어 있지 않으며, 오직 예수님이 이루신 것을 전가받기 때문에 우리가 할 수 있는 것은 오직 그것을 믿는 것밖에 없습니다. 믿음이 칭의의 조건입니다. 그래서 구원의 서정에서 칭의 바로 앞에 '믿음'이 나와 있는 것입니다.

부활은 증거다

크도다 경건의 비밀이여, 그렇지 않다 하는 이 없도다 그는 육신으로 나타난 바 되시고 영으로 의롭다 하심을 받으시고 천사들에게 보이시고 만국에서 전파되시고 세상에서 믿은 바 되시고 영광 가운데서 올려 지셨느니라 딤전 3:16

여기서 바울이 말하는 큰 경건의 비밀이 무엇일까요? 바울은 지금 그 비밀이 '구원의 도'임을 말합니다. 그런데 비밀이란 비밀을 아는 사람에게 전수받기 전에는 절대 알 수 없는 것입니다. 이 비밀을 누군가에게 배우지 않고 혼자 도 닦듯이 알아낼 수 있는 방법은 전혀 없다는 말입니다. "그는 육신으로 나타난 바 되시고 영으로 의롭다 하심을 받으시고", 그는 예수 그리스도입니다. 예수님은 성령으로 의롭다 하심을 받으셨습니다. 예수님이 영으로 의롭다 하심을 받은 것은 부활을 의미합니다. 예수님이 육체를 입고 이 땅에 오셨고 성령으로 말미암아 부활하셔서 의롭다 하심을 받으신 것을 칭의라고 하기 때문입니다.

이것이 비밀이라는 것입니다. 이 비밀을 가르쳐주지 않으면 아무리 노력해도 그 누구도 알 수가 없습니다. 예수님이 육으로 태어났는데 성령으로 말미암아 부활하셔서 칭의 되셨나요? 이 원리를 로마 가톨릭이 주장하는 주입 교리 식으로 말해본다면 예수님이 부활하심으로 말미암아 도덕적으로 변화되시기 시작해야 하는 것입니다. 그러나 그런 일은 있을 수가 없습니다. 왜냐하면 우리 주님은 부활하시기 전에도 이미 철저히 죄 없이 사셨기 때문입니다. 우리 주님은 이 땅에서 죄 없이 사셨고, 죄 없으신 그분이 하나님이 명하신 일을 다 이루시고, 우리를 대신해서 십자가를 지셨습니다. 그렇기 때문에 그분은 처음부터 끝까지 죄가 없으신 분입니다. 그런 그분이 성령으로 말미암아 부활하여 의롭다 하심을 받은 것이라면 그분은 도덕적으로 더 깨끗해지거나 윤리적으로 더 발라져야 한다는 뜻이 됩니다. 그러나 우리는 그렇지 않다는 것을 알고 있습니다.

예를 들어서 내가 주님과 똑같이 죄를 한 번도 짓지 않고 살았다고 칩시다. 또 어떤 사람의 죄를 대신 지고 십자가에 못 박혀 죽었다고 칩시다. 또한 그 사람의 죄를 내게 전가하고 내 의를 그 사람에게 전가해달라는 유언을 남기고 죽었다면 나는 부활할까요? 부활하지 않습니다. 부활할 수 없습니다. 왜냐하면 여기서 부활은 우리 주님이 창세 전에 하나님과 언약을 맺기를, 첫째 아담이 실패한 모든 것을, 인간이면서 동시에 하나님이신 예수님께서 온전히 성취하여 하나님 아버지를 만족시키고, 그 공로를 하나님이 받으시고 의롭다고 하신 증거, 그것이 바로 '부활'이기 때문입니다.

흔히 부활 신앙을 우리가 죽은 이후에 천국에 가는 신앙이라고 말합니다. 물론 그것도 중요하지만 부활하신 예수님이 하나님과 맺은 계약을 온전히 성취하신 그분, 하나님께서 정하신 법도를 모두 지켜낸 그분, 인류를 대표하여 세상 사람들의 죄를 대신 짊어지시기에 합당한 바로 그분이라고 칭해주셨다는 것이 부활이라는 개념입니다. 따라서 예수님이 죄의 형벌로 고난당하시고 그 후 죽은 자 가운데서 살아나셨을 때 그는 그분을 믿는 모든 사람들의 보증인이며 대표자로서 의롭다 하심을 얻으신 것입니다.

중생 vs 칭의 vs 성화

> 또 미리 정하신 그들을 또한 부르시고 부르신 그들을 또한 의롭다 하시고 의롭다 하신 그들을 또한 영화롭게 하셨느니라 롬 8:30

우리가 잘 알듯이 "그들을 또한 부르시고 부르신 그들을 또한 의롭다 하시고", 이 소명과 칭의 사이에 중생과 회심이 있는데도 소명, 중생, 회심을 한 가지로 보는 것은 이것이 한순간에 이루어지기 때문입니다. 그런데 이것은 언제나 역순으로도 보아야 합니다. 즉 칭의 된 자는 회심한 자였고, 회심한 자는 중생된 자였으며, 중생된 자는 성령의 내적 소명을 받은 것입니다. 구체적으로 중생과 칭의를 구별해보려고 하는데 이런 구별이야말로 구원의 도를 알아가는 데 매우 중요합니다.

구원에 있어서 중생이란 우리가 다시 태어나는 것입니다. 누가 태어나게 해주느냐 하면 부모가 태어나게 해주는 것으로 '중생'은 "하나님 아버지의 행위"입니다. 반면에 '칭의'는 "재판장의 선고"입니다. 중생은 아버지가 행하신 일이며 중생이 된 자는 하나님 아버지의 가정에 속하게 됩니다. 반면에 칭의는 재판장이 한 일이며 재판장 앞에 떳떳하게 설 수 있도록 의를 주는 것입니다. 전혀 다릅니다. 하나는 가정에서 일어난 일이고, 하나는 재판석상에서 일어난 일입니다.

그렇기 때문에 중생은 외적 소명과 내적 소명을 통해 자신을 강타하는 변화가 있습니다. 중생은 하나님의 말씀이 참으로 옳다고 하는 내면의 변화, 하나님의 생명이 내 안에 들어오는 것이 느껴질 정도의 변화입니다. 그러나 칭의는 자신에게 아무 변화가 없습니다. 칭의는 예수 그리스도께서 하신 일이 중요한 것입니다. 2천 년 전 골고다 언덕에서 주님이 하신 일이 칭의입니다. 신자는 이 그리스도의 칭의를 공유하는 것을 허락받았을 뿐입니다.

중생된 자는 자연스럽게 회심의 자리로 이끌립니다. 중생 이후에 곧바로 자기 죄를 회개하고 삶을 돌이키는 회심의 역사가 따라옵니다. 그런데 칭의는 아버지께서 가장 좋은 옷을 덧입혀주시는 것입니다. 중생과 칭의의 차이가 이해가 되십니까? 이 차이를 이해하셔야 구원이 어떻게 진행되는지 좀 더 구체적으로 알게 됩니다.

그다음 칭의와 성화도 구별해보려고 합니다. 일단 로마 가톨릭은 중생, 칭의, 성화를 나누지 않고 얼버무렸지만, 개혁교회는 칭의와 성화를 확실하게 구분하였습니다. 성화는 여전히 내 안에서 이루어집니다. 내가 옛날에는 어떤 사람을 싫어했는데 지금은 그를 궁휼히 여기는 마음이 생겨서 잘해줍니다. 이렇듯 성화는 점점 더 좋은 사람이 되고, 점점 더 선을 쌓는 것이며, 내 안에서 이루어지는 성령의 역사의 결과입니다. 내 안에서 이루어지기 때문에 우리는 그것이 주관적으로 느껴집니다.

그런데 칭의는 나와 아무 상관없이 그리스도께서 단번에 이루신 역사입니다. 성화는 점진적이고 누적적입니다. 그런데 칭의는 단회적이고 즉각적입니다. 모든 사람이 구원을 받았어도 어떤 사람은 선을 더 이루는데 반해 어떤 사람은 덜 이루는 것처럼 성화는 이 땅에서 살아가는 동안 사람에 따라 정도의 차이가 있습니다. 그리고 이 땅에서는 완성하지 못합니다. 그런데 칭의는 예수님이 이루셨기 때문에 그 자체로 완벽한 것입니다.

성화는 내 상태가 변화되는 것이고, 칭의는 내 상태가 아니라 내 지위에 변화가 생기는 것입니다. 옛날에는 죄인이었다가 이제 의롭다 칭해주십니다. 그래서 성화에는 주로 순종이 나타나는데, 칭의는 오직 믿음으로만 받는 것입니다. 우리 머릿속에 중생이 뭔지, 칭의가 뭔지, 성화가 뭔지 잘 구별할 수 있어야 우리가 구원의 길을 걸을 수 있는 것입니다.

바리새인 vs 죄인 괴수

바리새인들은 전반적으로 바르게 살려고 노력하기 때문에 자신들을 당연히 천국에 갈 자로 여깁니다. 하지만 성령의 조명하심을 받는 자들은 자신이 오물을 뒤집어쓴 죄인 중에 괴수라는 것을 깨닫습니다. "목사님, 그럼 저는 지옥에 가나요?"라고 불만스러운 질문을 던지는 분들에게 제가 드릴 수 있는 말씀은 사실 자신이 천국에 가는 것을 의심해본 적이 없다는 그 사람이 지옥에 갈 자요 가장 바리새적인 사람이라는 것을 알라는 것입니다.

우리가 살아가면서 어느 날 한순간에 성령의 조명하심을 받고 '내가 정말 죄인 중에 괴수구나'라고 느껴보신 적이 있습니까? 죄인 중에 괴수의 특징은 다른 사람에게 조언을 잘 못한다는 것입니다. 남에게 조언하고 권면하는 것 자체가 어렵습니다. 왜냐하면 내가 가장 큰 죄인이기 때문입니다. 그러므로 다른 사람에게 쉽게 권면하거나 참견하거나 심지어 화를 내는 자들은 그들 스스로 의롭다고 생각하거나 최소한 내가 너보다는 낫다고 생각하는 자들입니다. 이런 자들이 바리새적인 삶을 사는 자들입니다. 이들이 있는 곳에서는 율법적 조언과 책망과 지적이 난무하게 됩니다.

물론 교회 안에서는 권면과 조언을 해야 할 위치에 있는 사람들이 있습니다. 권면과 조언은 비록 자신이 부족하더라도 권면과 조언을 해야 할 공적인 자리, 사역의 자리에서 하는 것입니다. 성령의 조명하심을 받은 자들은 내가 죄인의 괴수요 내 속에 정말 찌꺼기가 많다는 것을 깨닫게 되기 때문에 '그런 내가 무슨 조언을 하랴' 이렇게 변화되는 것입니다. 우리가 바로 그 체험을 해야 합니다. 성령의 조명을 받아 진리의 빛이 들어오면 내 속이 얼마나 시커먼지, 얼마나 더러운지 알고 더 이상 말을 꺼내지 못하게 됩니다.

그런데 문제는 전가 교리가 아닌 주입 교리 신봉자들은 칭의와 성화를 구별하지 못하고 그 둘을 섞어버리기 때문에 자신이 점점 성화되는 것으로 자신이 구원받았다는 결정을 내린다는 것입니다. 이 사람들은 성화되는 과정에서도 계속해서 죄를 지을 수밖에 없기 때문에 불안을 감출 수 없게 됩니다. 하지만 전가 교리를 믿는 사람들은 우리가 아무리 그리스도인이고 하나님께서 의롭다고 칭해주셨더라도 우리가 죄인이라는 것을 서로 인정합니다. 자신이 죄인임을 인정하는 사람들은 끊임없이 말씀 앞에서 겸손히 무릎을 꿇을 수밖에 없고 자신이 죄인임을 언제나 인식하게 됩니다.

행위언약 vs 은혜언약

행위언약과 은혜언약은 칭의 교리의 핵심입니다. 행위언약은 우리의 순종이 복의 조건이 된다는 것을 말합니다. 은혜언약이란 우리는 절대로 하나님께 완벽한 순종을 할 수 없으며, 대신 예수님이 우리의 중보자가 되신다는 것입니다. 행위언약은 중보자가 없기 때문에 순전히 내가 하나님 앞에서 순종하느냐에 나의 생사화복이 달려 있으며, 은혜언약은 나와 상관없이 예수 그리스도께서 완벽하게 순종하셨다는 것이 중요한 것입니다.

어떤 사람이 불신자이고 알코올 중독인 경우 "나는 이제 술을 먹지 않을 거야"라고 결단합니다. 또 성격이 급한 사람 같으면 "나는 이제 화를 내지 않을 거야" 또는 아내에게 "내가 이제부터 평생 당신한테 잘할게"라고 무수히 결단하는데 자세히 살펴보십시오. 이런 다짐 속에 예수 그리스도는 없습니다. 바로 그것이 행위언약이며 그렇게 평생을 살아간다면 그것이 자력구원이자 행위구원입니다. 수많은 사람들이 거의 그렇게 살아갑니다. 그것이 그들이 구원받지 않았다는 증거입니다. 그들이 불신자이고 지옥에 갈 사람들입니다.

심지어 신자인데도 "내가 다시는 그렇게 하지 말아야지" 스스로 결단하고 다짐하며 살아갑니다. 거기에 예수 그리스도가 어디 계십니까? 은혜 교리는 내 결단과 내 행위와 상관없이 대리자께서 나 대신 이루어주셨다는 것입니다. 그것이 '칭의'가 기독교의 핵심을 말해준다고 한 이유입니다. 예수 그리스도 없이 결심하고 결단하는 것은 개인의 행위만을 강조하기 때문에 작심삼일로 끝나고 결국 그들은 나약해지고 말 것입니다. 그런데 지금 교회에서도 버젓이 행위구원을 이야기하고 있지 않나요? 착하게 살고, 양보하고, 먼저 손을 내밀라고 합니다. 그러나 거기에 예수 그리스도가 계시지 않고, 행위로 선하게 되라는 행위언약으로 이 땅을 살아가도록 만들어버립니다.

제가 회심을 설명하면서 지식의 회심이 되지 않은 사람도 성경을 보고 성경 말씀에 나오는 명령에 순종할 수 있다고 한 것처럼 스스로 결단해서 그 결단대로 끝까지 밀고 나가는 사람이야말로 정말 강퍅한 사람입니다. 바로 그런 자들이 가장 강퍅한 바리새인이 될 것이고 가장 교만한 자가 될 것입니다.

그렇다면 은혜언약이 무엇입니까? 은혜언약은 중보자 예수 그리스도를 바라보는 것입니다. 우리는 우리의 의 대신 그리스도의 의를 가지고 가야 하나님 앞에 설 수 있는데, 그 의는 오직 믿음으로 받을 수 있기 때문에 우리가 어떤 행위를 하느냐가 아니라 어떻게 그분을 믿을까에 집중하는 것입니다. 믿음의 방편이 무엇인가에 관심을 기울이는 것이 기독교라는 것입니다. 은혜가 뭔지 모르면 우리는 중보자를 볼 수 없고, 중보자를 모르면 그분의 의를 전가받지 못합니다.

내가 선하게 살아야겠다고 스스로 다짐하며 노력하는 이들은 오히려 구원과 가장 멀리 있는 자일 수 있습니다. 흔히 우리가 보편적으로 생각하고 살아가는 수많은 것들이 다 행위언약에 속한

다는 것이 얼마나 놀라운지 모릅니다. 우리 주 예수 그리스도의
의의 전가에 대해서 무지하기 때문에, 그리스도의 중보 없이 우리
의 죄의 문제를 스스로 억제하고 절제하면서 하나님의 말씀에 순
종하겠다고 하는 자들에게는 구원이 없다는 것입니다.

예수 그리스도의 십자가 = 예수 그리스도의 중보

> 그러나 내게는 우리 주 예수 그리스도의 십자가 외에 결코 자랑할 것
> 이 없으니 그리스도로 말미암아 세상이 나를 대하여 십자가에 못 박히
> 고 내가 또한 세상을 대하여 그러하니라 갈 6:14

바울은 예수 그리스도의 십자가 외에 결코 자랑할 것이 없다고
했습니다. 여기서 바울이 말하는 십자가의 도는 예수 그리스도의
중보입니다. 예수 그리스도가 나를 대신해서 모든 의를 획득하는
사건, 이것이 십자가의 도입니다. 우리가 예수 그리스도의 십자가
의 도를 통해서 구원받기로 작정하지 않는다면 어떻게 살아야 되
는지 아시나요?

> 무릇 율법 행위에 속한 자들은 저주 아래에 있나니 기록된 바 누구든
> 지 율법 책에 기록된 대로 모든 일을 항상 행하지 아니하는 자는 저주
> 아래에 있는 자라 하였음이라 갈 3:10

그런 자들은 스스로 결단해서 착하게 살기로 마음먹고 행동으로 옮겨야 하는데, 그렇게 하는 자들이 율법 행위에 속한 자들입니다. 그들은 율법에 기록된 대로 모든 일을 하나라도 어기지 않고 항상 행해야 하고, 그렇지 않으면 저주를 받을 것이라고 말씀합니다. 그렇기 때문에 바울은 자신이 예수 그리스도의 십자가 외에는 자랑할 것이 없고 온통 십자가만 바라본다고 한 것입니다.

이 십자가는 예수 그리스도의 중보 사역을 말합니다. 우리 주님이 고난과 순종함으로 온전하게 되셨고, 이 때 우리를 위해 획득하신 의를 믿는 자에게 주실 수 있는 자격이 '중보자'입니다.

> 그가 아들이시면서도 받으신 고난으로 순종함을 배워서 온전하게 되셨은즉 자기에게 순종하는 모든 자에게 영원한 구원의 근원이 되시고
> 히 5:11-12

예수님의 중보 사역을 바라보면서 그 중보의 결과가 내게 오기를 바라는 간절한 마음, 믿음으로 그것을 받기 원하는 자세가 바로 십자가를 바라보는 것입니다. 우리가 이 구원의 도를 모르면 우리는 백이면 백 행위구원의 자리에 있게 되는 저주받은 자일 것입니다.

소극적인 의 vs 적극적인 의

우리는 그리스도의 의를 전가받아야 되는데, 그리스도의 의에는 소극적인 의와 적극적인 의가 있습니다. 첫째, 소극적인 의는 예수님이 소극적으로 하나님의 벌을 받아들인 것을 말합니다. 예수님이 지옥에 갈 수밖에 없는 우리 대신 십자가에 매달려 그 죄를 감당하셔서 획득한 의를 말하는데, 이때 주님이 적극적으로 먼저 찾아가 십자가에 매달린 것이 아니라 유대인들이 고소했고 로마 군인들이 예수님을 붙잡아 십자가에 못 박았기 때문에 이를 '소극적인 의'라고 합니다. 즉 우리 주님이 자해하지 않으신 것입니다.

둘째, 적극적인 의는 예수님이 일평생 적극적으로 율법을 지켜 사신 것을 말합니다. 우리 주님에게는 소극적인 의와 적극적인 의, 두 가지가 다 있습니다. 우리는 예수님의 이 두 가지 의를 모두 받아야 합니다. 왜냐하면 우리는 우리의 죄 때문에 지옥에 갈 수밖에 없는 자인데, 주님의 소극적인 의로 이제 지옥에 가지 않게 되었습니다. 그러나 지옥에 가지 않을 뿐 하나님과 의의 관계를 가질 수는 없습니다. 하나님과 의의 관계를 가지려면 우리 주님이 적극적으로 율법을 성취하심으로 우리에게 의의 옷을 입혀주셔야 됩니다. 그러니까 적극적인 의는 의의 옷을 입혀주는 것이고, 소극적인 의는 지옥에 가는 것을 막아주는 것입니다.

탕자의 예를 보겠습니다. 돼지가 먹는 쥐엄 열매조차 그에게 주는 사람이 없자 탕자는 양식이 풍족한 아버지의 집으로 돌아갈 마음이 생깁니다. 이것을 '소명'이라고 볼 수 있습니다. 그는 일어나서 아버지의 집으로 갑니다. 이것을 '회심'이라고 볼 수 있습니다. 아버지에게 돌아가자 아버지는 그를 안고 입을 맞춥니다. 그것이 아들을 벌하지 않겠다는 '소극적인 의'입니다. 더 나아가 아버지는 탕자에게 제일 좋은 옷을 입히고 손에 반지를 끼우고 발에 신을 신깁니다. 이것이 '적극적인 의'입니다.

탕자는 자신이 아버지의 아들로 불릴 자격이 없다고 말했습니다. 주님의 소극적인 의로 하나님이 우리의 죄를 용서하여 우리가 지옥에 가는 것을 면하게 되었더라도, 우리와 하나님의 관계는 종과 주인의 관계가 될 수 있다는 말입니다. 그러나 하나님은 주님의 적극적인 의까지 덧입혀주심으로 하나님과 의의 관계가 되어 우리가 하나님을 "아빠 아버지"라고 부를 수 있게 해주셨습니다. 만약 예수님의 적극적인 의가 없으면 우리는 하나님을 주인으로 불러야 될 것입니다. 바로 이것이 '칭의'입니다.

이제 우리는 칭의 교리 하면 바로 은혜언약, 중보자, 십자가의 도, 예수 그리스도를 바라봄, 전가, 오직 믿음으로 받음, 이런 내용들을 줄줄이 떠올려야 합니다. 황금사슬, 구원의 서정을 공부하시고, 소명이 뭔지, 중생이 뭔지, 회심이 뭔지, 칭의가 뭔지 선명하게 알고 있어야 합니다. 구원의 도를 알 때 비로소 우리는 그 말씀에 순종하여 그 길을 가든지, 불순종하여 거절하든지 하게 될 것입니다. 그러나 구원의 도를 모르는 자들은 구원의 길로 걸어간다는 것이 아예 불가능합니다.

구원은 저 멀리 떨어져 있는 것이 아닙니다. 바로 우리에게 있는 것입니다. 그렇게 하는 방법은 구원을 우리의 지정의로 습득해서 아주 익숙한 우리의 삶이 되도록 하는 것입니다. 구원은 뜬구름을 잡는 것이 아닙니다. 지식의 회심, 양심의 회심, 행위언약, 은혜언약이 뭔지 배우는 것이 신앙생활입니다. 그것이 내 마음속에서 옳다고 느껴져 전인적으로 받아들이는 것이 바로 성령의 은혜입니다.

06

칭의 2

구원에 이르는 믿음인가?

또 미리 정하신 그들을 또한 부르시고
부르신 그들을 또한 의롭다 하시고
의롭다 하신 그들을
또한 영화롭게 하셨느니라

믿음이 무엇인가?

구원에 이르는 길, 소명, 중생, 회심, 칭의 그다음이 양자입니다.
사실 소명부터 시작해서 양자까지가 한순간입니다. 구원의 서정
에서 각각의 조항이 우리에게 드러나는 것은 시간적인 차이가 있
을 수 있습니다. 즉 중생과 회개의 순간은 시간적인 차이가 있을
수 있지만, 참된 중생 안에는 그 모든 것의 씨앗이 있다는 의미로
한순간이라는 것입니다. 그렇기 때문에 외적 소명인 목사의 설교
를 듣고 내적 소명인 성령의 조명하심으로 내적인 동의가 되고 기
뻐하고 그것을 받기를 갈구하는 자들 안에 다 양자의 씨가 있는
것입니다. 얼마나 귀한 말씀입니까?

　우리는 구원의 근원이 2천 년 전 예수님께서 십자가에서 다 이
루신 것이라고 배웠습니다. 그런데 2천 년 전에 완성하신 구원이
내 것이 되었는지는 전혀 다른 문제입니다. 어떻게 하면 그것을
내 것으로 만들 수 있는지 배우는 것, 그것이 바로 "믿음이 무엇인
가?"라는 문제입니다.

　여러분은 자신이 구원받았다는 것이 믿어지십니까? 체험하셨
나요? 대학에 합격하면 분명히 합격증을 줍니다. 그렇다면 여러
분은 주님으로부터 합격증을 받고 지금 자신이 구원받았다고 이

야기하시나요? 사실은 합격증을 안 받은 것 같은데, 아무 증거도 없고, 객관적인 자료도 없는데 구원받았다고 하는 것 아닙니까? 마지막 날 심판대 앞에서 주님이 "내가 너를 도무지 알지 못한다" 라고 하실 수도 있는데 그것은 왜 고려하지 않습니까?

여러분, 대학이나 회사에 합격만 해보셨나요? 무수히 떨어져보 았을 텐데 마지막 날 심판대 앞에서 떨어지지 말라는 법이 어디 있습니까? 그런데도 구원받았다고 믿으라고 하면 믿어지나요? 이렇게 믿는 것을 근거 없는 확신이라고 하는 것입니다. 그렇기 때문에 우리가 구원에 이르는 믿음에 대해서 살펴보려고 하는 것 입니다.

복음의 비밀을 알자

이러므로 그리스도 예수의 일로 너희 이방인을 위하여 갇힌 자 된 나 바울이 말하거니와 너희를 위하여 내게 주신 하나님의 그 은혜의 경륜 을 너희가 들었을 터이라 엡 3:1-2

여기서 바울은 하나님이 자신에게 주신 은혜의 경륜을 들었을 것이라고 말합니다. 아무한테나 주신 것이 아니라 바울 자신에게 주셨다고 합니다.

곧 계시로 내게 비밀을 알게 하신 것은 내가 먼저 간단히 기록함과 같
으니 엡 3:3

"곧 계시로 내게 비밀을 알게 하신 것은…"이라고 했는데, 비밀
은 특징이 있습니다. 비밀은 둘만 아는 것입니다. 둘 중 하나가
비밀을 누설하지 않는다면 이 세상의 천재도 그 비밀을 모릅니다.
그러나 비밀을 누설하면 초등학생도 아는 것입니다. 그러니까 세
상의 박사, 철학자, 그들이 생각하는 기독교가 무엇인지, 그들이
생각하는 신앙이 무엇인지 듣지 마십시오. 그들의 고견을 듣고
싶다는 이들은 참으로 어리석습니다. 왜냐하면 그들은 비밀을 모
르기 때문입니다.

우리는 진리의 비밀을 알고 있는 목사나 복음 사역자들에게 전
수를 받아야만 합니다. 하나님께서 바울에게만 준 경륜, 그 비밀
이 정통적으로 신학을 공부하지 않은 자들에게서 나올 리가 없습
니다. 복음이란 세상적인 학문의 성취가 높고 깊은 깨달음을 가
진 자라고 해서 결코 알 수 없는 것입니다. 그 비밀은 오직 성경의
전문가를 통하여 전수받아야만 합니다.

그것을 읽으면 내가 그리스도의 비밀을 깨달은 것을 너희가 알 수 있
으리라 엡 3:4

하나님께서 계시로 알려주신 비밀은 전수되어야 깨닫게 됩니다.

이제 그의 거룩한 사도들과 선지자들에게 성령으로 나타내신 것같이 다른 세대에서는 사람의 아들들에게 알리지 아니하셨으니

엡 3:5

그런데 이것은 비밀이기 때문에 거듭나지 않은 자들에게는 비밀로 감춰두신다고 합니다. 세상 사람들, 교회 안에 있는 거듭나지 않은 사람들은 사실 복음을 모릅니다. 복음을 아는 자는 거듭난 자이고, 거듭난 자는 복음을 아는 것입니다.

이는 이방인들이 복음으로 말미암아 그리스도 예수 안에서 함께 상속 자가 되고 함께 지체가 되고 함께 약속에 참여하는 자가 됨이라

엡 3:6

복음의 비밀을 아는 사람은 유대인이나 이방인이나 차별이 없이 구원을 받겠다는 것입니다. 이것이 참 대단하지 않습니까? 다른 노력이 필요한 것이 아니라 우리가 복음의 비밀을 알면 구원을 받는 것입니다. 구원의 서정은 복음의 비밀에 속합니다. 그렇기 때문에 이 복음의 비밀을 모르는 자들은 구원의 길을 갈 수 없습니다.

여러분, 자신의 믿음이 진짜인지 가짜인지, 구원을 이루는 믿음인지 공허한 믿음인지 검증해보셨습니까? 무엇이 검증의 기준인지도 모르고, 무엇을 믿어야 하는지도 모르면서 그저 구원은 받

았겠거니 생각하며 지내는 것을 누가 가장 좋아하겠습니까? 당연히 사탄이 가장 좋아할 것입니다.

어떻게 하나님께 나아가는가?

믿음의 중요한 이슈는 "우리가 어떻게 하나님께 나아갈 수 있느냐?" 하는 것입니다. 그러나 우리는 하나님께 나아가지 못했습니다. 하나님께서 에덴동산에서 아담과 하와를 쫓아내시고 그들이 오지 못하도록 불 칼로 막으시고 생명나무에 이르는 길을 차단시키셨습니다.

> 이같이 하나님이 그 사람을 쫓아내시고 에덴 동산 동쪽에 그룹들과 두루 도는 불 칼을 두어 생명나무의 길을 지키게 하시니라 창 3:24

그런데 예수님께서 하나님께 갈 수 없던 우리에게 하나님께 가는 길을 밝히 보여주셨다는 것이 계시록 22장의 말씀입니다.

> 성령과 신부가 말씀하시기를 오라 하시는도다 듣는 자도 오라 할 것이요 목마른 자도 올 것이요 또 원하는 자는 값없이 생명수를 받으라 하시더라 계 22:17

예수님은 이 땅에 사시면서 우리가 하나님께 가는 길을 가르치

셨습니다. "내가 곧 길이요 진리요 생명이니 나로 말미암지 않고
는 아버지께로 올 자가 없느니라"(요 14:6)라고 말씀하셨습니다.
예수님께서는 공생애 기간에 가르치셨고, 치유하셨고, 기적을 베
푸셨고, 하나님나라에 대해서 비유로 가르치셨습니다. 그런데 바
울이 하나님나라에 가는 길을 원리적으로 해석하여 그것을 로마
서에 아주 선명하게 기록해놓았습니다. 우리가 바울서신을 공부
해야 복음서가 구원의 책으로 보이기 시작한다고 해도 과언이 아
닙니다.

현대 교회의 가장 큰 문제는 우리가 어떻게 그리스도에게 나아
가야 하는지를 알지 못한다는 데 있습니다. 이들은 성경적인 방
식이 아닌 인간이 꾸며낸 방식으로 구원의 길을 가려고 합니다.
그중에서 첫째, 내가 의지적으로 주님을 만나고 의지적으로 주님
을 영접한다는 사람들입니다. 모 집회에서 하나님을 영접하겠다
고 손을 들거나 일어서거나 앞으로 나오라고 할 때 나가서 복음
에 관한 몇 마디의 정보를 듣고, 그 말에 동의하느냐는 질문에 동
의한다고 말하고, 기도를 따라 하기만 하면 예수님을 영접한 것
이라고 가르칩니다.

둘째, 구원의 확신을 얻기 위해 내 안에 성령이 계신 것을 확인
하고자 합니다. 그 방법으로 신비주의적인 방언, 체험, 입신 등을
경험하고자 합니다. 신비주의가 말하는 방언은 기도를 더 잘하기
위해서라기보다는 성령이 나와 함께하신다는 확증의 방편으로
사용하는 경우가 많습니다. 따라서 신비주의자들이 높게 평가하

는 방언은 구원론적으로 대단히 위험합니다. 왜냐하면 그것은 성경적인 구원론을 파괴시키기 때문입니다.

셋째, 사실 이 부류가 대부분인데 이미 구원받았겠거니 하고 그저 교회만 다니는 사람들입니다.

구원 얻는 믿음

> 우리는 십자가에 못 박힌 그리스도를 전하니 유대인에게는 거리끼는 것이요 이방인에게는 미련한 것이로되 고전 1:23

바울은 어딜 가든지 전도하고 교회를 세웠습니다. 그런데 그가 어딜 가든지 "예수님이 십자가에 못 박히셨습니다"라는 말만 고장난 레코드처럼 되풀이하고 다녔을까요? "십자가에 못 박힌 그리스도를 전한다"는 바울의 이 말은 '십자가의 도'를 전한다는 것으로 황금사슬, 곧 구원의 도를 전한다는 것입니다. 그가 전도할 때 어떤 곳에서는 3년, 어떤 곳에서는 2년, 어떤 곳에서는 몇 주만에 교회를 세우고 떠났습니다. 그때 그는 성경을 다 설교한 것이 아니라 십자가의 도, 구원의 도만을 선포했다는 것입니다. 그럴 때 교회가 세워졌습니다. 이것은 현대에도 동일하게 나타나게 되어 있습니다. 바울은 유대인이나 이방인이나 가리지 않고 십자가의 도를 전했습니다.

오직 부르심을 받은 자들에게는 유대인이나 헬라인이나 그리스도는
하나님의 능력이요 하나님의 지혜니라 고전 1:24

바울이 유대인이나 이방인에게 십자가의 도를 전했을 때 오직
하나님의 택함을 받은 사람만이 십자가의 도가 위대한 하나님의
능력과 지혜인 것을 알고 받아들이는 것을 발견하게 되었습니다.
십자가의 도는 하나님의 택함을 받지 않은 유대인에게는 거리끼
고, 이방인에게는 미련하게 들리더라는 말입니다. 이렇듯 구원 얻
는 믿음은 어려운 것이 아닙니다. 우리가 구원의 도를 들을 때 그
것이 미련하게 들리고, 허탄하게 들리고, 걸리는 것이면 그는 택
함을 받지 못한 자입니다. 그러나 구원의 도가 옳게 느껴지고, 그
구원의 도에 내 인생을 던지고 싶어지는 사람들은 구원의 백성인
것입니다.

따라서 바울은 유대인이나 이방인이나 사람을 가리지 않고 보
편적으로 복음을 전했습니다. 구원의 도가 전해질 때 오직 선택된
자만이 복음에 합당하게 반응하며 믿음으로 받아들이게 됩니다.
이런 자들만이 하나님께 나아갈 수 있습니다. 단, 우리는 지성,
감정, 의지가 있는 참 인간이기 때문에 하나님은 하나님의 진리의
말씀을 보편적인 사람에게 선포하게 하시고, 그 말씀을 듣고 자
신의 지성과 감정과 의지를 가지고 자발적으로 그 말씀을 붙들고
나오라고 하시는 것입니다.

하나님께서 선물해주신 믿음

우리는 그리스도께 나아갈 때 두 가지 극단을 피해야 됩니다. 첫째, 기도문을 따라 하거나 결단한다고 손을 들거나 등록 카드에 이름을 기록했으니 구원을 받았다고 하는 것입니다. 이중에 어떤 것도 성경에 규정되어 있지 않으며 구원과 아무 상관이 없습니다.

둘째, 어차피 구원은 우리가 이룰 수 없고 하나님이 하시기 때문에 구원을 위해서 우리가 할 수 있는 것이 아무것도 없다는 것입니다. 이 두 극단은 모두 위험한 이론입니다. 첫 번째 이론은 알미니우스 이론이고, 두 번째는 하이퍼 칼빈주의(Hyper-Calvinism) 이론입니다.

> 예수께서 이르시되 할 수 있거든이 무슨 말이냐 믿는 자에게는 능히 하지 못할 일이 없느니라 하시니 막 9:23

이 말씀은 하나님이 해주시겠다는 것이 아니라 우리에게 하라는 것입니다.

> 주 예수를 믿으라 그리하면 너와 네 집이 구원을 받으리라 하고 행 16:31

"주 예수를 믿으라"는 말씀은 우리가 믿어야 한다는 것입니다. 하나님은 믿음의 대상이지 믿음의 주체가 아닙니다. 믿음은 우리가 믿는 것입니다. 심지어 믿으라고 명령법을 사용하고 있습니다. 왜냐하면 인간은 이성적이고 의지가 있으며 도덕과 책임을 가진 존재이기 때문입니다. 그럼 누가 택함 받은 자일까요? 자발적으로 예수 그리스도를 믿고 순종하는 자들입니다.

> 너희는 그 은혜에 의하여 믿음으로 말미암아 구원을 받았으니 이것은 너희에게서 난 것이 아니요 하나님의 선물이라 엡 2:8

그러나 사실 그 믿음은 하나님께서 우리에게 주신 선물입니다. 하나님께서는 택한 자에게 이 믿음을 선물로 주십니다. 그런데 우리 입장에서는 이 믿음을 선물로 받았다는 증거가 하나님의 말씀이 믿어지고, 자발적인 순종으로 드러나는 것입니다.

> 아버지께서 내게 주시는 자는 다 내게로 올 것이요 내게 오는 자는 내가 결코 내쫓지 아니하리라 요 6:37

> 나를 보내신 아버지께서 이끌지 아니하시면 아무도 내게 올 수 없으니 오는 그를 내가 마지막 날에 다시 살리리라 요 6:44

그렇기 때문에 같은 장소에서 같은 말씀을 들어도 어떤 이들은 그 말씀을 감사히 받으며 구원의 능력임을 믿게 되지만, 어떤 이들은 그 말씀이 어리석게 보이고 걸리적거리게 느껴지는 것입니다. 우리가 하나님께서 나를 만세 전에 택하신 것은 알지 못해도, 하나님의 말씀에 반응하는 나 자신에 대해서는 알 수 있습니다.

천국에 들어가는 믿음

그러나 너희가 이른 곳은 시온 산과 살아 계신 하나님의 도성인 하늘의 예루살렘과 천만 천사와 하늘에 기록된 장자들의 모임과 교회와 만민의 심판자이신 하나님과 및 온전하게 된 의인의 영들과

히 12:22-23

히브리서 12장에는 천국에 들어가는 믿음이 소개되고 있습니다.

이러므로 우리에게 구름 같이 둘러싼 허다한 증인들이 있으니 모든 무거운 것과 얽매이기 쉬운 죄를 벗어 버리고 인내로써 우리 앞에 당한 경주를 하며 믿음의 주요 또 온전하게 하시는 이인 예수를 바라보자… 히 12:1-2

우리의 구원은 믿음으로 받게 됩니다. 히브리서 12장에서는 그 믿음을 예수를 바라보는 것이라고 말합니다.

너희가 피곤하여 낙심하지 않기 위하여 죄인들이 이같이 자기에게 거역한 일을 참으신 이를 생각하라 히 12:3

믿음은 예수님을 바라보는 것인데 예수님을 바라본다는 것은 그분을 깊이 생각하는 것입니다. 이후에도 믿음의 주를 바라보는 내용이 계속해서 나옵니다. 믿음은 주를 바라보고 주님을 생각하는 것이고, 죄와 싸우는 것이고, 권면하신 말씀을 잊지 말아야 하고, 낙심하지 말아야 하고, 더욱 복종하는 것이고, 믿음은 피곤한 손과 연약한 무릎을 일으켜 세우는 것입니다. 13절, 14절, 16절에 계속해서 천국에 들어가는 믿음의 내용이 무엇인지 분명히 말씀합니다.

"나더러 주여 주여 하는 자마다 다 천국에 들어갈 것이 아니요"(마 7:21)라고 주님이 말씀하신 것처럼 우리가 그저 주님을 믿는다고 하는 고백은 아무 의미가 없습니다. 주님을 믿는다는 것은 예수님을 깊이 알고, 예수님을 바라보는 것이고, 예수님을 숙고하고, 예수님을 소망하고, 예수님을 사랑하고, 예수님을 기뻐하는 것입니다. 이 모든 것이 믿음이라는 뜻입니다.

기독교는 지식과 깊은 연관성이 있습니다. 지식이 없거나 얕은 지식을 가지고 어떻게 구원을 이룰 수 있겠습니까? 믿음이 뭔지도 모르고, 믿음과 예수를 바라보는 것의 상관성을 알지도 못하는데 그 사람이 어떻게 믿습니까? 현대 교인들의 신앙은 전반적으로 지식이 아닌 감정에 기반을 두고 있어서 구원과 상관없는 거짓된 신앙을 양산할 뿐입니다.

자기를 부인하는 믿음

믿음이란 우리가 그리스도를 바라보는 것이고, 우리가 그리스도에게로 돌아서야 한다는 방향성과 자발성이 포함되어 있습니다. 또한 믿음이란 성경이 말하는 것이 다 믿어지는 것입니다. 믿어지니까 성경에 "죄인 중에 내가 괴수니라"(딤전 1:15)라는 말씀도 믿어지는 것입니다. 그런데 실제적으로는 성경이 믿어지지 않으니까 죄인 중에 괴수임을 자각한다면서도 기분이 조금만 상해도 화를 내고 의인이 되어, 스스로 판단하기에 정의롭지 못한 자들에게 불같이 화를 쏟아냅니다. 이것이 정상입니까? 죄인은 다른 사람의 죄를 보고 의로운 소리를 내지 못합니다. 성경이 우리가 다 죄인이라고 말하고 있고, 이것을 믿는다면 우리는 죄인 의식을 가지고 살아야 합니다.

성경에 하나님은 거룩하신 분이라고 말씀합니다. 이것을 믿는 자들은 거룩하신 그분께서 우리에게 거룩을 요구하시며 죄짓는 것을 노여워하신다는 것을 받아들여야 합니다. 믿음의 또 다른 측면은 나 자신을 부인하는 것입니다. 나의 존재, 나의 공로, 나의 열심도 하나님 앞에서는 다 누더기와 같은 것입니다.

내가 천하의 죄인이라는 것을 더욱더 알게 되면 우리는 그리스도를 갈망할 수밖에 없습니다. 우리의 의지, 우리의 자격, 우리 인격적 자부심을 다 던져버리고 예수님의 품에 안기고 싶은 것입니다. 이것이 믿음입니다. 이 믿음의 유무에 따라 내가 구원받은 자인지 구원의 바깥에 있는 자인지를 판단해볼 수 있습니다.

그러므로 믿는 사람들이란 빈손 들고 나아가 십자가를 붙듭니다. 의가 없는 자라도 도와주심을 바라고 생명샘에 나아가 나를 씻어주기를 바라는 자입니다. 믿는 자들은 주님을 붙잡기 위해 말씀을 깊이 보고, 주님의 공로가 내 것이 되도록 기도합니다.

하나님을 사랑하는 믿음

믿음은 구주와 우리를 연합시킵니다. 믿음은 구주와 우리를 연합시키기 위해 우리의 자아를 굴복시키고 죄를 포기하게 합니다. 우리가 주님을 믿는다는 것은 말씀을 보는 것이고, 그분을 알아가는 것이 가장 즐거운 일이며 오직 주님을 신뢰함으로 구원의 도를 붙잡고 이것을 방해하는 모든 것을 버리려고 하는 것으로 드러납니다. 그러므로 믿음에는 기쁨이 수반되게 되어 있습니다. 이 기쁨은 설교를 듣는 것과 교회의 공동체생활을 하는 것에서도 나타나게 됩니다.

구원받은 사람은 주님을 더욱 붙잡고자 하고, 주님을 더욱 바라보며 감화를 받습니다. 그 감화 감동이 실제로 우리를 구원으로 이끌어갑니다. 칭의는 우리의 일이 아니지만 믿음은 우리 마음속에 실제로 느껴지는 것입니다. 사랑하는 사람을 떠올리고 만났을 때의 그 가슴 벅참과 같이 말입니다. 이런 이들이 예배를 사모하며, 설교에 깊이 빠지며, 공동체를 사랑하는 마음으로 앞다투어 교회로 달려오게 되어 있습니다.

07

양자

하나님이 내 아버지인가?

무릇 하나님의 영으로
인도함을 받는 사람은
곧 하나님의 아들이라
너희는 다시 무서워하는
종의 영을 받지 아니하고
양자의 영을 받았으므로
우리가 아빠 아버지라고 부르짖느니라
성령이 친히 우리의 영과 더불어
우리가 하나님의 자녀인 것을 증언하시나니
자녀이면 또한 상속자 곧 하나님의 상속자요
그리스도와 함께 한 상속자니
우리가 그와 함께 영광을 받기 위하여
고난도 함께 받아야 할 것이니라
또 미리 정하신 그들을 또한 부르시고
부르신 그들을 또한 의롭다 하시고
의롭다 하신 그들을
또한 영화롭게 하셨느니라

무엇이 양자가 아닌가?

"구슬이 서 말이라도 꿰어야 보배"라는 말이 있습니다. 구원의 서정도 마치 하나의 목걸이처럼 연결되어야 그때부터 그 힘을 경험할 수 있습니다. 개혁교회에서는 주로 중생, 회심, 칭의 그리고 성화를 중요하게 여깁니다. 그래서 상대적으로 양자의 교리가 덜 강조되기는 하는데, 황금사슬 중에 칭의와 성화 사이에 양자가 있기 때문에 이 양자의 교리를 모르면 사실 성화가 무엇인지 잘 모르게 됩니다. 더욱이 성화가 무엇인지 잘 모르는 사람은 올바른 기도가 무엇인지 모릅니다.

일단 우리가 무엇을 알고자 하면, 먼저 무엇이 아닌지부터 알아야 합니다. 양자가 무엇인지 알려면 무엇이 양자가 아닌지를 알아야 합니다. 양자가 아닌 것이 무엇입니까? 첫째, 양자는 거듭남, 즉 중생이 아닙니다. 우리는 보통 중생이니, 회심이니, 칭의니, 양자니 이런 것을 구별하지 못합니다. 이 모두를 구원이나 거듭남이라고 말해버리고 더 이상 생각하지 않습니다. 따라서 양자의 교리와 자꾸 혼동하는 것 세 가지를 먼저 살펴보려고 하는 것입니다.

1. 거듭남은 양자가 아니다

첫째, 거듭남과 양자의 교리입니다. 거듭남은 우리를 그리스도께로 가까이 이끌어가는 것입니다. 또는 새롭게 된다는 뜻입니다. 거듭난다는 것은 그 전과는 다르게 내가 그리스도께 가까이 가고자 하는 열정이 생기기 시작하는 것입니다. 따라서 거듭남은 다른 말로 그리스도께 가까이 가려고 하는 마음입니다. 이에 비해 양자는 내 마음에 성령의 내주하심입니다.

그리고 거듭남은 믿음으로 거듭나는 것이 아닙니다. 왜냐하면 구원의 서정은 소명, 중생, 회심(회개, 믿음), 칭의, 양자 순이기 때문에 믿음이 중생을 유발하는 것이 아닙니다. 중생 다음이 회심인데 회심 안에 회개와 믿음이 있기 때문에 거듭남이 믿음 앞에 있습니다. 따라서 믿음이 우리를 거듭나게 하는 것이 아니라 거듭나니까 믿음이 생기는 것입니다. 그러므로 거듭남은 믿음과 상관이 없지만 양자는 믿음이라는 조건이 있어야 합니다.

거듭남은 외적 소명에 의한 내적 작용의 순간 한번에 거듭나는 것으로 하늘에서 우리에게 일방적으로 선물해주시는 것입니다. 거듭났기 때문에 우리가 회개하면서 믿음이 발동되기 시작하는 것이고, 믿음이 발동되면서 의롭게 되는 것이고, 의롭게 되면서 양자가 되는 것입니다. 이 차이를 분명히 인식할 수 있기를 바랍니다.

거듭남은 새롭게 자녀를 만드는 것이고, 양자는 자녀가 됨을 유지하는 것입니다. 이것이 바로 거듭남과 양자의 차이입니다. 또 다른 차이가 있는데, 거듭남은 본성에 변화가 생깁니다. 왜냐하면 원래 마귀의 자식이었다가 이제 하나님의 자녀로 본성 자체가 바뀌기 때문입니다. 그에 반해 양자는 본성이 아니라 관계가 바뀌는 것으로 옛날에 멀찍이 계셨던 하나님이셨다면 이제 아버지로 가까워지기 때문입니다.

2. 양자는 칭의가 아니다

둘째, 양자는 또한 칭의가 아닙니다. 양자와 칭의를 정말 많이 혼동하는데 먼저 칭의란 무엇입니까? 칭의는 법정적인 용어이고 나를 의롭다고 칭해준 분은 심판자 하나님이시며 나와 하나님 사이에 법정적인 관계가 형성된 것입니다. 나는 원래 의롭기는커녕 징역을 살고 있었는데 이제 무죄로 바뀐 것입니다. 그렇기 때문에 내 속에 내면적 변화가 있다기보다는 유죄에서 무죄로 위치가 바뀐 것이고 무죄를 선고해주신 분은 재판관이신 하나님입니다. 따라서 칭의 문제는 율법, 즉 법과 관계되며 법률적인 관계가 이루어진 것입니다. 그러면 양자는 무엇입니까? 나를 자녀 삼아주셨기 때문에 그 하나님은 심판자 하나님이 아니라 아버지가 되십니다. 그다음 재판관이신 하나님과 우리는 법적 관계지만 자녀 삼아주신 하나님과 우리는 사랑의 관계가 되는 것입니다. 칭의 되었을 때 우리는 하나님과의 법적 관계로 의롭게 되었지만, 양자가 되었을 때 우리는 하나님과 인격적인 사랑의 관계가 형성됩니다. 이제 칭의와 양자가 구별이 되십니까? 대충 보면 비슷해 보여도 세밀히 따져보면 전혀 다른 영역입니다. 그렇기 때문에 우리가 구원받았다고 뭉뚱그려버리면 사실 구원에 대해서 아무것도 모르는 것이나 마찬가지입니다.

그런데 이 칭의와 양자에 공통점이 있습니다. 그것은 단번에 시행된다는 것입니다. 칭의가 되어서 양자가 되어가는 것이 아니라 단번의 칭의가 되고 단번에 양자가 되는 것입니다.

중생도 마찬가지입니다. 중생과 칭의와 양자에 대한 예를 들어보겠습니다. 아기가 막 태어난 것을 중생이라고 표현합시다. 그러면 이 아이가 태어난 다음 언제 내 아들이 될까요? 태어난 다음 호적에 올려야 비로소 내 아들이 되는 것이 아니라 태어나자마자 내 아들이 되는 것입니다. 그렇기 때문에 중생부터 양자까지는 한순간입니다. 중생부터 양자까지 한순간에 이루어진다는 말은 참된 중생에는 구원의 서정의 모든 과정들이 씨앗처럼 내포되어 있다는 뜻입니다.

그럼에도 불구하고 지금까지 살펴본 대로 우리의 육의 눈으로 볼 때는 스펙트럼이 넓게 분포되어 있습니다. 회개와 믿음 다음이 칭의이기 때문에 간극이 있어 보입니다. 그러나 만약 내가 지금 칭의 단계에 있는데 아직까지 양자가 되지는 않은 것 같다고 한다면 그것은 뭘 잘 모르고 하는 말입니다. 중생과 칭의와 양자의 공통점은 한순간에 이루어진다는 것입니다.

3. 양자는 성화가 아니다

셋째, 양자와 성화는 무슨 관계인지 살펴보려고 합니다. 황금사슬, 구원의 서정 9단계를 보면 양자의 위치는 칭의와 성화 사이입니다. 그렇기 때문에 이 양자라는 개념은 칭의와도 연결되고 성화와도 연결되어 있습니다. 우리가 양자의 개념을 잘 모른다면 우리는 바른 성화의 삶을 살아갈 수 없습니다.

> "성화는 복음이 이끄는 하나님과의 부자 관계에서 나오는 조화된 삶이다."

이것은 제임스 패커의 말입니다. 무슨 말이냐 하면, 내가 하나님과의 부자 관계, 즉 양자가 된 상태에서 자연스럽게 나오는 삶이 성화라는 것입니다. 하나님의 아들이 되었으면 아들에 걸맞은 자연스러운 삶을 살아가게 되는 것, 그것이 성화라는 것입니다. 그러니까 제임스 패커의 말은 성화가 무슨 특별한 의로움을 추구하는 것이 아니라 양자로 살아가는 삶을 배워서 양자로 살아가라는 것입니다. 여러분이 이 말을 깊이 이해해야 합니다. 이 원리를 잘 모르면 구원의 서정에서 양자까지는 믿음을 강조하다가, 성화에 들어와서 갑자기 그래서 성도로서 살자는 율법주의를 강조하게 되어 있습니다.

흔히 회자되는 말 중에 "한국 교회는 로마서만 강조했지, 야고보서를 강조하지 않았다"라고 합니다. 이 말 속에는 로마서는 구원을 강조하고 야고보서는 구원받은 삶을 강조하는데, 우리가 구원을 받기는 받았지만 구원받은 삶을 살지 못하고 있다는 뜻이 들어 있습니다. 그러나 이것은 구원의 서정에서 양자까지의 개념이 무엇인지 잘 모르는 사람들이 하는 말입니다. 로마서는 실제로 8장까지가 매우 중요합니다. 인간의 상태, 우리가 하나님께 갈 수 있는 방법, 즉 구원 얻는 방법이 무엇인지 8장까지 나오고, 9-11장은 이스라엘의 구원에 대해서 나옵니다. 그리고 12장부터 다시 그러면 성도가 어떻게 살 것인가의 문제가 나오기 때문에 로마서 1-8장에 이어서 곧바로 12장을 연결해도 됩니다.

문제는 로마서 1장부터 8장까지의 충분한 이해와 수납 없이 거룩하게 살아가라는 말은 전부 외식밖에 되지 않는다는 것입니다. 이 원리를 모르면 믿음을 강조해서 구원을 받지만 구원받은 자의 선행은 강조하지 않는다고 하면서 열변을 토하게 됩니다. 그러나 사실은 구원의 서정은 모두 하나입니다. 패커가 말한 것처럼 양자로서 살아가는 삶이 곧 성화이기 때문입니다.

> 심령이 가난한 자는 복이 있나니 천국이 그들의 것임이요 애통하는 자는 복이 있나니 그들이 위로를 받을 것임이요 온유한 자는 복이 있나니 그들이 땅을 기업으로 받을 것임이요 마 5:3-5

이 말씀 다음 6절에 "의에 주리고 목마른 자는 복이 있나니 그들이 배부를 것임이요"라고 해서 의로운 삶이 나옵니다. 즉 의롭게 살자는 구호나 설교로 의로운 삶이 되는 것이 아니라 그 전에 이미 그 사람에게 구원의 도가 충분히 이해되고 그 구원의 길을 걷는 자들이 양자, 즉 하나님의 아들임을 확신하게 되고, 그 아들의 삶을 사는 것이 성화입니다. 그래서 제가 감히 말씀을 드린다면, 한국 교회는 로마서를 많이 강조하고 야고보서를 강조하지 않아서 타락한 것이 아니라 로마서를 제대로 해석하지 못했기 때문에 교회가 타락했다고 볼 수 있습니다.

어떻게 로마서만 강조하고 야고보서를 떼어놓을 수 있습니까? 이것은 한 저자이신 성령님이 기록하신 같은 말씀입니다. 로마서도 야고보서 못지않게 거룩한 삶을 말하고 있으며, 야고보서 역시 로마서 못지않은 구원의 본질을 이야기하고 있습니다. 가장 중요한 것은 우리가 칭의의 결과로 양자됨이 무엇인지 깨닫는 순간부터 자연스럽게 성화가 흘러나오게 되어 있다는 것입니다.

양자의 특권 1 하나님의 자녀

보라 아버지께서 어떠한 사랑을 우리에게 베푸사 하나님의 자녀라 일컬음을 받게 하셨는가, 우리가 그러하도다 그러므로 세상이 우리를 알지 못함은 그를 알지 못함이라 사랑하는 자들아 우리가 지금은 하나님의 자녀라 장래에 어떻게 될지는 아직 나타나지 아니하였으나 그가 나타나시면 우리가 그와 같을 줄을 아는 것은 그의 참모습 그대로 우리는 하나님의 사랑으로 하나님의 자녀라고 불리게 되었습니다. 우리가 하나님의 자녀이기 때문에 세상은 우리를 알지 못합니다. 세상이 하나님을 모르기 때문에 하나님의 자녀인 우리도 알지 못하는 것입니다. 세상에는 세상의 성공 방식이 있기 때문에 세상에서 성공하기 원한다면 세상의 방식을 따라야 합니다. 기독교의 방식은 세상의 방식과는 다릅니다. 또 다른 세계입니다. 그런데 세상 사람들은 그것을 모릅니다.

3장 1절 후반부에 "그러므로 세상이 우리를 알지 못함은 그를 알지 못함이라", 2절 "사랑하는 자들아 우리가 지금은 하나님의 자녀라" 이것이 중요합니다. 이 땅에서 하나님의 자녀로 살아간 사람은 때에 따라 하나님이 주시는 기쁨과 영광이 있습니다. 그렇기 때문에 하나님의 사람들은 이 세상을 살아가는 방식이 다르게 되어 있습니다.

하나님의 사람은 이 땅을 살아가다가 마지막 날 심판대 앞에 가서 예수님을 보니 자신이 예수님과 비슷하게 되어 있음을 발견하게 될 것입니다. 하나님의 사람은 이 땅을 살아갈 때 그 가치관과 시각이 예수님처럼 되어가기 때문에 예수님을 만났을 때 예수님이 나와 같은 생각을 하고 계신다는 것을 알게 될 것입니다. 그래서 우리는 그분을 보자마자 금방 알게 될 것입니다.

양자의 특권 2 상속자

기쁘신 뜻대로 우리를 예정하사 예수 그리스도로 말미암아 자기의 아
들들이 되게 하셨으니 이는 그가 사랑하시는 자 안에서 우리에게 거저
주시는 바 그의 은혜의 영광을 찬송하게 하려는 것이라 엡 1:5-6

우리가 양자가 된다는 것은 하나님이 내 아버지가 된다는 뜻입
니다. 하나님이 내 아버지가 되시면 예수님이 내 형제가 되는 것입
니다. 어떤 형제입니까? 그분은 우리의 맏형이 되십니다. 아들이
되는 순간 우리는 하나님이 가지고 계신 것을 상속받게 됩니다.
예수님은 우리의 맏형이 되시고 우리는 하나님이 가지고 계신 것
을 상속받는 자가 됩니다. 이것이 양자의 핵심입니다.

자녀이면 또한 상속자 곧 하나님의 상속자요 그리스도와 함께 한 상
속자니 우리가 그와 함께 영광을 받기 위하여 고난도 함께 받아야 할
것이니라 롬 8:17

예수님이 받는 유산을 우리도 다 받게 됩니다. 그만큼 양자가
되는 것은 천사도 흠모할 만한 존재가 되는 것입니다. 우리는 하
나님의 상속자로서 예수님과 함께 상속을 받을 사람입니다. 그렇
기 때문에 예수님과 함께 영광도 받고 예수님과 함께 고난도 받
는 것입니다.

양자의 특권 3 경건의 훈련

우리가 하나님의 자녀이면 그때부터 우리는 특별 관찰 대상입니다. 이는 대통령뿐 아니라 그 자녀들도 특별 경호 대상이 되는 것과 같은 이치입니다. 하나님의 자녀들은 특별 관찰 대상이기 때문에, 우리가 하나님의 자녀답게 살지 못할 때 우리의 아버지가 되시는 분으로부터 징계를 받고 회초리를 받는다는 것도 아셔야 합니다. 하나님께서 우리를 의롭게 하셔서 양자가 되었더라도 우리가 불순종할 때 하나님은 고난과 연단을 주십니다.

사실 우리가 주님의 법도를 지키거나 주님의 뜻대로 살다가 세상으로부터 고난을 당하는 경우보다는 우리가 죄를 지어서 하나님의 징계를 받는 경우가 훨씬 많습니다. 하지만 비록 우리의 잘못으로 고난을 당하고 눈물을 흘릴 때라도 하나님은 당신의 자녀들을 찾아오시고 위로하시고 또 소망을 주십니다.

우리는 하나님의 뜻대로 구원을 받습니다. 단 이 땅에서 삶, 이 땅에서의 행복은 나의 행동, 나의 마음가짐에 달려 있다는 것을 아셔야 합니다. 많은 이들은 우리가 하나님의 자녀이기 때문에 이 땅에서 잘못된 삶을 살아도 하나님께서 언제나 용서해주실 것이라고 여기는 경우가 많습니다. 그러나 하나님의 자녀니까 용서해주신다는 개념은 불법일 뿐입니다. 하나님께서 불순종하는 자녀들에게 시키는 훈련은 특정한 기간과 방법으로 하는 '제자훈련' 같은 개념이 아닙니다. 하나님은 우리에게 실전의 방식으로 훈련하십니다. 나의 모난 부분을 깨트려줄 배우자, 자녀, 직장 상사,

이웃 등을 통해 실제적으로 온갖 고난을 당하게 합니다. 이 훈련이 끝나는 시점은 내 인격이 변화될 때까지입니다.

> 육체의 연단은 약간의 유익이 있으나 경건은 범사에 유익하니 금생과 내생에 약속이 있느니라 딤전 4:8

경건의 훈련은 우리에게 이생에 복과 내생에 복을 약속합니다. 이것이 양자된 사람들이 살아가는 성화의 방식입니다. 성화는 내가 뭔가 선을 행하는 것이 아니라고 수차 말씀드렸습니다. 성화는 첫째, 죄짓지 않는 것이며 둘째, 나의 모난 부분이 깎여나가는 것입니다. 우리가 이 과정을 평생 살아가면 결국 예수님처럼 되는 것입니다.

하나님은 양자된 우리를 특별 관리하십니다. 하나님의 특별 관리에 들어간 사람은 천국 백성에 알맞도록 훈련되고 연단됩니다. 우리 편에서 보면 이것이 성화이며 경건의 훈련이 되는 것입니다.

양자의 특권 4 여호와 하나님

그러면 하나님께서 우리에게 주시는 분깃, 우리에게 주신다는 보상은 무엇입니까? 야곱에서 이스라엘로 깎이는 동안 하나님은 우리에게 어떤 유업을 주시려는 것일까요?

야곱의 분깃은 이같지 아니하시니 그는 만물의 조성자요 이스라엘은
그의 기업의 지파라 그 이름은 만군의 여호와시니라 렘 10:16

야곱, 즉 이스라엘이 받을 분깃, 하나님이 우리에게 유산으로
주시는 것은 '여호와 하나님'이십니다. 하나님을 진짜 내 아버지
로 보는 사람, 하나님을 아빠 아버지라고 여기는 사람은 이 세상
어떤 것도 필요 없고 오직 아버지만 내게 오시면 된다는 사람입니
다. 이것이 바로 하나님이 우리에게 주겠다는 분깃입니다.

우리가 칭의 될 때의 하나님은 엄격하신 심판관입니다. 그런데
그분이 나의 아버지요 내가 그분의 양자가 되면 그분을 만나고
싶고, 그분과 이야기하고 싶고, 그분에게 안기고 싶지 않겠습니
까? 우리에게 그분 자신을 주신다는 것입니다. 그런데 예레미야
는 친절하게도 야곱의 분깃인 우리 주님을 주시겠다는 것과 다른
것, 사람이 이 땅에서 이루기 원하는 것들이 무엇인지 알려줍니다.

사람마다 어리석고 무식하도다 은장이마다 자기의 조각한 신상으로
말미암아 수치를 당하나니 이는 그가 부어 만든 우상은 거짓 것이요
그 속에 생기가 없음이라 그것들은 헛것이요 망령되이 만든 것인즉 징
벌하실 때에 멸망할 것이나 렘 10:14

사람은 자기가 만든 꿈이 있습니다. 그 꿈에 자신의 시간과 노
력과 돈을 다 쏟아부으며 모든 것을 투영해버립니다. 그러나 우

리가 이 땅에서 얻고자 노력했던 것은 죽음 앞에서 다 헛된 것들입니다. 죽을 때 나와 같이 흔적도 없이 사라질 것들입니다. 세상 사람들은 그것을 원해서 일평생 달려가지만 우리에게 줄 유산은 따로 있으니, 바로 하나님을 우리에게 주겠다고 하십니다. 아버지가 우리 안에 내주하시는 양자의 상태는 세상이 절대 알지 못합니다.

하나님께 영광을 돌리는 마음

> 무릇 하나님의 영으로 인도함을 받는 사람은 곧 하나님의 아들이라 너희는 다시 무서워하는 종의 영을 받지 아니하고 양자의 영을 받았으므로 우리가 아빠 아버지라고 부르짖느니라 롬 8:14-15

양자의 영을 받은 우리는 이제 하나님을 아주 친근하게 아빠 아버지라고 부릅니다.

> 성령이 친히 우리의 영과 더불어 우리가 하나님의 자녀인 것을 증언하시나니 롬 8:16

하나님이 내 아버지가 되시기 때문에 양자에게는 아버지를 보고 싶어 하는 떨리는 마음, 하나님을 깊이 사랑하는 마음이 있습니다. 양자에게는 그 하나님을 만나는 떨리는 순간들이 있습니다. 첫째, 말씀이 기억나고 그 말씀이 은혜가 되게 해주십니다. 말씀이 좋아서 말씀을 읽고 싶고, 말씀을 듣고 싶고, 말씀을 공부하고 싶습니다. 둘째, 말씀을 근거로 아버지와 대화하고 싶고 기도하고 싶습니다. 이 두 가지가 양자의 전형적인 특징입니다. 우리가 하나님 아버지를 사랑하게 되면 성경이 닳도록 읽습니다. 성경을 보다가 '이것이 무슨 뜻일까? 나에게 무슨 의미일까?' 궁금해서 말씀을 가지고 아버지를 찾아가 기도하는 마음으로 대화하는 것이 내가 하나님을 아버지로 사랑하고 있다고 느끼는 순간입니다.

내가 아버지를 만났는데 아버지에 대한 사랑과 감동이 하나도 없고, 아버지에게 효도하고 싶은 마음도 없다면 어떻게 참된 아들이라고 할 수 있습니까? 진짜 아들은 아버지가 무엇을 원하시는지 깊은 관심이 있습니다. 개혁교회의 표어는 '솔리 데오 글로리아'(Soli Deo Gloria), "오직 하나님께 영광을"입니다. 이것은 쉽게 말해서 하나님께 효도하는 마음입니다. 하나님께 효도하는 마음 또는 하나님께 영광을 돌리는 마음이란, '이렇게 하면 하나님이 싫어하시겠지!', '이렇게 하면 하나님이 내게 칭찬해주겠지!'와 같은 마음으로 가득 차는 것, 즉 양자된 인식이 가득할 때 우리는 참다운 성화로 들어갈 수 있습니다.

하나님의 자녀들은 자녀다운 경건의 훈련을 받게 되는데, 그 훈련의 결과물은 이 세상의 탐욕, 야망, 명예, 감각에 사로잡혀 우리가 얻어야 할 참다운 것을 놓쳐버리는 허비된 인생을 살지 않게 하는 것입니다. 진짜 중요한 것은 하늘의 왕좌에 오를 정도로 훈련을 받고 있느냐는 것입니다. 성도들에게 예수님은 큰형님과 같은 분이시기 때문에 그에 걸맞은 훈련을 받아야 합니다. 그 훈련의 결과 우리는 예수님과 함께 세상을 통치하는 자가 될 것입니다.

우리에게 양자의 영이 없고 양자가 무엇인지, 양자의 삶이 무엇인지 모르는 채 살아가다가 때때로 선행과 의로운 삶을 사는 것은 성화가 아닙니다. 특별히 동양적 사고는 성선설을 바탕으로 참된 인간이 되려면 사람을 불쌍히 여기는 측은지심, 부끄러운 줄 아는 수오지심, 양보할 줄 아는 사양지심, 옳고 그름을 분별할 줄 아는 시비지심을 가져야 한다고 가르칩니다. 우리도 이와 같은 것을 다 지켜야 한다는 것을 압니다. 하지만 성경이 말하는 것은 알긴 알아도 인간은 그렇게 못한다는 것입니다.

세상은 수련하고 열심히 노력하면 무언가 변화가 생길 것이라고 생각합니다. 왜냐하면 그들은 우리 속에 감추어진 비밀을 알지 못하고, 우리 속에 하나님이 계신 것을 알지 못하고, 우리가 성령으로 변화되어 하나님의 아들이 되었다는 것도 알지 못하기 때문에 양자의 삶이 무엇인지 알지 못합니다. 그러므로 세상 사람들은 참된 성화를 이룰 수 없는 것입니다.

우리는 이 땅에서 하나님 아버지께 효도하려고 살았고, 하나님께 영광을 돌리려고 살았고, 하나님 때문에 고난받으며 살았

고, 이 땅의 것들을 분토같이 여기며 주님만을 섬겼습니다. 주님
이 그렇게 사셨던 것처럼 살았기 때문에 우리가 양자라는 것입니
다. 우리는 이생의 삶을 양자로 살다가 마지막 날 심판대 앞에서
예수님과 비슷한 모습으로 변해 있는 나 자신을 발견하게 될 것
입니다.

08

성화 1

하나님을 점점 더 사랑하는가?

육신의 생각은 하나님과 원수가 되나니
이는 하나님의 법에 굴복하지 아니할 뿐 아니라
할 수도 없음이라
육신에 있는 자들은
하나님을 기쁘시게 할 수 없느니라
만일 너희 속에 하나님의 영이 거하시면
너희가 육신에 있지 아니하고
영에 있나니 누구든지 그리스도의 영이 없으면
그리스도의 사람이 아니라
또 미리 정하신 그들을 또한 부르시고
부르신 그들을 또한 의롭다 하시고
의롭다 하신 그들을
또한 영화롭게 하셨느니라

우리의 구원의 목적

성화는 칭의와 양자 이후에 사슬처럼 연결되어서 자연스럽게 흘러나오는 것입니다. 사실 우리는 성화를 경험할 때 비로소 뒤돌아보며 칭의와 양자됨을 확신할 수 있습니다. 즉 자신이 구원받았는지는 뒤돌아보며 소급해서 확신하는 것입니다. 성화는 소명부터 양자까지 모든 것이 실제화되었는지를 증명하는 것이기 때문에 대단히 중요합니다.

사실 칭의 교리는 얼마나 중요한지, 마르틴 루터가 "칭의 교리는 교회가 서고 넘어지는 교리"라고 할 정도로 구원론에서 가장 중요합니다. 하지만 가장 중요한 것과 가장 정점은 다른 것입니다. 예컨대 이스라엘에서 가장 중요한 왕은 다윗이지만, 그 정점에는 솔로몬이 있습니다. 가장 중요한 것은 소명부터 시작해서 중생, 회심, 칭의, 양자까지의 일입니다. 가장 중요한 그 일의 결과물이 바로 성화입니다. 구원의 도의 정점에 있으며, 하나님께서 우리를 구원하시는 목적이 바로 성화입니다.

> 곧 창세 전에 그리스도 안에서 우리를 택하사 우리로 사랑 안에서 그 앞에 거룩하고 흠이 없게 하시려고 엡 1:4

하나님께서 창세 전에 우리를 예정하신 것은 우리를 거룩하고 흠이 없게 하시려고 했다는 것입니다. 하나님께서 우리를 구원하신 이유는 거룩하게 살도록 하기 위해서, 즉 성화된 삶을 살게 하려고 우리의 구원을 완성시키고 있다는 말입니다.

Already, not yet

그런데 사실 잘못 이해된 장로교 구원의 교리와 구원파의 구원의 교리가 매우 비슷합니다. 구원파들은 구원을 언제 받았는지 따져 묻고, 장로교는 굳이 묻지 않을 뿐이지, 구원은 이미 과거에 다 받은 것으로 전제한다는 것이 같고, 한 번 구원은 영원한 구원이라고 하는 것이 같습니다. 구원은 이미 과거 언젠가 다 받았을 것으로 간주하고, 이런 가정 이후 한 번 구원은 영원한 구원이라고 말하기 때문에, 실상은 구원에 대한 아무런 객관적 증거도 없이 더이상 구원의 확신을 의심하는 말과 행동은 매우 불경한 것으로 여깁니다.

성화는 칭의와 양자가 되는 순간에 시작됩니다. 하지만 소명부터 양자까지 모든 것이 한순간에 이루어진다는 것을 감안한다면 성화는 소명을 듣고 양자가 되는 그 순간에 시작되는 것입니다. 아주 쉽게 이야기하면 내가 신앙생활을 하다가 몇 년도 모월모시에 어느 목사님의 설교를 들을 때 내 마음에 뜨거운 불이 일어나고, 그다음부터 내 삶이 변하기 시작했는데 "아마 내가 그때 구원받은 것 같아" 이렇게 되는 것입니다. 그런데 한 1년쯤 지나자 다시 옛날의 모습으로 돌아가버렸습니다. 그럴 때 자신이 성화되고 있는 것인지, 자신이 정말 구원받았는지, 자기 구원을 의심할 줄 아는 것이 구원받은 사람의 특징입니다.

그런데 이단이나 왜곡된 장로교 사상을 가진 사람은 그렇게 의심하는 것 자체를 믿음이 없다고 보고, 구원받은 것을 의심하지 말라고 합니다. 이 가르침의 가장 큰 문제는 우리가 구원을 위해 하나님께 매달리며 회개해야 할 귀중한 시간들을 놓쳐버린다는 것입니다. 그러나 개혁신학을 조금이라도 공부한 사람이라면 'Already, not yet', "이미 구원받았고 아직 구원에 도달하지 못했다"라는 말을 들어보았을 것입니다. 좀 더 세밀하게 말한다면 구원은 세 가지 시제로 구성되는데, 과거에 이미 구원받았고, 현재 구원을 이루어나가야 하며, 장차 올 미래 구원을 받아야 합니다.

그러므로 구원의 확신이란 다음과 같이 일어나는 것입니다. 성도가 성화의 삶을 꾸준히 살아가고, 참고 인내하는 견인의 과정을 쭉 거치면서 "내가 과거 몇 년도 모월 모시에 OOO 목사님의 설교를 듣고 마음이 뜨거워졌는데, 그렇게 거듭난 이후로 지금까지 뒤돌아보지 않고 하늘의 푯대를 바라보고 달려온 인생이 40년이다" 이런 방식으로 구원의 확신이 드는 것입니다. 그가 구원받았다고 생각했고, 어느 한순간 하나님을 사랑하기도 했지만, 그후로 계속 자연인으로 살아간다면 그는 구원받지 않은 사람입니다. 그렇기 때문에 구원은 이미 구원을 받았고, 아직 구원을 받지 않았다고 말하는 것입니다.

구원은 과거의 어느 시점에 하나의 단회적인 사건이 아닙니다. 구원은 '성화'의 정점을 향해 달려가고, 성화의 정점을 쭉 유지해 가는 '견인'과 그 견인의 끝에 '영화'를 통틀어서 구원이라고 하는 것입니다. 결국 하나님께 처음 은혜를 받고 마지막 무덤에 들어갈 때까지의 삶 전체가 구원이며, 그래서 'Already, not yet'이라고 하는 것입니다. "이미 구원을 받았고 아직 구원을 받지 않았다." 우리는 아직 'not yet'의 시간을 지나가고 있으며, 우리의 구원은 마지막에 가서 끝이 납니다. 따라서 "내가 처음 예수님을 입으로 시인하고 영접했으니 나는 구원의 문제를 이미 끝내 놓은 상태야"라고 마음먹는 것만큼 영혼에 위험한 것은 없습니다.

오해하지 마시기 바랍니다. 성화는 우리가 구원의 정점에 들어 있다는 것을 알려줍니다. 그러니 우리가 이미 구원을 받았으니 이 제부터는 성화, 즉 삶으로 구원을 증명하자고 말하는 것은 옳지 않습니다. 왜냐하면 구원은 과거의 단회적인 사건이 아니기에 '이미 구원받았으니'라는 말은 우리의 구원을 왜곡시킬 수 있고, 성화는 양자된 자에게서 나타나는 자연적인 현상이기에 구원받은 것을 가정하고 이제부터 힘써서 선행하며 살자고 말하면 분명히 율법주의가 뒤따를 것이기 때문입니다.

하나님을 사랑하는 양자의 삶

성화는 양자된 자가 아들로서 하나님의 형상을 드러내는 것입니다. 양자는 하나님 아버지에게 사랑의 감정을 느끼지만, 양자가 되지 않은 사람은 하나님의 말씀이 옳다고 여겨지기는 하지만 사랑의 감정을 갖지는 못합니다. 우리가 타인을 대할 때는 그가 옳은가 그른가로 평가하지만, 가족을 대할 때는 그를 사랑으로 대하는 것과 같은 이치입니다. 성화는 양자, 즉 아들이 된 자들만 가능한 것입니다. 구체적으로 하나님 아버지를 사랑하기 때문에 하나님을 닮아가는 것입니다.

우리가 하나님을 사랑하지 않고도 성경 말씀이 옳다고 느낄 수 있습니다. 하나님을 사랑하지 않고도 예수 그리스도의 가르침이 맞다고 할 수가 있습니다. 그래서 하나님을 사랑하지 않는 상태에서 성경 말씀을 읽고 공부하고 더 나아가 그 말씀을 실천하고 순종하는 사람들도 얼마든지 있을 수 있습니다. 이런 이유로 중생과 회심과 칭의와 양자의 과정을 거치지 않는 자들에게 말씀에 순종하라고 하면 그들은 순종하지 못할 뿐 아니라 순종하더라도 율법주의자요, 바리새파와 같은 사람이 될 뿐입니다.

이 땅의 성도, 이 땅에서 하나님의 아들로 칭함을 받지 않는 자들의 모든 행위는 오히려 하나님의 분노를 자아내게 되어 있습니다. 바리새인들이 주님을 사랑하지 않는 상태에서 법을 지키고, 주님을 사랑하지 않는 상태에서 종교 행위를 하고, 주님을 사랑하지 않는 상태에서 선을 베풀었지만, 우리 주님은 그들의 행위를 가장 경계하셨습니다.

그렇기 때문에 하나님은 이 땅에서 성도의 삶만을 인정하시고 "너는 내 아들이야", "너는 내 딸이다"라고 하시는 것입니다. 그 마음에 주님을 사랑하는 마음 없이 옳은 일을 열심히 하면 할수록 주님과 더 멀어질 뿐입니다. 하나님에 대한 사랑이 없는 자들은 차라리 죄 속에 있는 편이 나을 것입니다. 왜냐하면 주님의 곁에는 늘 세리와 창기와 죄인들이 있었고, 정의를 외치는 바리새인들은 매우 소수만 따랐기 때문입니다.

하나님을 점점 더 사랑하는 성화

성화는 하나님을 사랑하는 자들에게서만 나타나는 행동이기 때문에 '기쁨'이라는 감정이 드러나는 것이 주요한 특징입니다. 우리는 사랑하는 사람과 같이 있고, 사랑하는 사람의 명령에 순종하고, 사랑하는 사람의 부탁을 들어주면서 기뻐합니다. 성화는 바로 기쁨으로 주의 복음을 지켜나가는 것입니다. 여기에서 중요한 것은 기쁨으로 지켜나가야 한다는 것인데, 이는 자발성과 규율성이 둘 다 있다는 것입니다.

성화에는 자발성과 규율성이 같이 있기 때문에 성도가 주(主)의 사역을 감당하다가 기쁨이 사라지면 그 사역을 멈추는 것이 아니라, 하나님을 사랑할 마음이 생기도록 말씀과 기도의 자리에 충실해야 합니다. 우리는 다시 하나님을 사랑하는 충만한 마음으로 그 사역을 계속해 나가야 합니다. 하나님을 사랑하는 마음 없이 사역을 계속 이어가다가는 번아웃 되거나 자신의 공로를 주장하는 바리새파와 같은 사람이 될 것입니다. 성화는 하나님 사랑입니다. 일평생 살아가면서 하나님을 점점 더 깊이 사랑하고, 예전에 몰랐던 하나님의 속성에 감탄하고, 즐거워하게 되는 것이 성화입니다. 성화는 물리적입니다. 물리적이라는 뜻은 마음과 몸에 실제로 느껴진다는 것입니다. 그러므로 성화는 스스로 강력하게 느껴지게 되어 있습니다. 사랑하는 사람이 멀리 떨어져 있어도, 그 사람을 생각하면 마음이 따뜻해지고 떨립니다. 만났을 때는 그 시간이 속절없이 빨리 지나가버리고 맙니다. 우리가 하나님을 사랑하면 그분을 만나고 싶고, 그분과 대화하고 싶고, 하나님의 말씀이 선포되고, 그분이 역사하시는 곳에 가고 싶습니다. 실질적으로 이런 모든 감각과 감동이 하나님 앞에서 작동되는지를 보아야 합니다.

하루는 스펄전 목사님이 울고 있자 아내가 왜 우는지 물었다고 합니다. 그러자 "십자가를 묵상해도 내 마음이 슬퍼지지가 않아"라고 했다는 것입니다. 성도는 주님 때문에 울고 웃게 됩니다. 십자가를 보면 우리 주님의 고난이 생각나서 슬퍼지고, 우리 주님이 하늘에 오르사 하나님 우편에 계신 것을 보면 우리 마음이 그분에 대한 영광으로 가득 차게 됩니다. 주님을 이론적으로만 아는 자들은 참된 성화를 이룰 수 없습니다. 그분을 맛보아 아는 자들만이 성화의 길을 갈 수 있습니다.

칭의는 법적이고 성화는 실제적입니다. 칭의는 단번에 이루어
지지만, 성화는 일평생에 걸쳐 이루어지는데 이를 '견인'이라고 합
니다. 칭의는 우리를 죄책에서 해방해주지만, 성화는 우리가 죄에
지배되는 것을 막아줍니다. 칭의는 정죄에서 우리를 구해주고, 성
화는 죄의 지배력을 무력화시킵니다.

죄의 지배력을 무력화한다는 것은 죄를 안 짓는다는 것이 아니
라 죄에 중독되지 않는다는 것입니다. 인간은 연약해서 누구나
죄를 짓지만, 회개하지 않고 반복적으로 동일한 죄를 짓는 자들
은 그 죄에 중독되는데, 이 상태가 완전히 죄의 지배를 받는 상태
입니다. 그러나 하나님의 영이 내 안에 계시고 성화 가운데 들어
간 사람은 죄를 끊어낼 수가 있습니다. 즉 죄의 지배를 받는 자들
은 바늘도둑이 결국 소도둑이 되지만, 성화된 자들은 바늘도둑에
서 죄를 짓지 않는 단계에까지 이르게 되는 것입니다.

성화의 은혜

성화의 핵심은 하나님을 사랑하는 것이고, 사랑하는 마음이 생기
는 것은 우리의 노력으로 되지 않듯이 성화도 하나님이 주시는 은
혜로 되는 것입니다.

그러나 그 날 후에 내가 이스라엘 집과 맺을 언약은 이러하니 곧 내가
나의 법을 그들의 속에 두며 그들의 마음에 기록하여 나는 그들의 하

나님이 되고 그들은 내 백성이 될 것이라 여호와의 말씀이니라 렘 31:33

우리가 하나님의 법을 즐거워하고, 그 법을 들을 때마다 기뻐하는 이유는 하나님께서 우리 마음속에 그 법을 심어주셨기 때문입니다. 그렇기 때문에 성화도 은혜입니다.

그러면 흔히 칭의는 은혜로 받지만 성화는 인간의 노력이 필요하다고 하는데, 이 부분에서 많은 오해가 발생합니다. 물론 성화에 인간의 노력이 필요합니다. 예를 들면 우리가 부모님을 사랑하고 자녀를 사랑하는 것은 결코 노력의 결과물은 아닙니다. 그러나 어떤 기념일이 되어 선물을 주려고 하면 그때는 시간과 돈을 들여서 선물을 사는 노력이 들어갑니다.

하나님의 자녀로서의 순종과 종의 영으로서의 순종의 차이는 기쁨이 있느냐와 없느냐의 차이입니다. 둘 다 같은 노력과 공로가 들어갈지라도 성화는 사랑하는 사람이 내 섬김을 받고 기뻐할 것을 생각하기에 우리의 섬김이 힘들기는커녕 기쁨이고 즐거움이며, 종의 영으로 하는 순종은 의무이면서 동시에 공로입니다. 즉 성화는 우리를 향한 하나님의 사랑에 대한 사랑으로의 반응인 것입니다.

성화의 길
세상은 우리에게 착하게 살고 의롭게 살고 옳은 일을 하는 인생을 살아야 한다고 합니다. 하지만 성화의 길은 옳기 때문이 아니라 하나님을 사랑하는 기쁜 마음으로 그 길을 가는 것입니다. 옛날에는 죄짓느라 먼길도 마다하지 않았다면, 지금은 복음을 전하기 위해 먼길을 떠나고 싶은 것입니다. 본인들이 즐거운 것을 하는 것은 같지만 방향성이 바뀐 것입니다. 그러므로 성화는 은혜의 결과물이고 하나님을 향한 사랑의 반응입니다.

교회에 나올 때도 하나님을 사랑하는 마음이 아닌 부모나 배우자의 성화에 못 이겨 나오는 사람들이 있습니다. 이들은 인간적인 의지력으로 교회에 출석합니다. 그러나 이들 중 대다수는 자신이 교회에 출석해주는 것을 공로라고 생각합니다. 그러므로 자신에게 조금이라도 서운하게 대하면 교회를 안 나가겠다고 엄포를 놓는 협박꾼으로 변해버립니다. 역으로 주님께서 무슨 일을 하셔도 즐거워하지 않고, 관심도 없고, 간절하지도 않은 자들에게 성령께서 그들의 마음을 열고 뚫고 들어가 회개시키고 뒤집어놓아 의롭게 만드는 경우는 없습니다. 예수님을 만나기만 하면 모든 문제가 해결될 것을 알고 지붕을 뚫고 내려오기까지 하는 사람들, 간절한 마음으로 주님의 옷자락이라도 잡고자 했던 여인들을 주님은 구원으로 이끄셨습니다.

한밤중에 바울과 실라가 기도하고 하나님을 찬송하매 죄수들이 듣더라 행 16:25

바울과 실라가 감옥에서 기도하고 찬양하자 죄수들이 그것을 듣고 있었다고 합니다. 아무리 죄인이라도 바울과 실라가 무슨 말을 하는지 듣기라도 하는 반응을 보이는데, 졸거나 귀를 닫고 있으면 그런 사람을 돌이켜서 구원시키는 역사는 성경에 없습니다. 지금도 예배에 의무적으로 따라 나와 매주 졸고 있는 사람들 중에 거듭나서 성화의 길로 가는 사람들을 아직까지 본 적이 없습니다. 그들은 처음과 끝이 언제나 동일합니다. 영혼이 빠진 상태로 육체만 교회에 옵니다. 그 상태로 10년이고 20년이고 변치 않고 다닙니다. 심지어 찬송할 때 입도 벌리지 않는 이들이 대다수입니다. 이들에게는 구원이 있을 수 없습니다.

성화는 거룩함을 추구하는 것이고, 거룩함은 경건을 말하는 것이고, 경건에는 반드시 훈련이 필요합니다. 경건의 훈련할 때 우리는 세 가지를 기억해야 합니다.

첫째, 올바른 원리가 필요합니다. 바로 하나님을 사랑하는 원리입니다. 내가 무슨 일을 하더라도 나는 지금 하나님을 사랑하느냐 하는 것입니다. 둘째, 올바른 규칙이 필요합니다. 올바른 규칙이란 바른 교리 체계입니다. 예를 들어 이단성이 있는 자들 중에 "하나님을 사랑하는 내 마음만큼은 변함이 없습니다"라고 말하는 자들이 많습니다. 그러나 이들은 이미 이탈한 자들일 뿐입니다. 즉 그 사랑도 다 가짜라는 것입니다. 운동선수가 규칙대로 경기하지 않으면 상을 받지 못합니다. 셋째, 올바른 목적이 필요합니다. 이것은 그 일을 통해 하나님께 영광을 돌리는 것입니다.

다시 강조하지만, 성화는 착한 일을 하는 것을 말하는 것이 아닙니다. 그러므로 그 사람의 선행을 보고 성화를 판단하는 것이 아닙니다. 성화는 하나님을 사랑하는 것에 대한 반응이기 때문에 성화의 목적은 하나님이 영광받으시기를 소원하는 것입니다. 두 사람이 아무리 똑같은 일을 하더라도 한 사람은 자신의 의지적인 마음으로 하고, 다른 사람은 하나님께 영광을 돌리기 위해서 한다면 구원을 이루어가는 데 있어서는 전혀 다른 것이 됩니다. 즉 전자는 성화가 아니라는 것입니다.

구속의 예수님을 보라

성경의 율법은 모든 것이 옳습니다. 그러나 모든 이들이 그 율법을 사랑하는 것은 아닙니다. 마찬가지로 사람도 그가 틀림이 없고 옳기 때문에 사랑스러워지는 것은 아닙니다. 오히려 실수가 없는 사람들은 주변 사람들을 더욱 피곤하게 할 수 있습니다. 율법도 우리를 사사건건 책망하기 때문에 그 율법이 상징하는 하나님 아버지를 사랑하지 못하고, 하나님께 다가가고자 하는 마음도, 방법도 모르는 것입니다.

> 예수께서 이르시되 내가 곧 길이요 진리요 생명이니 나로 말미암지 않고는 아버지께로 올 자가 없느니라 요 14:6

끝없이 펼쳐진 광야의 밤하늘과 남태평양의 아름다운 바다와 끝을 알 수 없는 심연의 바다를 보노라면 창조주가 묵상됩니다. 왜냐하면 이 세상은 하나님의 창조품이기 때문입니다. 하나님의 창조품과 비교할 수도 없는 분이 바로 하나님의 아들 예수 그리스도이십니다. 그래서 세상의 아름다운 창조물을 보는 것보다 예수 그리스도를 바라보는 것이 말할 수 없이 감격스럽고 감탄이 나오는 것입니다.

예수 그리스도를 본다는 것은 구속의 예수님을 바라보는 것입니다. 예수 그리스도께서 우리에게 가르쳐준 구원의 도, 구원의 방식은 아름다운 자연을 보고 감탄하는 것과는 비교할 수 없을 만큼의 감탄을 자아내게 합니다. 삼위 하나님께서는 비밀리에 우리를 위한 구원의 도를 만드셨습니다. 이 구원의 도가 철저히 비밀 속에 감추어져 있었기에 마귀조차 몰라 예수 그리스도를 죽인 것입니다.

우리가 창세 전부터 감추어진 이 비밀을 성경을 통해 배울 때 엄청난 감동이 몰려옵니다. 성경이 아니었으면 결코 알 수 없었던 구원의 도, 즉 소명, 중생, 회심, 칭의, 양자, 성화, 견인, 영화의 과정을 하나하나 들여다볼 때 우리의 전인격과 모든 세포가 환희에 가득 차게 됩니다.

성화는 하나님을 사랑하는 것이고, 하나님을 사랑하는 것은 예수 그리스도를 보고 예수 그리스도의 영광을 바라보는 것입니다. 예수 그리스도를 영광 속에서 바라본다는 것은 그분의 구원

사역을 통해서 바라본다는 것입니다. 우리가 예수 그리스도의 구원의 도를 알 때 이 세상을 향하던 관심이 온전히 하나님께로 향하게 되어 있습니다.

> 육신의 생각은 하나님과 원수가 되나니 이는 하나님의 법에 굴복하지 아니할 뿐 아니라 할 수도 없음이라 육신에 있는 자들은 하나님을 기쁘시게 할 수 없느니라 만일 너희 속에 하나님의 영이 거하시면 너희가 육신에 있지 아니하고 영에 있나니 누구든지 그리스도의 영이 없으면 그리스도의 사람이 아니라 롬 8:7-9

양자의 영이 들어오지 않으면 우리는 하나님을 사랑할 수 없습니다. 하나님을 사랑하는 마음이 없으니 "하라", "하지 마라", "회개하라"라고 하시는 하나님을 가까이하고 싶지 않습니다. 육신에 있는 자들은 예배를 드려도 당연히 기쁘지 않습니다. 그러나 구원받은 사람들은 하나님의 양자가 되므로 아버지와 함께하는 것이 즐겁고 기쁜 것입니다. 그래서 복음의 잔치가 열리는 주일이 되면 너무 기쁘고 즐거운 복된 날로 여겨지는 것입니다. 이것이 성화이고 이 성화를 모르는 자들은 올바른 삶을 살기 위해 곧장 율법주의로 빠지고 마는 것입니다.

구원 : 이 땅에서 시작된 이야기

온전한 것이 올 때에는 부분적으로 하던 것이 폐하리라 고전 13:10

이 말씀에 대한 해석에는 두 가지 이론이 있습니다. 첫째, 온전한 것이 올 때는 예수 그리스도의 재림이라고 보는 견해와 둘째, 소수파의 의견으로 온전한 것이란 성경 계시의 종결을 의미한다고 보는 견해입니다.

내가 어렸을 때에는 말하는 것이 어린 아이와 같고 깨닫는 것이 어린 아이와 같고 생각하는 것이 어린 아이와 같다가 장성한 사람이 되어서는 어린 아이의 일을 버렸노라 우리가 지금은 거울로 보는 것같이 희미하나 그 때에는 얼굴과 얼굴을 대하여 볼 것이요 지금은 내가 부분적으로 아나 그 때에는 주께서 나를 아신 것같이 내가 온전히 알리라 고전 13:11-12

12절에 "그 때에는 얼굴과 얼굴을 대하여 볼 것이요", 이 구절 역시 예수 그리스도의 재림을 말하기도 하며, 또한 성경의 완결성을 의미하기도 합니다. 그렇다면 성경이 우리에게 완전하게 주어졌을 때 우리는 그 성경을 통해서 구원의 도를 선명하게 알 수 있다는 뜻이 됩니다. 그리고 구원의 도를 아는 자들이 평생토록 구원의 도를 더 깊이 깨달아가는 과정이 성화와 견인이며 마지막이 영화의 모습입니다. 하나님께서 우리에게 이 구원의 도를 완벽하게 알려주셨습니다. 우리가 주님을 만나러 가는 그날까지 우리의 삶 가운데 구원의 도를 반복적으로 배우고 그 길을 가며 마지막 영화로운 날에 우리가 배운 구원의 도가 맞다는 것을 깨닫게 될 것입니다. 저는 이 본문을 그렇게 해석하고 있습니다. 13절을 그 근거로 봅니다.

> 그런즉 믿음, 소망, 사랑, 이 세 가지는 항상 있을 것인데 그 중의 제일 은 사랑이라 고전 13:13

그런데 아쉽게도 한글 성경에는 번역이 누락되어 있습니다. 성경 원문이나 영어 성경에는 13절 앞부분에 분명히 'And now' 또는 'But now'가 있습니다. 그러니까 한글 성경에 "그리고 지금"이 빠진 것입니다. 그렇다면 "그런즉 믿음, 소망, 사랑, 이 세 가지는 항상 있을 것인데 그 중의 제일은 사랑이라"는 구절이 마지막 날 천국에 가서가 아니라 이 땅에서의 이야기를 하고 있는 것입니다.

사실 천국에서는 믿음이 필요 없습니다. 왜냐하면 믿음은 의롭게 되기 위한 도구이기 때문입니다. 소망은 더더욱 필요가 없습니다. 우리는 이미 소망의 자리에 있기 때문입니다. 그러므로 믿음, 소망, 사랑, 이 세 가지가 항상 있는 곳은 이 땅이라는 말입니다. 결론은 우리가 이 땅에서 누가 구원을 받았는지 알 수 있다는 것입니다. 구원이 저기 어딘가 멀리 있다고 생각하지 마십시오. 우리는 우리의 구원이 이 땅에서 시작된다는 것을 충분히 이해할 수 있습니다. 우리에게 성경이 주어졌기 때문에 구원의 도를 선명하게 알 수 있고, 구원의 도가 우리의 삶에서 계속 깊어져가는 성화의 과정을 통해 깨달을 수 있고, 그 모든 과정이 하나님이 은혜로 우리의 인생을 이끌고 있다는 것을 알게 됩니다. 성화는 하나님을 사랑하는 것이고 특별히 예수 그리스도를 사랑하는 것입니다. 우리가 구원의 도의 매력에 빠져서 누가 시키지 않아도 말씀을 보고, 말씀에 맞게 기도하고, 누가 감독하지 않아도 순종하는 것, 이것이 바로 성화입니다. 이것이 우리의 삶 가운데 반드시 드러날 수 있기를 바랍니다.

09
성화 2

하나님의 말씀에 기쁨으로 순종하는가?

성령이 친히 우리의 영과 더불어
우리가 하나님의 자녀인 것을 증언하시나니
자녀이면 또한 상속자 곧 하나님의 상속자요
그리스도와 함께 한 상속자니
우리가 그와 함께 영광을 받기 위하여
고난도 함께 받아야 할 것이니라
또 미리 정하신 그들을 또한 부르시고
부르신 그들을 또한 의롭다 하시고
의롭다 하신 그들을
또한 영화롭게 하셨느니라

율법과 율법주의

성화를 논하기에 앞서 우리는 성화에 있어서 율법의 역할을 우선 적으로 정리해보아야 합니다. 마르틴 루터의 종교개혁 슬로건은 '오직 믿음으로 얻는 구원'이었습니다. 이는 행위가 아닌 은혜구원 을 의미하는 것이었지만 결론적으로는 '율법폐기론'을 불러일으키 게 되었습니다. 나의 노력이나 행위가 아닌 그리스도로 인해 복음 이 주어진 것이기 때문에 더 이상 구약의 율법은 따를 필요가 없 다고 생각하게 된 것입니다. 이것은 종교개혁 당시뿐 아니라 청교 도 시대에도 치열한 논쟁 주제였습니다.

저 역시 예수 그리스도께서 오시고 나서 율법의 몽학 선생 역할 은 이제 끝이 났다고 봐야 하는데, 왜 자꾸 율법을 강조하는 설교 를 하느냐는 질문을 많이 받았습니다. 청교도 시대에도 이런 질 문과 논쟁들이 있었고, 심지어 율법을 철저히 지킨 청교도들을 '율 법주의자'로 몰아붙이기도 하였습니다. 사람들은 율법을 따르고 지키려는 자나 청교도라고 하면 그들만이 깨끗하고 거룩한 척한 다는 시선으로 보고, 그들이 행위로 구원을 얻으려는 율법주의자 나 바리새인 같은 이중인격자라고 생각했습니다. 왜냐하면 그 당 시 일반적인 교회는 율법의 준수가 아니라 그리스도로 인해 주어진 복음으로 인해 율법의 명령에서 해방되었다는 것을 강조했기 때문입니다.

우리가 죄를 회개할 때 죄라고 생각하는 것의 기준이 무엇입니까? 율법으로 정해진 것을 준행하지 않고, 율법을 어기는 것입니다. 그렇다면 그리스도의 죽음은 어떤 의미가 있습니까? 그리스도의 죽음은 율법을 만족시키기 위한 것이었습니다. 즉 율법의 완성이라는 의미입니다. 칭의는 율법에 입각한 판결이며, 이러한 맥락에서 성화 역시 율법을 지켜나가는 것입니다. 즉 복음 이후 율법이 버려진 것이 아니라 여전히 율법은 구원의 도 전반에 걸쳐서 기준이 되고 있으며, 그리스도인들의 삶에 실제적으로 관여하여 그들의 믿음을 북돋우는 데 필수적인 역할을 하고 있는 것입니다.

사실 율법폐기론자들이 이렇게 종교개혁의 정신을 제대로 이해하지 못한 것은 성경에 율법과 율법주의가 모두 '율법'이라는 단어 하나로 혼용되어 있기 때문이기도 합니다. 율법주의란 "율법을 지켜야 구원을 받는다"라는 것으로, 구원의 조건이 은혜가 아닌 행위에 있습니다. 이러한 율법주의는 바른 구원의 도가 아니며, 복음 이후 버려져야 할 것은 율법이 아니라 율법주의입니다. 바울 사도가 버려져야 할 것이라고 말한 율법은 율법주의를 뜻하는 것이고, 우리에게 좋은 역할을 한다고 한 율법이 진정한 율법을 뜻한다고 할 수 있습니다.

결국 후대 사람들이 성경에 율법이라고 나온 단어가 거룩하고 선한 율법을 말하는 것인지, 율법주의를 지칭하는 것인지 혼동을 일으켜 율법을 강조하기만 하면 바리새인 취급을 하거나, 율법을 강조하면 복음을 역행한다고 하거나, 율법을 강조하면 행위구원론자라고 해버리는 일이 발생하는 것입니다.

율법폐기론

율법에 대한 부정적인 견해는 루터파로부터 나왔습니다. 루터파는 구원은 오직 믿음으로, 오직 은혜로 얻는 것이지 우리의 행위를 조건으로 하여 구원받는 것이 아님을 주장하는 입장이기 때문에 율법을 강조하거나 행위를 강조하는 사람들은 루터파로부터 판단 정죄를 당했습니다. 16세기 종교개혁, 17세기 청교도 시대에 개혁자들을 끊임없이 공격했던 부류는 바로 이 율법폐기론자들이었습니다.

그런데 율법폐기론은 16,17세기에만 있었던 것이 아닙니다. 지금 한국 교회에도 버젓이 존재하고 있습니다. 율법폐기론을 간단히 설명한다면 "복음이 우리에게 주어졌기 때문에 모든 율법을 지키라고 강제하는 것은 옳지 않습니다. 그리스도인들은 율법의 명령에서 해방되었습니다"라는 것입니다. 그런데 이 역시 종교개혁의 정신을 제대로 이해하지 못하고 율법과 율법주의를 혼동하여 문자 그대로 해석한 것에 불과합니다. 그리스도인은 율법의 명령에서 해방된 것이 아니라 율법주의에서 해방된 것입니다. 사람들이 혼용되어 있는 이 두 단어 사이의 바른 의미를 제대로 구별하지 못하여 우리에게 좋은 역할을 하며 기준이 되는 거룩한 '율법' 자체를 버려버리는 일이 일어났던 것입니다. 그러나 그리스도인들은 우리가 해방된 것은 율법이 아닌 율법주의로부터임을 깨달아, 하나님의 율법을 거룩한 것으로 믿고 지켜야 합니다.

율법의 3용도

종교개혁자들이 정리한 율법의 세 가지 용도는 다음과 같습니다.

1. 율법의 제1용도

율법의 제1용도는 율법의 기준에 비추어 우리의 죄를 깨닫게 하고 죄를 억제시키는 것입니다. 율법과 율법주의를 쉽게 구분하는 방법이 있는데, 단적으로 율법주의는 조건절을 포함합니다. "네가 만약 율법을 지키면 구원을 얻을 것이다", "네가 만약 율법을 지키면 복을 받을 것이다" 이렇게 조건절로 나오는 것이 율법주의입니다. 그런데 율법을 지키는 것을 근거로 하여 구원을 얻는다는 주장인 율법주의는 철저히 폐지되었습니다. 이것은 가짜 복음입니다.

그러면 율법은 어떻게 구별이 됩니까? "하나님을 사랑하는 자는 그 사랑에 대한 마땅한 반응이 나오게 되어 있다. 그러므로 하나님을 사랑해서 나오는 반응이 없다면 하나님을 사랑하는 사람이 아닌 것이다." 이것이 율법입니다. 다시 말하면 "네가 구원받은 사람이라면 구원받은 사람으로서 마땅한 대가가 나와야 한다. 그런데 마땅한 대가가 없으면 너는 구원받은 사람이 아니다." 이것이 율법이라는 말입니다.

그러니까 율법주의는 '조건'이고 율법은 '반응'입니다. 이 두 가지를 구분할 수 있어야 율법주의로부터 탈피할 수 있는 것입니다. 청교도들은 서슬 푸르게 율법을 주장하였고 율법주의는 철저히 반대했던 것입니다.

율법의 제1용도가 우리의 죄를 깨닫게 하고 죄를 억제하는 것이기 때문에 청교도들은 율법의 기준으로 회중들의 죄를 강하게 지적하는 설교를 계속했습니다. 목사는 강단에서 율법 설교를 해야 합니다. 죄를 지적하는 설교를 듣고 그 결과 더 이상 죄를 짓지 못하도록 해야 합니다. 계속 죄를 짓다가 설교를 듣고 마음이 떨려 회개하고 돌아서도록 하는 설교가 율법적 설교입니다. 종교개혁자들은 율법적 설교가 없이 복음적 설교만 하는 것이야말로 회중들을 구원에 있어서 곁길로 가게 하는 악이라고 표현했습니다.

칼빈은 율법의 제1용도에 대해서 이렇게 이야기했습니다.

"그 율법의 기능은 이것이니 곧 옳고 바른 것에 대한 관심이 전혀 없는 특정한 사람들에게 율법이 주는 끔찍한 위협을 들려주어 처벌에 대한 두려움을 갖게 함으로써 그들의 죄를 억제시키는 것이다."

이것이 율법의 용도이자 이것을 설교하는 것이 목사의 임무입니다. 강한 율법의 말씀이 선포될 때 회중들은 죄의 심각성을 깨닫게 되고, 더 이상 그 죄를 짓지 않겠다는 결심을 하게 되는 것입니다.

2. 율법의 제2용도

율법의 제2용도는 율법은 우리를 그리스도께로 인도한다는 것입니다. 율법은 우리의 양심과 함께 사람들이 극단적으로 타락하는 것을 막는 역할을 합니다. 율법의 제1용도인 정죄로 말미암아 절망에 빠져 있는 사람들은 더 이상 자기 노력으로 모든 율법을 지키고 모든 죄를 극복하는 것이 불가능하다는 것을 깨닫고, 이미 그 일을 완성하신 예수님에게 달려간다는 것입니다. 이것이 율법의 몽학 선생 역할입니다.

자신의 죄 문제, 좌절된 인생의 문제, 자신의 구원의 문제로 간절하게 부르짖는 사람들에게 우리 주님은 "주 예수를 믿으라 그리하면 너와 네 집이 구원을 받으리라"라고 말씀해주십니다. 그러나 간절하지 않은 사람에게 사도들이나 우리 주님이 복음을 선포하는 경우는 성경에 단 한 번도 나온 적이 없습니다. 복음을 선포하기 전에 그가 그리스도를 찾는 마음을 갖게 하는 일이 반드시 필요한데, 그럴 때 율법으로 사람들의 완고한 마음을 깨트려야 하는 것입니다. 율법의 기준에 비추어 자신이 죽어 마땅한 죄인임을 깨닫고, 그 마음이 긴장하고 두려워져야 비로소 그리스도에게로 달려가는 것입니다.

칼빈은 율법의 제2용도에 대해서 다음과 같이 말했습니다.

"율법은 자기 의를 가진 모든 사람에게 경고하고 알려주고 깨닫게 하고 마지막으로 정죄한다."

율법은 자기 의를 가진 사람, 자기 스스로 노력해서 선해지려고 하는 사람들에게 경고합니다. 우리의 삶을 율법의 저울에 올려놓고 우리 자신이 거룩함과 얼마나 거리가 먼지 깨닫게 하고, 괜찮은 상태에 있다고 봤던 자신이 사실은 얼마나 무수한 악으로 가득 차 있는지 발견하게 하는 것입니다.

율법은 거울과 같습니다. 거울을 보고 얼굴에 묻은 얼룩을 보는 것처럼 우리는 율법을 통해 우리의 연약함을 보고, 또 연약함 때문에 저지르는 우리의 불법을 보고, 결국에는 연약함과 불법에서 나오는 저주를 바라보는 것입니다. 그러나 율법은 나를 회복시키지 못합니다. 율법은 거울입니다. 내 얼굴에 있는 때를 보고 그 때를 벗기고자 그리스도에게 가는 것입니다.

3. 율법의 제3용도

율법의 제3용도는 거듭난 자들이 이 땅을 살아갈 때 기준을 제공하는 것입니다. 율법의 제1용도와 제2용도가 구원과 관련된 율법의 역할이라면, 제3용도는 회심한 자의 삶인 '성화'와 관련이 있는 율법의 역할이라 할 수 있습니다.

마르틴 루터는 율법의 제3용도에 대해서 다음과 같이 말했습니다.

"신자들이 그들의 하나님과 구주를 기쁘시게 하는 길로 인도하는 교훈적인 삶의 규칙으로 작용한다."

우리가 회심하기 전에 율법은 하나님의 손에 쥐어져 있는 막대기(회초리)라고 했습니다. 회심한 후에 율법은 우리가 하나님과 동행하도록 돕기 위해 우리의 손에 쥐어져 있는 걸어가는 막대기(지팡이)와 같다고 했습니다. 그러니까 회심하지 않은 자에게 율법은 회초리와 같고 회심한 자에게 율법은 걸어가는 지팡이이며, 따라서 율법은 죄인들을 그리스도에게 이끌고, 그리스도로 말미암아 그들은 율법을 행하는 자가 된다고 하였습니다.

한 손에 율법, 한 손에 복음

종교개혁자들, 존 칼빈, 청교도들이 전부 율법을 강조했습니다. 서슬 푸른 율법의 역할이 분명히 있는데도 불구하고, 율법을 강조하는 설교를 하면 당장 바리새인이나 율법주의자라고 평가해버리는 이 시대에 우리가 율법폐기론, 율법주의를 아는 것은 대단히 중요합니다. 다음은 웨스트민스터 대요리 문답 97문입니다.

97문 "거듭난 자들에게 도덕법은 어떤 특별한 용도가 있습니까?"
답 "거듭나서 그리스도를 믿는 자는 행위언약인 도덕법에서 해방되었
으므로 그것으로 의롭다 함을 받거나 정죄를 받는 일은 없습니다. 그
러나 도덕법은 모든 사람에게 공통적으로 적용됩니다."

'행위언약'은 단편적으로 말하자면 선한 행위를 해서 구원을 얻
고 선한 행위를 해서 복을 받는 것입니다. 행위언약인 도덕법은
그러한 맥락으로 볼 때 율법주의와 같습니다. 그러나 도덕법은
모든 사람에게 다 적용됩니다. 이를테면 "도둑질하지 말라"는 것
은 성도들에게만 적용되는 것이 아니라 세상의 모든 사람에게 다
적용되는 것입니다.

"그러나 모든 사람에게 공통된 도덕법의 일반적인 용도 외에 거듭난
자들에게 적용되는 특수한 용도가 있는데, 이 법을 친히 완성하시고
그들을 대신하여, 그리고 그들을 위해 저주를 받으신 그리스도와 그
들이 얼마나 밀접한 관계에 있는지를 보여줌으로써 그들로 하여금 더
욱더 감사하게 하며 이 감사를 표하기 위해 순종의 법칙으로 도덕법
을 따릅니다."

세상 사람들이 이 도덕법을 지키면 그들의 삶에 유익합니다. 예
컨대 성경에서 도둑질을 하지 말라고 경고하는데 그 말씀을 따른
다면 그의 일생은 평안할 것입니다. 간음하지 말라고 하는데 간

음하지 않으면 그는 평생 평안할 것입니다. 이것은 불신자나 신자나 동일합니다.

그런데 신자가 도덕법을 지킬 때 어떤 유익이 더 있느냐 하면, 그가 구원받은 자라는 것을 확증한다는 것입니다. 구원받았음의 확증, 즉 예수 그리스도와 함께 있고 내 안에 성령이 있다는 확증을 성화의 모습으로 인해 받는다는 것입니다. 만약 이 땅에서 우리에게 성화의 삶이 나타나지 않는다면, 평생 내가 정말 구원받은 사람이 맞는지 확신하지 못합니다. 거듭난 자들에게 드러나는 성화의 모습으로 인해 그의 구원이 확증된다는 것을 믿으시기 바랍니다.

> 자기 두루마기를 빠는 자들은 복이 있으니 이는 그들이 생명나무에
> 나아가며 문들을 통하여 성에 들어갈 권세를 받으려 함이로다계 22:14

두루마기를 빤다는 것은 예수 그리스도의 피로 항상 우리의 죄를 깨끗이 씻어내는 것을 의미합니다. 그렇기 때문에 성화도 우리의 노력이 아니라 그리스도의 은혜로 되는 것입니다. 그렇게 매일 두루마기를 빠는 자들에게는 복이 있는데, "그들이 생명나무에 나아가며 문들을 통하여 성에 들어갈 권세"를 받는다고 합니다. 역으로 해석해본다면, 자기 두루마기를 빨지 않는 자는 복이 없고, 저희가 생명나무에 나아가지 못하며 문들을 통하여 성에 들어갈 권세를 받지 못하는 것입니다. 그러므로 우리가 율법의 제3

용도와 같이 하나님의 말씀에 기쁨으로 순종하는 일이 없다면 우리는 천국에 들어가지 못한다는 것입니다.

우리는 착각하면 안 됩니다. 우리가 믿음으로 구원받았으니 선이 있으면 좋고 없어도 그만이라는 것이 바로 율법폐기론입니다. 마찬가지로 우리가 믿음으로 구원을 받았으니 성화가 있으면 좋고 없어도 그만이라고 한다면, 그것은 "자기 두루마기를 빠는 일이 없으면 생명나무에 이를 수 없다"는 요한계시록의 말씀과 정면으로 위배되는 두려운 일이 됩니다. 왜냐하면 우리는 물론 행위로 구원받지는 않지만, 구원받은 자에게는 구원받은 자로서 당연한 행위가 있어야 하고, 그 당연한 행위가 없으면 우리는 구원을 받은 자가 아니라는 결정이 내려지기 때문입니다. 그것이 요한계시록 22장에 나오는 말씀입니다.

여러분, 우리의 삶에 선한 행위와 율법에 대한 순종이 없는데도 천국에 갈 수 있다는 생각은 하지 마십시오. 우리를 의롭게 하시는 분은 그리스도입니다. 이것이 복음입니다. 그러나 우리에게 규칙을 가르치는 것은 율법입니다. 그런데 우리는 복음 없이 절대로 율법을 진정으로 지켜낼 수가 없습니다. 복음이 들어가지 않은 상태에서 율법을 지키는 것은 다 외식하는 것입니다. 왜냐하면 복음만이 우리가 율법을 기쁘고 자원하는 마음으로 지킬 수 있게 해주기 때문입니다. 한 손에 율법, 한 손에 복음, 이것은 우리의 양손과 같습니다. 율법과 복음이 우리를 구원시키고 마지막 영화까지 우리를 이끌어가는 것입니다. 이것이 우리가 로마서 8장과 특별히 구원의 서정 9단계를 공부하고 정리한 내용입니다.

성화와 율법의 문제를 해석해내지 못한 결과

우리는 교리를 배우고 있습니다. 그런데 종교개혁 이후에 청교도 시대가 100년 동안 활발히 지속되다가 역사에서 거의 자취를 감춰버렸습니다. 종교개혁자들의 가르침이 이 땅에서 사라지고 율법폐기론이 번지자 유럽 교회는 자유주의의 물결에 휩싸이기 시작했습니다. 자유주의의 핵심 주장은 교리 철폐입니다. "내가 자유롭게 믿게 해달라", "하나님을 제한하지 말고, 인간이 만든 교리에 하나님을 가두지 말고, 내가 하나님과 직접 만나게 해달라" 이것이 자유주의의 주장입니다. 그래서 수백 년 동안 유럽에서 교리가 사라져버리고 자유주의가 유럽 교회를 휘감게 되면서 교회가 결정적으로 취약해지는 위태로운 상태에 빠져버린 것입니다.

> 우리가 율법은 신령한 줄 알거니와 나는 육신에 속하여 죄 아래에 팔렸도다 롬 7:14

여기서 바울은 분명히 율법은 신령한 것이라고 표현합니다.

> 이로 보건대 율법은 거룩하고 계명도 거룩하고 의로우며 선하도다
> 롬 7:12

율법은 거룩하고 계명도 거룩하고 의로우며 선하다고 합니다.

내 속사람으로는 하나님의 법을 즐거워하되 롬 7:22

우리 주 예수 그리스도로 말미암아 하나님께 감사하리로다 그런즉 내 자신이 마음으로는 하나님의 법을 육신으로는 죄의 법을 섬기노라 롬 7:25

바울이 말한 "하나님의 법"이 '율법'입니다. 그러니까 바울은 계속해서 하나님의 법, 즉 율법을 즐거워하고 섬긴다는 것입니다. 그런데 종교개혁이 끝나고 나서 약 200년 후부터 교리가 사라지자 이 말씀들을 해석해내지 못하게 되었습니다. 성경의 어떤 부분에서는 율법이 폐해졌다고 하고, 율법으로는 구원받을 수 없다고 하며, 율법으로는 우리가 죽은 자라고 합니다. 그런데 다른 어떤 부분에서는 율법을 하나님의 법이라고 하고, 율법은 신령한 것이라고 합니다. 그럴 때 이 두 가지의 율법이라는 말을 잘 구별하여 바르게 해석하기를 포기해버린 채 오직 믿음으로 말미암은 구원, 즉 이신칭의의 신조 하나로만 그들의 믿음 체계를 세웠습니다.

사람들은 바른 삶을 살라고 하거나 순종하라는 말을 듣기 싫어합니다. 이제는 율법으로부터 해방되었는데 왜 또 율법을 지키라고 하느냐는 것입니다. 그러나 우리는 율법에 순종하라는 말씀에서 해방된 것이 아니라 율법주의로부터 해방되었고, 우리는 율법으로부터 해방된 것이 아니라 죄로부터 해방되었고, 마귀의 권세로부터 해방되었습니다. 그런데도 모든 해방을 '율법으로부터의 해방'이라고 이름 붙여버린 것입니다. 그리하여 강대상에서는 더 이상 율법적인 설교가 선포되지 않았고, 신앙의 모습 또한 삶의 성화로 이어지지 못했습니다. 믿는다는 사실 하나로 구원을 받기 때문에 더 이상 이 세상에서 선을 행할 필요가 없었던 것입니다.

1. 히틀러의 등장

그럴 때 역사상 중요한 두 가지 사건이 발생합니다. 첫째, 히틀러(Adolf Hitler, 1889-1945)의 등장입니다. 그의 등장은 그리스도인들에게 성화가 드러나지 않을 때 기독교가 어떻게 변질되는지 역사에 나타난 결과를 보여줍니다. 당시 유럽에 있는 많은 목회자들은 이미 청교도나 종교개혁자들이 가지고 있던 교리 체계를 거의 잃어버렸기 때문에 히틀러라는 인물을 어떻게 해석할지 잘 몰랐습니다.

그런데 중세 기독교의 왕권신수설처럼 히틀러도 하나님이 보내신 자라고 하는 주장에 따라 교회들은 히틀러를 향해 어떠한 목소리도 내지 않게 됩니다. 또한 세상에 어떠한 악이 펼쳐지더라도 그것은 정치의 영역이니 교회에서는 복음만 선포하면 된다는 생각도 있었습니다. 그러는 사이에 히틀러는 계속해서 세력을 키워갔습니다. 물론 디트리히 본회퍼(Dietrich Bonhoeffer, 1906-1945)나 칼

바르트(Karl Barth, 1886-1968) 등 몇 명은 히틀러 정권에 반대하면서 순교하거나 추방되기도 했습니다.

하지만 대부분의 교회와 목회자들은 입을 닫고 히틀러를 그대로 방치했습니다. 그러다가 히틀러가 2차 세계대전을 일으키고 수많은 사람들을 죽음으로 몰아넣자 그들 사이에 비로소 자각이 일어나기 시작했습니다. 전쟁이 끝나고 나서 교회는 국가의 방안에 관심을 기울이고 현실 정치에도 적극적으로 참여하는 쪽으로 급선회하게 되지만, 유럽은 이미 모두 황폐화되어버린 때였습니다.

그러나 그때마저도 기독교인들은 성화나 다른 사람을 돕는 선행에 대해 깊이 생각하지 못했습니다. 사랑을 외치는 그리스도인들에게서 사랑을 볼 수 없었고, 은혜를 구하는 그들에게서 가난한 자들을 향한 은혜의 손길을 볼 수 없었던 것입니다.

그나마 깨어 있던 자들이 그런 교회의 모습을 보고 분노할 때 마르크스주의에 주목하게 된 것입니다.

2. 마르크스주의

마르크스주의는 소외되고 가난한 자를 돌보자는 취지에서 시작되었기 때문에 히틀러 이후 마르크스적 사상체계를 받아들인 독일과 유럽 교회의 70-80퍼센트가 마르크스적 기독교가 되었다는 것은 역사적 사실입니다. 실제로 행동하지 않는 사람보다는 교회를 다니지 않아도 성경에 나오는 대로 가난한 자, 소외된 자를 돕고, 우는 자와 함께 우는 것이 맞다고 본 것입니다.

저는 마르크스주의의 모든 것이 잘못되었다고 보지는 않습니다. 마르크스주의가 기독교와 연대했을 때 교회 안에만 머물러 있던 보수주의 교회가 실질적으로 가난한 자, 소외된 자들을 돌보는 눈을 뜨게 도와주었습니다. 어떤 교수님은 거듭난 자들을 통해 율법의 제3용도로 드러나야 할 일들을 마르크스가 주장했다고도 말합니다. 즉 일반 교회에서 선을 행하지 않고 일반 교회에서 약자를 돌보지 않았기 때문에 마르크스주의의 주장이 힘을 얻었다는 것입니다.

율법의 진정한 완성

피차 사랑의 빚 외에는 아무에게든지 아무 빚도 지지 말라 남을 사랑하는 자는 율법을 다 이루었느니라 롬 13:8

율법의 완성은 다른 사람을 사랑하는 것입니다.

간음하지 말라, 살인하지 말라, 도둑질하지 말라, 탐내지 말라 한 것과 그 외에 다른 계명이 있을지라도 네 이웃을 네 자신과 같이 사랑하라 하신 그 말씀 가운데 다 들었느니라 롬 13:9

"네 이웃을 네 자신과 같이 사랑하라", 이것이 마르크스적 기독교의 핵심 키워드입니다. 이웃을 사랑하는 것이 곧 예수 그리스도를 사랑하는 것이라고 표현합니다. 마지막 때 양과 염소를 구분할 때 예수님은 실질적으로 이웃에게 어떻게 했는지를 기준으로 나누십니다. 우리가 지극히 작은 자에게 먹을 것을 주고, 마시게 하고, 옷을 입히고, 돌본 것이 곧 주님에게 한 것이라고 말씀하십니다.

> 사랑은 이웃에게 악을 행하지 아니하나니 그러므로 사랑은 율법의 완성이니라 롬 13:10

그런데 여기에 중요한 것이 빠져 있습니다. 로마서 13장에서 "네 이웃을 네 자신과 같이 사랑하라", "사랑은 율법의 완성이니라" 이 말씀까지 올 때 로마서 1장부터 12장을 언급하지 않는 것이 문제입니다. 우리가 내 이웃을 사랑하고, 사랑은 율법의 완성이라는 말을 하기까지 수많은 은혜의 자리, 구원의 도, 거듭나는 체험을 했느냐 하는 것입니다. 로마서 13장의 사랑을 실천하라는 말씀은 로마서 1장부터 12장의 토대 위에 놓여 있다는 사실이 중요합니다. 즉 이웃 사랑을 실천하는 등의 선을 행하는 것은 복음의 기초 위에서만 가능합니다. 거듭난 자들이 이웃을 사랑하고, 거듭난 자들이 사랑을 베푸는 것이 성화요, 그것이 없다면 그것은 사랑이 아니라 악입니다.

자녀이면 또한 상속자 곧 하나님의 상속자요 그리스도와 함께한 상
속자니 우리가 그와 함께 영광을 받기 위하여 고난도 함께 받아야 할
것이니라 롬 8:17

우리가 그리스도와 함께 영광을 받기 위하여 그와 고난도 함께
받을 것입니다. 예수 그리스도와 동행하고, 예수 그리스도와 연
합하는 거듭남이 없이 곧바로 이웃을 사랑한다는 것이 얼마나 악
한지 보여드리겠습니다.

예수께서 이르시되 너희는 사람 앞에서 스스로 옳다 하는 자들이나
너희 마음을 하나님께서 아시나니 사람 중에 높임을 받는 그것은 하
나님 앞에 미움을 받는 것이니라 눅 16:15

여기서 스스로 옳다 한다는 것은 예수 그리스도와 상관없이 옳
다 하는 것, 스스로 의로운 것입니다. 너희가 하나님과 상관없고,
구원과 상관없고, 칭의와 상관없이 스스로 선을 행한다는 것입니
다. 스스로 율법의 제3용도를 행하는 것으로, 그렇게 되면 사람
에게는 칭찬을 받을 수도 있겠지만 하나님이 보시기에 헛되고 악
한 것입니다. 누가복음 16장 17절에 "그러나 율법의 한 획이 떨어
짐보다 천지가 없어짐이 쉬우리라", 결국 성화를 위해 율법을 지
키라고 말하는 것입니다.

마르크스 기독교

사실 마르크스주의의 이웃 사랑과 기독교의 이웃 사랑이 왜 다른 지 이해가 되려면 청교도의 사상을 깊이 있게 연구해야 합니다. 그런데 그 당시에 교리가 단단하게 구축되어 있지도 않은데다가 교회도 세상을 향해 선이나 도덕을 행하지 않았을 때였습니다. 이런 상태에서 2차 세계대전 이후 쓰러져 있는 수많은 사람들, 고아들을 도우려고 하는 것이 잘못이라고 할 수는 없습니다. 그러나 그 결과 교회 내에서 기생해온 변질된 마르크스 기독교가 득세하게 되었다는 것입니다. 사회에서는 이미 마르크스주의가 이데올로기로서 실패했는데도 말입니다.

마르크스 기독교가 강조하는 것은 이웃 사랑이며 섬김입니다. 심지어 그들은 세상 사람들을 주의 이름으로 순수하게 사랑하고 순수하게 긍휼히 여기고 섬기기 때문에, 그 사랑과 섬김을 수단으로 복음을 전하거나 교회에 나오라고 하지도 않으며, 묵묵히 봉사하고 열심히 섬겨주는 사랑의 실천이 곧 예수님이 보여준 복음의 실천이라고 한다는 사실입니다.

그런데 여러분, 기독교의 핵심은 모든 것을 말로 전하는 것입니다. 사실 기독교의 핵심은 절대로 행동으로 보이기가 어려운 것들입니다. 삼위일체 교리, 예수 그리스도의 인성과 신성, 황금사슬, 구원의 도와 같은 것을 우리가 어떻게 우리의 행위로 보일 수 있겠습니까? 우리도 이 모든 것을 결국 말로 이야기하는 것입니다. 우리 주님 역시 십자가 우편 강도에게 복음을 전하심으로 끝까지 말씀으로 사역하셨습니다. 이런 분이 우리 예수님이신데 마르크스 기독교는 그것을 말하지 말고 오직 선한 행위만 하기를 원합니다. 그러나 그것은 기독교가 아닙니다. 복음은 어떤 다른 삶의 모습을 통해 전해질 수 없습니다. 기독교는 입을 열어 복음을 전하고, 입으로 선포하고, 입으로 설득하고, 입으로 경고해야 합니다.

마르크스 기독교에서 가장 좋아하는 것은 빈곤한 자와 함께 하는 삶입니다. 왜냐하면 예수님이 빈곤한 자와 함께하셨기 때문이라고 합니다. 그러나 예수님은 경제적으로 빈곤한 자가 아니라 '죄인'과 함께하셨습니다. 예수님은 세리와 창기와 함께하셨습니다. 세리는 세금을 거두는 직업이기에 수중에 돈이 많았고, 창기 역시 고대로부터 지금까지 돈 많은 부자입니다. 사실 그들이 말하는 가난한 자는 왕따를 당하고, 미움을 받고, 사람들이 그와 대화하지 않으려고 하고, 그래서 마음 둘 곳이 없는 사람들입니다. 이런 사람들이 죄인이라는 것이 핵심이지, 그들이 경제적으로 가난한 사람들이라는 것은 핵심이 아닙니다. 가장 큰 문제는 그들에게 회개를 촉구하지 않는다는 것입니다. 마르크스 기독교는 가난한 자들에게 회개를 촉구하지 않습니다. 그런데 "회개하라 천국이 가까이 왔느니라" 이 말씀은 가난한 자나 부자에게 예외가 없는 말씀입니다. 그들이 얼마나 큰 죄인인지 깨닫게 하려면 섬김이 아니라 말로써 그들의 죄부터 지적해야 합니다. 저들이 회개하지 않으면 가난한 자는 가난한 상태에서 지옥에 갈 것이요,

부자는 부자인 상태에서 지옥에 가는 것밖에 차이가 없을 것입니다. 그러니 그들에게 반드시 회개해야 한다고 말해야 되는데, 마르크스주의 기독교는 그 말을 전하는 것 자체를 금지시켜버립니다. 그리고 선한 행위만으로 그들을 돕습니다.

그러니까 시작은 너무 좋았지만 끝은 기독교가 아닌 것으로 끝나버립니다. 하지만 여전히 마르크스 기독교에 물든 수많은 목사들이 이웃을 사랑하고 가난한 자를 도우라고 설교하면서 정작 구체적인 구원의 도를 설교하지는 않습니다. 그런데 이웃을 사랑하고 가난한 사람을 도우라는 메시지는 교회뿐만이 아니라 학교에서도 들을 수 있습니다. TV 강좌에서도 듣고, 사회운동 하는 사람들도 맨날 하는 이야기입니다. 교회에서 깊이 없이 단편적으로 전하는 이웃 사랑의 메시지가 세상과 아무 차이가 없기 때문에 결국 점차 교회가 텅텅 비어버릴 수밖에 없는 것입니다. 그러나 '구원의 서정'이라는 메시지는 교회가 아니면 들을 수가 없습니다.

결국 성화하지 않는 우리 때문에, 사랑을 실천하지 않고 가난한 자들을 돕지 않는 기독교의 약점이 드러난 것입니다. 오히려 마르크스주의가 우리에게 귀한 것을 깨닫게 해준 것입니다. 누가 옳다 그르다 따지지 마십시오. 나 자신을 보면 됩니다. 결국 성화가 없는 우리 때문에 시작된 일이라는 것을 깨달아야 합니다.

우리가 구원을 받았습니다. 그 구원의 핵심 목적은 우리가 예수 그리스도로 살아가는 것입니다. 구원의 핵심 목적은 우리가 성화된 삶을 살아가는 것입니다. 우리가 성화의 삶을 살아가지 않으면 주님은 그 자리에서 촛대를 옮겨버릴 것입니다. 이제 우리는 율법을 귀하게 여기고, 그 율법의 가르침대로 순종하여 삶 속에서 성화를 드러내며, 세상에 선을 실천하는 참된 그리스도인들이 되어야 합니다. 또한 입을 열어 가난한 자에게나 부자에게나 그들의 죄를 지적하며 복음을 전하는 복음 전파자의 삶을 살아야 합니다.

나의 모습을 살펴보고, 내 삶 속에서 성화가 드러나는지를 점검하여 회개하고 다시 예수 그리스도께 나아가는 그리스도인들이 되기를 간절히 바랍니다.

10

견인 1

하나님의 사랑을 확신하는가?

그러므로 형제들아
우리가 빚진 자로되
육신에게 져서 육신대로 살 것이 아니니라
너희가 육신대로 살면
반드시 죽을 것이로되
영으로써 몸의 행실을 죽이면 살리니
무릇 하나님의 영으로 인도함을 받는 사람은
곧 하나님의 아들이라
너희는 다시 무서워하는
종의 영을 받지 아니하고
양자의 영을 받았으므로
우리가 아빠 아버지라고 부르짖느니라
성령이 친히 우리의 영과 더불어
우리가 하나님의 자녀인 것을 증언하시나니
그런즉 이 일에 대하여
우리가 무슨 말 하리요
만일 하나님이 우리를 위하시면
누가 우리를 대적하리요

견인 vs 견인

견인을 한자로 풀면, '굳셀 견(堅)', '참을 인(忍)'입니다. 견인(堅忍)은 "굳게 참고 인내한다"는 뜻입니다. 그리고 '견인'이란 곧 "확신"을 의미합니다. 확신이 있는 사람만이 이 땅에서 끝까지 인내하며 주님을 붙들고 살아갈 수 있기 때문에 그렇습니다. 또한 견인은 '연속된 성화'라고도 할 수 있습니다.

그런데 지금 많은 교회에서 이 견인 교리를 잘못 해석하고 있습니다. 흔히 자동차를 매달아 끌고 가는 견인차에 쓰이는 단어와 같은 뜻으로 견인(牽引)을 생각하는 것인데 이것은 서로 무관한 단어입니다. 견인 이론을 가르칠 때마다 제가 성도들에게 잊어버려야 할 노래가 있다고 누차 말씀드립니다. "나는 구원 열차 올라타고서 하늘나라 가지요 죄악역 벗어나 달려가다가 다신 내리지 않죠 차표 필요 없어요 주님 차장 되시니 나는 염려 없어요" 어린 시절 흔히 불렀던 이 노래의 가사는 성도의 견인 교리와 맞지 않는데, 이 잘못된 견인 교리가 사실 교회를 거의 지배하고 있다고 해도 과언이 아닙니다.

왜냐하면 일단 구원 열차에 올라타기만 하면 거기서 무엇을 하든지 그냥 앉아만 있어도 천국까지 데려다준다니 이것은 율법폐기론적 견인인 것입니다. 그런데도 이 견인 이론이 너무 많이 퍼져 있기 때문에 견인이라는 단어만 생각해도 내 의지와 상관없이, 내가 아무것도 하지 않아도 하나님이 알아서 다 끌고 가신다는 것과 같은 견인차 이미지가 떠오르는 것입니다.

견인은 "참고 인내한다"라는 뜻이라고 말씀드렸습니다. 그러니까 내가 어떠한 상황에 처하든지, 내가 풍족하든지 가난하든지, 행복하든지 불행하든지, 주변 환경과 상관없이 내가 주님 앞에 인내하고 견고하게 서 있는 것, 그것이 평생토록 이어지며 우리의 삶에 지속적으로 나타나는 것이 견인입니다. 구원 열차 이론과 얼마나 다릅니까? 우리가 어떤 일을 할 때도 그 일의 목적이 분명하거나, 혹은 그 일에 합당한 결과가 있을 것이라는 확신이 있을 때 흔들리지 않고 끝까지 완수할 수 있는 것처럼, 하나님의 자녀라는 확신이 있는 사람만이 결국 끝까지 주님을 붙들고 갑니다. 그래서 견인은 확신의 교리인 것입니다.

2천 년 전 예수님이 죄인들을 위해 고통당하시고 돌아가셨습니다. 예수님은 우리를 위해 율법을 성취하시고 완성하셔서 우리에게 전가해주셨습니다. 이런 전가로 말미암아 죄인인 우리가 그리스도와 연합하고 그분께 관심을 가지는 것들이 구원의 서정 안에 들어 있는 것입니다. 그리고 그 예수 그리스도를 믿는 자는 모두 구원을 얻는다는 것을 우리는 잘 알고 있습니다. 그런데 문제는 지금 그것이 내 것이냐 하는 것입니다. 나의 믿음이 진짜 구원을 얻는 믿음이냐는 것입니다. 내가 지금 믿는 것이 가짜 믿음인가,

아니면 진짜 주님이 인정하시는 믿음인가에 따라 천국과 지옥이 나뉘질 만큼 중요한 문제인데 이것을 면밀하게 구별해보신 적이 있습니까? 오늘날의 교회는 바로 이런 부분이 완전히 없어져버리고 말았습니다.

우리에게 확신이 있어야 어떤 상황이 와도 주님 앞에서 끝까지 인내할 수 있으므로 우리가 확신을 가지는 것은 중요합니다. 그렇다면 견인을 가능하게 하는 확신은 구체적으로 어떤 것입니까? 정확히 무엇에 대한 확신을 해야 합니까? 그 확신이 주님이 인정하시는 진짜 믿음인지 가짜인지 어떻게 구별할 수 있습니까? 바로 이 부분이 우리의 구원과 멸망, 천국과 지옥 여부를 결정하는 견인 교리의 핵심이라고 할 수 있습니다.

내가 확신하는 것

내가 사람의 방언과 천사의 말을 할지라도 사랑이 없으면 소리 나는 구리와 울리는 꽹과리가 되고 내가 예언하는 능력이 있어 모든 비밀과 모든 지식을 알고 또 산을 옮길 만한 모든 믿음이 있을지라도 사랑이 없으면 내가 아무 것도 아니요 내가 내게 있는 모든 것으로 구제하고 또 내 몸을 불사르게 내줄지라도 사랑이 없으면 내게 아무 유익이 없느니라 고전 13:1-3

우리가 항상 이 말씀에 놀라는데 특별히 '사랑이 없으면' 모든 비밀, 모든 지식, 산을 옮길 만한 모든 믿음이 있더라도 그것은 아무것도 아니라고 하기 때문입니다. 더 충격적인 것은 3절에 "내게 있는 모든 것으로 구제하고 또 내 몸을 불사르게 내줄지라도"라는 부분인데, '내 몸을 불사르게 내줄지라도' 이것은 순교를 의미한다고 할 수 있습니다. 그러니까 심지어 순교하는 믿음이 있다고 해도 사랑이 없으면 아무 유익이 없다고 말씀합니다.

결국 고린도전서 13장 1-3절 말씀에 따르면 산을 옮길 만한 모든 믿음이 있을지라도, 내 몸을 불사르게 내줄 순교하는 믿음이 있을지라도 그것이 꼭 우리가 구원을 받았다고 100퍼센트 확신할 수 있는 증거가 되지는 않는다는 것입니다. 그렇다면 우리가 얼마나 수많은 거짓 확신 속에서, 잘못된 근거를 기반으로 내가 구원받았다고 착각하고 있는지, 반대로 나는 구원을 받았는데 구원받지 않았다고 두려워하고 의심하고 있는지 의문을 제기할 수 있습니다.

그런즉 이 일에 대하여 우리가 무슨 말 하리요 만일 하나님이 우리를 위하시면 누가 우리를 대적하리요 롬 8:31

"누가 우리를 대적하리요", 바울은 확신에 차 있습니다.

누가 우리를 그리스도의 사랑에서 끊으리요 환난이나 곤고나 박해나

기근이나 적신이나 위험이나 칼이랴 롬 8:35

환난이나 곤고나 박해나 기근이나 적신이나 위험이나 칼로도 우리를 그리스도의 사랑에서 끊을 수 없다는 확신이 있습니다.

내가 확신하노니 사망이나 생명이나 천사들이나 권세자들이나 현재 일이나 장래 일이나 능력이나 높음이나 깊음이나 다른 어떤 피조물이 라도 우리를 우리 주 그리스도 예수 안에 있는 하나님의 사랑에서 끊 을 수 없으리라 롬 8:38-39

이 구절을 재해석해보면 "죽음도 생명도, 현재 나의 일이나 앞 으로 나에게 닥쳐올 일이나 불투명한 미래의 일이나 내가 높아졌 거나 깊어졌거나 다른 아무 피조물도 나를 우리 주 그리스도 예 수 안에 있는 하나님의 사랑에서 끊을 수 없습니다"라는 것입니 다. 이 고백이 우리 모두의 고백이 되어야 합니다.

그런데 돈이 없고 삶이 힘들 때는 교회에 출석하고 주님께 매달 리다가 돈을 많이 벌고 상황이 나아지면 주님을 떠나는 일들을 우리가 당연하게 여기는 경우가 많습니다. 그러나 돈은 결코 우 리의 믿음을 더하거나 덜하게 할 수 없습니다. 그것은 원래 내 속 에 있는 믿음이 아니었는데, 믿음으로 착각했던 것이 드러난 것뿐 입니다. 믿음은 주변 환경 때문에 커지거나 작아지지 않습니다. 따라서 너무 환경을 탓하지 마시기 바랍니다.

우리가 돈이 없을 때나 많을 때나 부모님을 만나서 섬기고, 식사 대접을 하고, 안부를 묻고, 사랑을 전하는 것은 변함이 없지 않습니까? 돈이 많아졌다고 해서 부모님을 떠나지는 않습니다. 세상에서 당연한 것들이 왜 신앙에 있어서, 하나님께 대한 것은 다르다고 생각하십니까? 내가 바빠서, 내가 한가해서, 내가 돈을 많이 벌어서, 내가 망해서, 이것이 어떻게 하나님과 우리 사이의 관계를 끊을 수 있습니까? 바울은 자신을 우리 주 그리스도 예수 안에 있는 하나님의 사랑에서 끊을 수 없다고 정말 담대하게 이야기하고 있습니다.

비틀어진 기독교 = 로마 가톨릭

그런데 이 확신의 문제를 로마 가톨릭이 희석시켜버렸습니다. 따라서 거짓 확신 또는 구원을 의심하는 이 문제가 언제부터 발생하게 되었는지 교회사적 배경을 아주 간략히 살펴보려고 합니다.

예수님이 부활 승천하신 후 사도 요한이 요한계시록을 마무리한 것이 AD 90년이고, AD 100년 무렵에는 이미 사도들이 거의 다 소천하고 없었습니다. 아마 그 당시 교회 여기저기서 각자 가진 성경으로 열심히 사역을 했을 텐데, 어떤 곳에서는 누가복음서를 가지고 있고, 또 어떤 곳은 바울서신을 가지고 있었을 것입니다. 그 외에도 도마복음, 베드로행전과 같은 여러 종류의 성경의 위경과 외경도 세간에 통용되었을 것입니다. 위경만 해도 280가

지나 발견되었을 정도입니다. 그러니까 지금 우리의 시점에서 본다면 어떤 곳에서는 정통 성경을 보는데, 어떤 곳에서는 가짜 성경을 보기도 하는 것입니다. 여기서 위경이라는 것이 나쁜 책이라는 뜻은 아닙니다. 성경을 해석하는 데 도움을 줄 수 있는 좋은 책이지만 사도들이 쓰지 않았고 나중에 성경 정경에 포함되지 않았다는 의미로 위경이라고 부르는 것입니다.

물론 그 사이에 기독교는 로마제국으로부터 계속 박해를 받았습니다. 그럼에도 불구하고 복음은 더 활발히 전파되었습니다. 그런데 313년 밀라노 칙령과 기독교 공인 이후 기독교는 새로운 전기를 맞았습니다. 신학 논쟁과 이단 논쟁이 불거졌고 그 가운데 교회는 정경을 확립해야 할 필요성을 느꼈습니다. 성경 정경화 작업이란, 하나님이 사도들을 통해 주신 성경과 성경 너머 수많은 위경들을 골라내는 작업이었습니다.

397년 카르타고 회의에서는 신약 성경 27권을 정경으로 채택하게 되었습니다. 어거스틴(Augustine, 354-430)은 이 신약 성경 정경화 작업의 주요 인물입니다. 그리고 초대 교황 그레고리 1세(Gregorius, 540?-604)는 가톨릭계에서 가장 추앙받는 인물 중 한 사람입니다. 어거스틴에 의해 성경 정경화 작업이 완성된 지 150년 후 즈음, 펠라기우스의 행위구원론이 등장하고, 거기에 그레고리 1세의 칭의유보설이 가세함으로써 기독교의 교리는 와전의 역사를 시작하게 되었습니다.

행위구원론과 칭의유보설

영국의 수도사 펠라기우스(Pelagius, 360?-418)가 로마를 방문했을 때 거기서 그가 본 것은 그리스도인이라고 고백하는 사람들의 타락한 모습이었습니다. 그들은 술을 마시고 첩을 두며 도둑질하고 강탈하기를 일삼았습니다. 그 모습을 본 펠라기우스가 충격을 받고 로마인들에게 왜 그런 삶을 사는지 질문하자 로마인들은 오직 은혜로 구원받았으며 자신들의 선행은 구원에 아무 도움이 되지 않기 때문이라고 대답했습니다. 그때 펠라기우스는 사람들에게 은혜구원을 말하게 되면 그들은 비도덕적인 사람이 되어 타락하게 되니까 그들에게 선한 행위를 해야 구원받는다고 주장하게 됩니다. 그러면서 오직 하나님의 은혜로 구원받는다는 어거스틴과 논쟁하였고 결국 이단으로 정죄되었습니다.

그런데 우리가 오직 은혜로 구원받았기 때문에 이 땅에서 선한 성화의 삶을 굳이 살아갈 필요가 없다고 생각하고, 죄를 쉽게 짓고 언제든지 회개하면 천국에 간다고 믿는 이런 믿음이 팽배한 것이 AD 500-600년의 로마만일까요? 현재 한국 교회는 그렇지 않습니까? 선한 행위가 우리의 구원과 직접적인 관계가 있는지 없는지도 분별할 수 없는 정도 아닌가요?

바로 이런 분위기에서 그레고리 1세가 나와 자신의 구원을 확신하지 말 것을 공식적으로 주문합니다. 오직 믿음으로, 오직 은혜로 구원받았음을 확신하면 펠라기우스가 말한 대로 사람들은 마음대로 타락하게 되기 때문입니다. 그레고리 1세의 주장은 한

마디로 지금 구원의 확신을 하면 방종과 타락이 따라오기 때문에 "지금 구원의 확신을 유보하라"라는 것입니다. 가장 위대한 교황이라는 그레고리 1세의 말대로 확신을 유보한다는 것, 즉 칭의유보설이 곧 로마 가톨릭의 핵심 교리가 된 것입니다.

성도의 구원, 곧 칭의가 뒤로 미루어질 경우 사람들은 교회와 사제 앞에 굴복하게 됩니다. 아직 심판이 내려지기 전이기 때문에 두려운 마음으로 경건하고 착하게 살아가려고 합니다. 교회에서 하라는 대로, 사제가 하라는 대로 온순하게 순종하는 것입니다. 이것이 바로 칭의가 유보된 상태의 교인들의 모습입니다.

그 경우 교회에 다니는 목적도 달라집니다. 로마 가톨릭은 칭의가 유보되어 있으므로 구원받는 것이 교회에 다니는 목적입니다. 그런데 지금 개신교도 로마 가톨릭과 똑같이 대답하지 않습니까? 우리가 로마 가톨릭의 교리가 옳지 않다고 믿고 주장하지만, 안타깝게도 우리의 정신은 로마 가톨릭의 개념과 별반 다르지 않습니다. 왜냐하면 로마 가톨릭의 개념이 인간이 이해하기 쉽게 느껴지기 때문입니다.

토마스 아퀴나스의 구원의 서정?

그 후 중세 시대 로마 가톨릭의 최정점을 찍은 토마스 아퀴나스(Thomas Aquinas, 1224?-1274)가 나와서 우리가 구원을 받았는지 확신할 수 있는 방식이 두 가지가 있다고 말했습니다. 첫째, 하나님이 직접 말씀해주시는 특별계시로 구원받은 것을 알 수 있다고 했고, 둘째, 삶 가운데 나타나는 은혜의 증거를 보고 구원받은 것을 알 수 있다고 했습니다. 그중에 특별계시로 구원의 확신을 받는 사람은 사도 바울의 경우와 같이 소수이며, 대다수는 삶에서 성령의 열매를 맺거나 은혜의 반응을 보고 구원받았다는 것을 확증한다는 것입니다. 그리고 토마스 아퀴나스의 이 교리가 로마 가톨릭의 공식 교리가 됩니다. 이때 대다수가 성령의 열매가 있는지 보고 구원을 확증한다고 했는데, 열매를 강조할수록 행위구원으로 빠질 가능성은 더 크다고 할 수 있을 것입니다. 열매를 보여주기 위해 스스로 노력하고 자기의를 증명하려 들기 시작할 것이기 때문입니다. 그렇다면 어떻게 해야 그 열매가 맺어지느냐가 중요합니다. 여기서 두 가지 중요한 질문이 있는데 첫째, 그 열매 곧 선한 행위가 내가 천국에 가는 데 유효한 행위인지 아닌지를 판별하는 기준이 무엇이냐는 것입니다. 그런데 이것도 대단히 어렵습니다. 둘째, 믿음에 근거한 선인지, 아니면 나 자신의 인간적인 노력의 선인지, 선을 행하는 기준이 무엇이냐 하는 것입니다.

> 너희가 육신대로 살면 반드시 죽을 것이로되 영으로써 몸의 행실을 죽이면 살리니 무릇 하나님의 영으로 인도함을 받는 사람은 곧 하나님의 아들이라 롬 8:13-14

13절에 "영으로써 몸의 행실을 죽이면 살리니", 여기서 '몸의 행실'이 곧 죄인데 그 죄를 성령으로 죽이는지, 자기 의지로 죽이는지 구별할 수 있습니까? 14절에 "무릇 하나님의 영으로 인도함을 받는 사람은", 역시 하나님의 영으로 인도함을 받는 것인지, 내 마음속에서 떠오르는 대로 인도함을 받는 것인지 기준이 명확하지 않다는 것입니다.

결국 토마스 아퀴나스의 구원의 서정은 난관에 봉착하게 됩니다. "내가 지금 구원받은 사람입니까?", "내가 지금 행하는 선이 하나님이 인정하시는 선입니까?", "내가 지금 성령을 따라서 사는 걸까요? 내 의지로 사는 걸까요?" 이런 굵직한 질문에 대해서 로마 가톨릭의 대답은 모른다는 것입니다.

물론 중세 시대에 가톨릭교회의 신부들 역시 엄청나게 타락했습니다. 사제들뿐만 아니라 평신도를 보더라도 자신들의 선과 공로로 구원받을 수 있는 사람이 아무도 없어 보였습니다. 그래서 만들어진 것이 연옥 교리입니다. 한번 지옥에 가면 다시 나올 수 없고 천국에 간다고 하기에는 불충분해 보이는 사람이 죽어서 가는 곳, 천국에 들어가기 전에 남은 죄를 씻기 위해 불로써 연단 받는 곳, 결국 연옥은 그들의 교리상 어쩔 수 없이 만들어진 것입니다.

로마 가톨릭과 개혁교회의 확신 교리

로마 가톨릭은 구원의 서정에서 칭의가 뒤에 있습니다. 개혁교회는 구원의 서정에서 칭의가 앞부분에 있습니다. 따라서 하나님께서 우리를 왜 구원해주셨느냐고 할 때 개혁교회는 "우리를 그리스도와 같이 살게 하기 위해 구원해주셨습니다"라고 합니다. 교회에 나오는 이유는 구원받기 위해서가 아니라 "구원받은 자가 그리스도처럼 살기 위해서, 구원받은 자가 성화를 이루기 위해서"라고 말하는 것이 개혁교회입니다. 반면에 로마 가톨릭은 예컨대 "그렇게 살면 지옥 가요!"라는 식입니다. 어떤 사람이 지옥이 갈지 천국에 갈지 묻는 것 자체가 로마 가톨릭적 관점입니다. 우리가 개혁교회를 다닌다고 하지만 안타깝게도 우리 안에 로마 가톨릭의 개념이 얼마나 많은지 모릅니다.

그러나 종교개혁 이전 시대에도 가브리엘 비엘(Gabriel Biel, 1420?-1495)과 같은 아주 경건한 신학자는 다음과 같이 질문했습니다.

"개인의 믿음이 하나님을 향한 사랑으로 가득 차서 비로소 하나님께 의롭다 칭함을 받을 만큼 '의로워졌는지' 어떻게 알 수 있습니까?"

그 당시에도 로마 가톨릭이 말하는 구원론에 문제가 많았기 때문입니다. 그때 종교개혁이 일어났습니다. 따라서 종교개혁은 구원의 확신 교리를 바르게 재정립한 사건이라고 할 수 있습니다. 로마 가톨릭은 구원의 확신이 없으니 면죄부도 사고 수도사가 되는 등 인간의 행위로 엄청난 노력과 공을 기울였던 것입니다. 그것을 정확하게 반박하고 나온 것이 종교개혁이었습니다.

많은 사람들이 한국 교회가 병들었다고 하면서 한국 교회에도 제2의 종교개혁이 일어나야 한다고 말하는데, 제2의 종교개혁은 일어나지 않습니다. 왜냐하면 종교개혁은 처음부터 부정, 비리, 부패, 잘못된 관습, 우상숭배 철폐를 들고나온 것이 아니기 때문입니다. 종교개혁은 교리적 개혁입니다. 이전에는 확신의 교리가 없었기 때문입니다. 그런데 이제는 종교개혁을 하여 바꿔야 할 교리가 남아 있지 않습니다. 교회가 타락하면 교회의 갱신 또는 교회가 회개할 수 있을 것입니다. 그러나 루터와 칼빈이 이루었던 것과 같은 종교개혁은 두 번 다시 일어나지 않습니다. 종교개혁이 교리적 개혁이기 때문입니다.

로마 가톨릭은 칭의를 앞에 둘 경우 신자들의 신앙이 아주 고리타분하게 되어버릴 것을 알았습니다. 따라서 칭의를 뒤로 유보하여 사람들이 구원의 확신을 갖지 못한다면 그들이 죽을 때까지 교회가 명령하는 대로 따를 수밖에 없다는 것을 알고 교회가 횡포를 부리기 시작한 것입니다.

로마 가톨릭은 구원을 확신하지 못하는 신자들에게 부족을 채우기 위해 일곱 가지 성사를 베풀어준다고 합니다. 성세성사, 견진성사, 성체성사, 신품성사, 혼인성사, 고백성사, 병자성사를 통해 성령을 넣어준다고 해서 이것을 주입식 성령이라고 합니다. 이런 식으로 로마 가톨릭은 신자가 교회에 나오는 것 자체가 구원이라고 강조합니다. 열심히 선한 일을 하다가 부족한 것이 있다면 그 부족한 것을 신부가 채워줍니다. 신부가 떡을 주고, 신부가 성세를 주고, 신부가 안아주고, 신부가 기도해주고, 신부가 대신 하나님께 회개합니다. 이것이 사제 제도입니다.

그러나 개혁교회는 만인제사장설(만인사제설)입니다. 누구든지 개인이 그리스도께 나올 수 있고, 그리스도를 의지하여 하나님께 나아가 하나님께 기도하고, 하나님께 회개할 수 있다는 것입니다. 그것이 개혁교회의 모습입니다. 그러나 로마 가톨릭의 사제는 신자와 예수님 사이에서 부족한 부분을 채워준다고 하기 때문에 신자가 절대로 사제들에게 대항하지 못합니다. 중세 시대에는 교황이 왕보다 더 막강한 권력을 가졌습니다. 교회의 권세는 어마어마하게 커졌지만 그만큼 성도들의 삶은 핍절해 있었습니다. 자신이 진짜 구원받았는지 아닌지 확신하지 못한 채로 사제의 위협에 전전긍긍하며 평생을 두려움 속에서 살아온 것입니다.

구원의 확신을 갖지 못하는 사람

개혁교회는 웨스트민스터 신앙고백서 18장 1절에서 이렇게 말했습니다.

"신자들은 자신이 은혜의 상태에 있다는 것을 이생에서 확신할 수 있고, 하나님의 영광의 소망 가운데 기뻐할 수 있다."

로마 가톨릭은 확신을 뒤로 유보하기에 죽을 때에야 비로소 사람이 의로워졌다는 것을 판단합니다. 이에 반해 개혁교회는 자신이 은혜의 상태에 있다는 것을 처음부터 이 땅에서 확인할 수 있다는 것입니다. 이 땅에서 칭의를 확인할 수 있기 때문에 기쁨으로 살아갈 수 있다는 것이 개혁교회의 시작입니다.

웨스트민스터 신앙고백서에서 '확신한다'가 아니라 "확신할 수 있다", "기뻐할 수 있다"라고 표현한 것에 유의하십시오. 이것은 그렇지 않은 사람도 있다는 뜻입니다. 100퍼센트는 아니라는 뜻입니다. 즉 성도들이 이 땅을 살아갈 때 확신할 수도, 기뻐할 수도 없는 사람이 있기 때문에 반드시 모든 사람이 확신을 가진다는 것이 아닙니다.

예컨대 0.1퍼센트의 극소수의 사람이라고 하더라도 구원의 확신을 갖지 못하는 사람이 있다는 것은 우리에게 또 다른 숙제를 남깁니다. 다시 내가 믿음 안에 있는 사람이 맞는지 묻게 될 것이기 때문입니다. 웨스트민스터 신앙고백서도 결국 우리에게 확답을 하지 않습니다.

이것이 견인 교리의 서론이라고 할 수 있습니다. 이제 우리는 "무엇을 확신할 것인가?", "어떻게 확신할 것인가?"를 배울 것입니다. 바로 내가 지금 믿는 구원론이 단지 인지하고 있는 지식인지 진짜로 믿는 것인지 어떻게 구별할 것이며, 예수님의 성육신과 공생애 사역 그리고 부활 승천하신 그 사건이 그냥 역사적 사실인지 내 것인지를 어떻게 구분할 것입니까? 구원론이 그냥 오래전부터 들어서 익숙히 알고 있는 것인지, 내가 진짜 믿는 것인지 어떻게 분별할 것인가 하는 문제 말입니다. 이것이 견인 교리의 본론 부분이 될 것입니다.

11

견인 2

아빠 아버지를 찾고 부르짖는가?

그런즉 이 일에 대하여
우리가 무슨 말 하리요
만일 하나님이 우리를 위하시면
누가 우리를 대적하리요
자기 아들을 아끼지 아니하시고
우리 모든 사람을 위하여 내주신 이가
어찌 그 아들과 함께 모든 것을
우리에게 주시지 아니하겠느냐
누가 능히 하나님께서
택하신 자들을 고발하리요
의롭다 하신 이는 하나님이시니
누가 정죄하리요
죽으실 뿐 아니라
다시 살아나신 이는 그리스도 예수시니
그는 하나님 우편에 계신 자요
우리를 위하여 간구하시는 자시니라
누가 우리를 그리스도의 사랑에서 끊으리요
환난이나 곤고나 박해나 기근이나
적신이나 위험이나 칼이랴

확신이 최고의 신앙인 이유

어떤 분들은 구원의 서정 9단계 소명, 중생, 회심(회개, 믿음), 칭의, 양자, 성화, 견인, 영화에서 '칭의'까지 중요한 내용을 배웠고, 또 '양자'에서 하나님의 자녀인 것을 확인했으면 됐지, 이 땅에서의 확신인 '견인'이 필수적인 요소인지에 대해 질문이 생길 수 있을 것입니다. 또한 비록 이 땅에서 확신하지 않더라도 마지막 날에 천국에 가기만 하면 되는 것 아니냐고 생각할 수도 있을 것입니다.

그런데 소명부터 양자까지는 인간의 힘으로 이룰 수 없고 전적으로 하나님의 주권과 은혜로 이루어지는 부분이며 인간의 행위에 따라 이루어지지 않습니다. 그래서 이 부분은 마귀의 훼방이 있을 수 없습니다. 따라서 만세 전부터 선택된 자가 구원을 받는 것입니다. 구원은 하나님이 정하시기 때문에 제아무리 마귀라도 하나님께서 정하신 것을 끊을 수 없습니다. 마귀가 우리의 구원을 무효화시킬 수 없다는 말입니다.

그러면 마귀가 왜 우리를 훼방하고 못살게 굽니까? 우리가 이 땅에서 비참하게 살아가게 하려는 것이 목적입니다. 우리가 이 땅에서 70-80년이라는 짧지 않은 시간을 살아갑니다. 그러면 이 땅에서의 삶은 아무 의미가 없고 천국에만 가면 되는 것입니까? 그렇지 않습니다. 우리가 천국에 가본 적이 없기 때문에, 그래서 천국을 상정하지 않는다면 우리에게는 우리가 살아가는 이 땅의 삶이 전부입니다. 이 땅에서의 삶은 한 번뿐입니다. 다시 오지 않고, 연습으로 살아볼 수 없으며, 하나님께서 누구에게나 공평하게 시간을 주셨습니다. 황금보다 소중한 시간입니다.

소명부터 양자까지는 전적으로 하나님의 주권과 은혜로 이루어지는 영역이기 때문에 마귀가 손을 대지 못합니다. 그러나 견인(확신)은 인간이 신앙의 최정점에서 누릴 수 있는 영역이기에 마귀의 공격과 시험이 집중됩니다. 마귀는 우리가 성도로서 이 땅에서 거룩하고 영광된 삶을 살지 못하게 하고 마귀의 자식처럼 비참하게 살아가게 하려는 것입니다. 따라서 성도가 이 땅에서 자신이 구원받았다는 확신 속에 살아가는 것이 얼마나 중요한지 모릅니다. 실질적인 마귀의 공격을 방어하는 것이 확신의 교리입니다. 우리가 할 수 있는 최고의 신앙이 바로 확신입니다.

확신으로부터 멀어지게 하는 것들

우리는 종교개혁 자체가 구원의 확신이라는 모태에서 태어났다는 것을 확인했습니다. 반면에 로마 가톨릭은 성도의 구원을 나중으로 미루어 구원이 이루어지기까지 사람들을 교권에 종속시켰다는 것을 살펴보았습니다. 개혁교회는 칭의 된 다음 성화가 오는데 반해 로마 가톨릭은 삶에서 성화를 이루어 최종적으로 칭의가 되는 것입니다. 성화의 삶을 살아야 구원을 얻는다는 율법주의적 요소가 로마 가톨릭의 주장이라면, 일반 교회에서는 믿음으로 구원을 받았기 때문에 죄를 짓더라도 바로 회개하면 문제가 되지 않는다는 율법폐기론적인 흐름이 나타납니다. 그러니 죄를 짓지 않을 이유가 없는 것입니다.

그러나 성경을 있는 그대로 정직하게 읽고 공부해보십시오. 하나님은 죄지은 자를 책망하시고, 그 죄를 반드시 벌하시고, 몇 배로 갚으신다는 내용이 분명히 쓰어 있습니다. 만일 하나님께서 우리가 지금 지은 죄에 대하여 즉각적으로 벌을 주신다면 아마 모든 사람들이 죄에 따르는 벌을 인식하고 두려워하여 정직하게 살아갈 것입니다. 그렇지만 우리는 하나님의 시간을 모릅니다. 20년, 30년 후에 내가 지금 과거의 어떤 죄에 대한 벌을 받고 있는지도 모르는 채 고통 속에 눈물을 흘리며 살아가고 있습니다.

그런데 성경을 가감 없이 본다면 그것이 죄에 대한 대가라는 것을 알 수 있습니다. 신실하신 하나님은 그것을 그냥 스치고 지나가신 적이 없습니다. 불꽃 같은 눈으로 보시고 우리가 회개하지 않으면 결국은 우리를 징벌하십니다. 우리가 이것을 분명히 안다면 죄를 그렇게 쉽게 지을 수는 없을 것입니다. 로마 가톨릭의 구원론은 율법주의적 요소가 강하고 일반 교회들은 율법폐기론에 싸여 있다고 볼 수 있을 것입니다. 율법주의와 율법폐기론이라는 이 양극단이 우리를 확신으로부터 멀어지게 하고, 우리를 비참하게 살아가게 하는 것입니다.

로마 가톨릭은 특별계시로 우리의 구원을 확신할 수 있다고 하는데 이렇게 확신하는 자들은 매우 소수이며, 대다수의 사람들은 우리의 삶에 나타나는 구원의 흔적들을 보고 구원을 확신할 수 있다고 말합니다. 그럴 때 열매를 보아 나무를 안다는 말씀을 단편적으로 강조할 경우 오류에 빠질 수밖에 없다는 맹점이 있습니다. 나의 열매를 보고 나의 구원을 평가한다든지, 다른 사람의 열매를 보고 다른 사람의 구원을 평가한다면, 선행이 좀 있을 때는 구원받았나보다 하다가 그렇지 않은 경우 구원받은 것이 맞는지 헷갈립니다.

구원의 확신 점검 원리

구원의 기준을 사람 자신에게 두면 업 앤 다운(up and down)을 반복하게 됩니다. 이런 사람은 구원의 확신을 갖기가 매우 어렵습니다. 어떻게 구원을 자기 자신의 상태를 보고 점검할 수 있습니까? 구원은 오직 예수 그리스도를 바라보고 점검해야 하는 것입니다.

아브라함과 사라의 예를 들어보겠습니다. 하나님의 사람 셋이 아브라함과 사라를 찾아와 내년 이맘때 사라에게 아들이 있을 것이라고 말했을 때 사라는 웃었습니다. 왜 그랬습니까? 자신들은 더 이상 2세를 생산할 수 없는 죽은 몸이며 그런 자신을 바라보았기 때문입니다. 그러나 구원은 아브라함과 사라의 죽은 몸이 아니라 하나님의 말씀이고, 하나님을 통해서 하시는 일이라는 것을 성경은 분명히 보여주고 있습니다.

이처럼 그 열매를 보아 나무를 안다고 하면 자꾸 자신의 상태로 시선이 가고, 다른 사람에게 선행이 있는지 없는지로 평가하려고 한다는 것입니다. 그래서 로마 가톨릭뿐만 아니라 일반적인 한국 교회에서도 결국 열매로 나무를 아니까 너희가 열매를 맺으라고 해버리고 맙니다. 좋은 나무가 좋은 열매를 맺습니다. 맞습니다. 그것이 로마 가톨릭의 입장입니다. 그럴 때 개혁교회는 좋은 나무가 좋은 열매를 맺을 텐데, 그러면 좋은 나무가 어떻게 좋은 열매를 맺게 되는지 그 원리를 면밀히 배워야 한다는 입장입니다.

공부로 비유해보면 "영어를 잘하면 명문대에 들어가고 취업도 잘 됩니다"라고 말로만 권고하지, 정작 어떻게 하면 영어를 잘하는지는 가르쳐주지 않는다는 것이 보통 사람들의 이야기입니다. 그러나 개혁교회는 다릅니다. "그럼 이제부터 영어공부를 하자"라며 구체적으로 영어를 가르쳐주고 공부를 시켜줍니다. 신앙도 마찬가지입니다. 우리가 예수 그리스도를 믿어서 구원받는다는 것을 알고 있습니다. 그렇다면 누구나 아는 원론을 말하는 데서 그치지 않고 '예수를 믿는 것'의 개념이 무엇인지를 철저히 배우는 것이 중요하다는 것입니다.

"그 열매를 보고 나무를 아니까", "좋은 나무가 좋은 열매를 맺으니까", 이런 말들을 단편적으로 적용한다면 결국 사람을 율법주의자 바리새인으로 만듭니다. 우리가 알아야 될 것은 무슨 원리로 열매가 맺어지느냐 하는 것입니다. 거듭 강조하지만 어떤 열매냐가 아니라 어떤 과정을 통해 열매가 맺혀지느냐가 중요하다는 것이 성경의 가르침입니다.

구원의 확신 교리

> 너희는 믿음 안에 있는가 너희 자신을 시험하고 너희 자신을 확증하라 예수 그리스도께서 너희 안에 계신 줄을 너희가 스스로 알지 못하느냐 그렇지 않으면 너희는 버림받은 자니라 고후 13:5

사도 바울의 이 말씀에 원리가 다 나옵니다. 우리가 우리 자신을 확증하려면 우리 자신을 시험해보아야 하는데, 그럴 때 우리가 믿음 안에 있는지 시험하라는 것입니다. 우리의 삶에서 분명한 기준을 가지고 시험해보면 마지막 날 천국에 갈 때까지 확신을 가지고 살아갈 것입니다. 따라서 확신의 교리에서는 우리 주님이 어떻게 구원을 이루시느냐보다 "그러면 내가 그것을 믿고 있느냐?" 이것이 중요한 주제입니다.

1. 그리스도와 믿음

믿음과 확신은 서로 다른 개념입니다. 믿음의 결과가 구원이라고 한다면 확신의 결과는 구원이 아니라 '평안'입니다. 우리는 믿음으로 구원받지 확신으로 구원받는 것이 아닙니다. 확신은 믿음의 열매입니다. 우리가 믿기 때문에 확신이 되는 것입니다.

사실 확신은 강조할 필요가 없습니다. 우리가 어떤 물건을 팔려고 하는데 그냥 날 믿고 사라거나 무작정 그 물건이 좋은 물건이라는 확신을 가지라고 강조합니까? 그런 사람이 있다면 그 사람은 사기꾼일 것입니다. 확신은 그렇게 접근하는 것이 아니라 팔 물건에 대한 정보를 제대로 제공하는 것입니다. 그럴 때 물건의 가치에 대한 믿음이 생기면 그 확신으로 돈을 지불하고 물건을 사게 됩니다.

그래서 확신은 수동적입니다. 믿게 됨으로써 자연스럽게 생기는 것이 확신입니다. 믿음과 확신은 다른 개념이기는 해도 서로 밀접한 관계로 따로 떨어질 수 없는 것입니다. 그래서 "목사님, 저는 믿어지는데 확신이 안 생깁니다", "나는 주님이 나를 위해서 돌아가셨다는 것은 믿어지지만 나의 삶을 주님께 드려야겠다는 확신이 안 생깁니다" 이런 말은 모순이며 거짓이라고 할 수 있습니다. 믿으면 그 안에 확신의 씨가 있습니다. 그러므로 믿음과 확신은 다르지만 분리될 수가 없습니다.

믿음이란 예수 그리스도를 아는 것이고 그러므로 우리가 그 예수 그리스도를 깊이 알 때 믿음이 생기고, 또한 믿음이 생기면 확신이 생기는 것입니다. 그래서 성도들이 해야 할 것은 바로 그리스도를 깊이 아는 것입니다. "목사님, 저는 예수 그리스도에 대한 지식은 별로 없지만 성령이 저를 확신시켜주지 않습니까?" 이렇게 말씀하시는 분들이 있는데, 그것이 로마 가톨릭의 개념입니다. 그러나 개혁교회는 우리가 확신할 수 있는 유일한 길이 그리스도에 대한 정보라는 것을 잘 압니다. 그래서 우리가 예수 그리스도에 대한 지식을 깊이 알 때, 그것이 나를 구원해준다는 정보를 통해 믿음을 얻게 된 후 자연스럽게 확신이 따라오는 것이지, 신비주의나 로마 가톨릭처럼 명확한 지식이 없이 성령을 통해 다이렉트로 확신이 생기기를 바란다면 그는 곧 거짓의 영에 휩싸여 위태롭게 되고 말 것입니다.

2. 믿음의 삶

다음과 같은 삼단논법이 있다고 합시다.

> "첫째, 그리스도께 실제로 구원받지 못한 사람은 둘째, 세상, 육신, 마귀와의 싸움에서 그리스도께 순종하는 열매가 나타날 수 없고, 셋째, 그렇게 되면 그분이 자신의 구주라는 확신은 점점 약해질 수밖에 없다."

우리가 필히 알아야 하는 것은 순종하지 않는 자들은 자신에게 성령이 내주하신다고 생각하면 안 된다는 것입니다. 내게 성령이 내주하시지 않고, 내가 순종하지 않아서 순종의 열매도 나타나지 않고, 죄와의 싸움에서 번번이 진다면 스스로 자신이 구원받았다고 생각하면 절대 안 된다는 것입니다.

요한일서에는 우리가 어떻게 하면 믿음의 삶, 확신의 삶을 살수 있는지 잘 나와 있습니다. 요한일서의 기록 연대가 AD 90년입니다. 로마의 네로 황제의 핍박이 64년부터 시작되었고 그 후로도 기독교는 엄청난 박해를 받았습니다. 그러니까 90-100년에 핍박이 절정에 달했을 것입니다. 그래서 요한일서의 주제는 '확신과 위로'입니다. 요한일서는 어떤 자가 그리스도 안에 있다는 확신을 가지는지, 또 어떤 자가 하나님의 자녀이며, 지금 죽어도 천국에 갈 수 있다는 확신을 가지는지 네 가지로 분명히 알려줍니다.

첫째, 의를 행하는 자가 확신할 수 있습니다.

> 너희가 그가 의로우신 줄을 알면 의를 행하는 자마다 그에게서 난 줄을 알리라 요일 2:29

"그에게서 난 줄을 알리라" 이 부분이 확신을 의미합니다.

둘째, 사랑하는 자가 확신할 수 있습니다.

> 우리는 형제를 사랑함으로 사망에서 옮겨 생명으로 들어간 줄을 알거니와 사랑하지 아니하는 자는 사망에 머물러 있느니라 요일 3:14

"사랑하지 아니하는 자는 사망에 머물러 있느니라", 이것은 다른 말로, 우리가 사랑하지 않아서 사망에 그대로 머물러 있었는데, 형제를 사랑하는 자가 되어 사망에서 생명으로 옮겨간 자가 되었다는 것으로 "생명으로 들어간 줄을 알거니와" 이 부분이 확신을 말하는 것입니다.

셋째, 하나님의 계명에 순종하는 자가 확신할 수 있습니다.

> 예수께서 그리스도이심을 믿는 자마다 하나님께로부터 난 자니 또한 낳으신 이를 사랑하는 자마다 그에게서 난 자를 사랑하느니라 우리가 하나님을 사랑하고 그의 계명들을 지킬 때에 이로써 우리가 하나님의 자녀를 사랑하는 줄을 아느니라 하나님을 사랑하는 것은 이것이니 우리가 그의 계명들을 지키는 것이라 그의 계명들은 무거운 것이 아니로다 요일 5:1-3

넷째, 죄를 짓지 않는 자가 확신할 수 있습니다.

> 하나님께로부터 난 자는 다 범죄하지 아니하는 줄을 우리가 아노라 하나님께로부터 나신 자가 그를 지키시매 악한 자가 그를 만지지도 못하느니라 요일 5:18

이것이 확신하는 삶을 살 수 있는 네 가지 방도입니다.

확신은 복음의 핵심이다

그런데 우리가 오랫동안 신앙생활을 했는데도 이런 삶이 나타나지 않는 사람들이 많은 이유는 무엇입니까? 우리가 신앙생활을 하고, 입으로 고백하고, 주님께 기도도 하는데 의로운 삶, 사랑하는 삶, 하나님의 계명에 순종하는 삶이 나타나지 않고, 죄짓는 것도 억제되지 않고, 그저 "하나님, 저를 용서해주세요" 이러면서 살아가지는 않습니까? 버젓이 지옥 갈 행동을 하면서도 두려워하지 않고 있지는 않습니까? 사도 요한은 우리에게 이런 삶이 나타나지 않으면 진짜 확신 속에 들어갈 수 없다고 분명히 말합니다. 확신에 거하지 못한다는 것은 둘 중에 하나입니다. 구원받았는데 구원받았다는 것을 모르고 있거나 아니면 구원받지 않은 것입니다.

의로운 삶, 사랑하는 삶, 계명에 순종하는 삶, 죄짓지 않는 삶을 사는 것, 이것은 언뜻 보기에 로마 가톨릭의 이론과 비슷해 보일 수 있지만 사도 요한의 확신과 로마 가톨릭이 말하는 확신은 전혀 다릅니다. 로마 가톨릭은 어떻게 삶에서 확신의 증거들이 드러나는지 그 내면의 흐름에 대한 설명 없이 선행만을 강조합니다. '의로운 삶, 사랑하는 삶, 계명에 순종하는 삶, 죄짓지 않는 삶? 그래 오늘부터 그런 삶을 살아가자' 이런 다짐 말입니다. 그러나 그리스도를 깊이 알게 되면서 생기는 내면의 변화 없이 외적으로만 그런 행동을 한다면 머지않아 다시 원상 복귀되고 말 것입니다.

"하나님이 세상을 이처럼 사랑하사 독생자를 주셨으니 이는 그를 믿는 자마다 구원을 얻게 하신다고 하셨는데 당신은 이 말씀을 믿습니까?"라고 할 때 "네. 믿습니다"라고 하면 "당신은 이제

하나님의 자녀입니다. 그러니 확신을 가지십시오"라고 하는 것
은 거짓 확신을 갖게 하는 매우 위험한 행동입니다. 왜냐하면 사
람이 믿고 확신을 가지려면 믿을 대상에 대한 정보를 충분히 알고
신뢰가 생겨야 하기 때문입니다. 따라서 우리는 끊임없이 예수 그
리스도에 대한 공부를 해야만 하는 것입니다.

그렇다면 올바른 방식은 "하나님이 세상을 사랑하셔서 독생자
를 주셨습니다. 이유는 바로 당신 같은 사람을 구원하려고 하신
것이죠. 그러니 같이 교회에 갑시다" 이렇게 말하는 것입니다. 그
리고 교회에서 몇 년 동안 하나님에 대해서, 구속에 대해서, 그리
스도와의 연합에 대해서 가르칠 때 끝까지 듣고 공부한 다음 그
사람이 드디어 "맞습니다. 그 말들이 정말 맞습니다" 결국 이렇게
동의하고 고백하게 되는 것이 구원입니다.

제가 교회의 역사를 공부하면서 참으로 놀란 것이 있습니다.
확신의 교리 논쟁이 그것입니다. 예수 그리스도께서 어떻게 구원
을 이루셨느냐 하는 것은 특별히 종교개혁 시대 때부터 엄청나게
논쟁이 되었던 주제였습니다. 그런데 "내가 지금 믿는 믿음이 진
짜 믿음인지 가짜 믿음인지를 어떻게 구별할 수 있느냐" 하는 논
쟁은 기독교 역사상 단 한 번도 없었다가 종교개혁 200년 후인
18세기 스코틀랜드 교회 총회에서 처음 논쟁이 되었습니다.

이 확신의 교리 논쟁이 기독교 역사 1700년 만에 세상에 나왔
는데, 18세기 중반까지 스코틀랜드 장로교를 뜨겁게 달군 의미심
장한 주제였습니다. 그런데 안타깝게도 19세기 자유주의가 출현

하고 나서 이 주제가 교회 역사에서 사라져버렸습니다. 내가 진짜 믿는 자인지, 내가 확신 속에 있는지 그전에도 가르쳐지지 않았고, 이 잠깐의 논쟁 이후로 다시 가르쳐지지 않게 되었다는 것이 얼마나 불행한 일인지 모릅니다. 확신은 복음의 핵심입니다. 그런데 이 진리가 가려졌고 세상이 이 복음을 완전히 사장시켜버렸습니다.

3. 성령과 믿음

로마서 8장 15-16절은 스코틀랜드 총회에서 논쟁이 되었던 확신 교리의 핵심 구절입니다.

> 너희는 다시 무서워하는 종의 영을 받지 아니하고 양자의 영을 받았으므로 우리가 아빠 아버지라고 부르짖느니라 성령이 친히 우리의 영과 더불어 우리가 하나님의 자녀인 것을 증언하시나니 롬 8:15-16

바울은 갈라디아서에서 똑같이 다음과 같이 말합니다.

> 너희가 아들이므로 하나님이 그 아들의 영을 우리 마음 가운데 보내사 아빠 아버지라 부르게 하셨느니라 갈 4:6

이 두 구절을 어떻게 해석하느냐에 따라서 로마 가톨릭도 아니고 율법폐기론도 아닌, 개혁교회 청교도가 어떻게 확신 교리를 갖는지가 나타납니다. 똑같아 보이는 이 두 구절에 서로 다른 점이 있습니다.

로마서 8장 15절에 "너희는 다시 무서워하는 종의 영을 받지 아니하고 양자의 영을 받았으므로 우리가 아빠 아버지라고 부르짖느니라"라고 할 때 "아빠 아버지"라고 부르짖는 주체가 '나'입니까? '성령'입니까? 아버지라고 부르는 주체는 바로 '나'입니다. 내가 아버지라고 부르는 것입니다. 갈라디아서 4장 6절에 "너희가 아들이므로 하나님이 그 아들의 영을 우리 마음 가운데 보내사 아빠 아버지라 부르게 하셨느니라", 그런데 갈라디아서에서 "아빠 아버지"라 부르게 하는 존재는 '성령'입니다.

이 두 가지를 종합해보면 어떤 사람이 하나님을 "아빠 아버지"라고 부를 때 사실은 그 사람 스스로 아빠 아버지라고 부르는 것이 아니라 성령이 부르게 하셨다는 것입니다. 우리가 "하나님 아버지"라고 부르는 것은 우리가 스스로 부르는 것이 아니라 사실은 성령이 부르게 하셔서 우리가 입을 열어서 부른다는 것입니다. 그러면 어릴 때부터 교회에 다녔기 때문에 입버릇처럼 "하나님 아버지"라고 부르는 것인지, 성령이 "하나님 아버지"라고 부르게 하시는지 어떻게 구별할 수 있습니까?

무릇 하나님의 영으로 인도함을 받는 사람은 곧 하나님의 아들이라
롬 8:14

14절은 너무 많은 사람들이 오해하는 구절입니다. 하나님의 영으로 인도함을 받는다는 것이 어떤 뜻이라고 생각하십니까? 이것은 하나님이 우리의 진로를 결정해주신다는 것을 말하는 것이 아니라 거룩한 인도함, 반드시 죄를 짓지 않는 쪽으로 이끄신다는 '거룩한 삶'으로의 방향성을 의미하는 것입니다.

로마서 8장 16절에 "성령이 친히 우리의 영과 더불어" 여기서 '더불어'가 중요합니다. 이것은 "함께 모으다"라는 뜻입니다. "우리가 하나님의 자녀인 것을 증언하시나니", 이 증언은 성령이 우리와 함께하는 증언으로 바울은 이때 "증언한다"라는 동사로 '쉼마르튀레오'(συμμαρτυρέω)를 사용합니다. 성령이 어떤 성도를 하나님께 "아빠 아버지"라고 부르게 하시는데, 그것은 그 성도의 영과 성령이 연합하여 "아빠 아버지"라고 부르게 한다는 것입니다. 그러니까 그 성도 개인과 아무런 상관없이 하나님을 "아빠 아버지"라고 부르는 것이 아니라 성령이 그 성도가 가진 인격적인 것을 활용해서 그렇게 하신다는 말입니다. 그렇다면 내게 아무런 감정도 없으면 사용할 수 없습니다.

이것이 중요합니다. 성령의 증언은 내가 하나님의 자녀라는 나 자신의 증언과 함께 하나님을 "아빠 아버지"라고 부르짖는 것입니다. 다시 말하지만, 성령은 내 안에 하나님을 진짜 아버지로 느끼는 감정을 끄집어내어 확대시킵니다. 아버지를 사랑하는 마음, 실제로 아버지를 좋아하는 마음이 없으면 안 된다는 것입니다. 그것으로 내가 하나님의 자녀인 것을 확신할 수 있다는 것입니다.

그런데 내가 하나님을 사랑하는 떨림이 전혀 없고, 하나님이 내 아버지라는 감각이 없이 아버지를 그냥 이론적으로 알고 습관적으로 부른다면 그것은 거짓 확신입니다. 그러므로 "구원의 교리를 지식적으로 알고 동의하는 것만으로 확신의 조건은 충분하고 굳이 당장 마음이 뛰지는 않아도 된다"라는 일각의 주장은 틀린 것입니다.

예컨대 우리는 애인을 보면 가슴이 뛰고, 영화도 같이 보고, 드라이브도 같이 하고 싶은 것이 당연할 것입니다. 그런데 애인을 보는데 가슴이 뛰어도 되고 안 뛰어도 괜찮다고 말할 수 있습니까? 하나님을 이론적으로 알면 충분하고, 그것으로 더 이상 자신의 구원을 의심하지 않아도 된다고 생각하십니까? 그렇다면 그것은 거짓 확신이라는 것입니다.

갈라디아서 4장 6절은 우리가 자기 입을 열어 하나님을 아바 아버지라고 부르지만 그것은 사실 성령이 하신 일이라는 것입니다. 또 로마서 8장 15,16절은 성령이 어떻게 일하시느냐 하면 우리 마음속에 아무것도 없으면 안 된다는 것입니다. 성령은 아버지를 실제로 사랑하는 우리의 마음을 늘려서 우리가 하나님의 자녀인 것을 확증하신다는 것입니다.

아들은 아버지께 달려와 부르짖는다

15절에 "너희는 다시 무서워하는 종의 영을 받지 아니하고 양자의 영을 받았으므로 우리가 아빠 아버지라고 부르짖느니라", 여기서 많은 사람이 "아빠"라는 말을 친밀감을 나타내는 표현 정도로 오해하는데, 중요한 것은 오히려 "부르짖는다"라는 표현입니다. '부르짖는다'는 헬라어로 '크라조'($\kappa\rho\acute{\alpha}\zeta\omega$)입니다. "큰 소리로 부르다", "외치다"라는 뜻입니다. 크라조에서 나온 '크레센도'라는 음악 용어가 "점점 세게"라는 뜻이기도 합니다.

놀이공원에 간 아이가 아빠 엄마를 잃어버렸다면 어떻게 할까요? 그 아이는 당장에 "아빠!! 엄마!!"라고 큰 소리로 부를 것입니다. 긴박한 상황에서 더 크게 외칠 것입니다. 과연 고아라면 아빠, 엄마라고 소리치며 부르겠습니까? 그러나 하나님을 아버지로 아는 사람은 위험에 처할 때 아버지를 큰 소리로 부르게 됩니다. "아버지!!"라고 외치고 기도합니다. 그런 사람이 하나님의 자녀입니다.

그런데 많은 사람들이 고아와 같습니다. 고통을 당해도 위험이 닥쳐도 아버지를 찾아 부르짖어 기도하지 않습니다. 왜냐하면 그 고아 아이처럼 그들에게 아버지가 없고, 기도할 대상, 기도를 들어줄 대상이 없다고 생각하기 때문입니다. 그러나 참된 성도는 위기가 오면 주님 앞에 나와 부르짖습니다.

어떤 분이 교회에서 큰소리로 주님을 부르짖으며 기도하고 있었습니다. 그러자 다른 분이 개혁교회에서는 그렇게 부르짖으면 안 된다고 권면을 했습니다. 그런데 개혁교회에서 부르짖지 말라고 가르치는 것은 하나님의 은혜를 이끌어내려고 하는 행위구원적인 요소로 기도를 시작할 때 인위적으로 큰소리로 "주여!!"라고 하지 말라는 것입니다. 그러나 기도하다가 북받치면 부르짖는 것은 당연한 일입니다. 우리 가정을 살려달라고, 내 자녀를 살려달라고, 이 나라를 살려달라고 부르짖어야 합니다.

> 여호와여 내가 주를 불렀사오니 속히 내게 오시옵소서 내가 주께 부르짖을 때에 내 음성에 귀를 기울이소서 시 141:1

> 앞서 가는 자들이 그를 꾸짖어 잠잠하라 하되 그가 더욱 크게 소리 질러 다윗의 자손이여 나를 불쌍히 여기소서 하는지라 눅 18:39

상황이 급박해서, 내 삶이 어려울 때 "하나님, 내가 힘듭니다. 나 좀 구해주십시오"라고 하나님께 나와 가슴을 찢으며 부르짖는 사람이 하나님의 사람입니다. 그런데 "힘들어서 소주 한 잔 했습니다", "한 달 동안 여행 좀 다녀올게요" 이런다면 그는 영적 고아일 확률이 매우 높습니다. 누구를 불러야 할지, 누가 들어줄지 모르니까 자기 스스로 풀려고 하기 때문입니다.

이제 확신이 되십니까? 성령과 더불어 아버지께 부르짖는 사람이 의를 행하고, 사랑하고, 하나님의 계명에 순종하고, 죄를 짓지 않게 되는 것입니다. 주님께 나올 때마다 내가 아버지를 만나러 간다는 마음이 있어야 합니다. 선한 행위는 그다음입니다. 우리가 개혁주의적 관점의 견인(확신) 교리를 배워야 로마 가톨릭의 율

법주의로부터, 또 율법폐기론으로부터 벗어나 확신 가운데 살아
갈 수 있습니다. 하나님이 지키고 보호하신다는 확신이 견고하면
순교도, 핍박도, 고난도, 세상 사람들로부터의 따돌림도 두렵지
않을 것입니다.

12
견인 3

은혜의 수단으로 날마다 새로워지는가?

그런즉 이 일에 대하여
우리가 무슨 말 하리요
만일 하나님이 우리를 위하시면
누가 우리를 대적하리요
자기 아들을 아끼지 아니하시고
우리 모든 사람을 위하여 내주신 이가
어찌 그 아들과 함께 모든 것을
우리에게 주시지 아니하겠느냐
누가 능히 하나님께서
택하신 자들을 고발하리요
의롭다 하신 이는 하나님이시니
누가 정죄하리요
죽으실 뿐 아니라
다시 살아나신 이는 그리스도 예수시니
그는 하나님 우편에 계신 자요
우리를 위하여 간구하시는 자시니라
누가 우리를 그리스도의 사랑에서 끊으리요
환난이나 곤고나 박해나 기근이나
적신이나 위험이나 칼이랴

참된 견인 교리의 중요성

견인은 다른 말로 확신이라고 했습니다. 그리고 그 확신은 이론적인 확신뿐 아니라 실제적이고 감각적인 확신을 포함하며, 이 감각(하나님을 향한 내면의 떨림)이 있느냐의 여부가 구원을 결정 짓는 중요한 근거가 됩니다. 실제로 확신에 거하는 자는 어려움을 당할 때 아버지를 외치는 양자의 영을 가진 사람입니다. 마치 부모가 있는 자녀라면 놀이공원에서 길을 잃었을 때 그 즉시 "아버지!"라고 외치는 것처럼 하나님의 자녀는 고난이 왔을 때 즉시 아버지를 부르게 되어 있습니다.

그러나 평생을 집도 절도 없는 영적 고아로 산 자는 아무리 큰 어려움을 당해도 절대 기도가 터져 나오지 않습니다. 그들은 그저 고난이 올 때마다 '이 또한 지나가리라'라고 스스로 위로하며 마인드 컨트롤을 할 뿐입니다. 혹시 고난에 대해서 아직까지 이런 습관적인 반응을 보인다면, 우리의 전인격이 여전히 구원의 길에 들어서지 못한 게 아닌지 반드시 점검해보아야 합니다.

안타깝게도 한국 교회는 견인의 교리에서 큰 오류를 범하고 있습니다. 우리가 예수님을 믿겠다고 고백하는 순간 영원한 구원을 약속받고, 입으로 시인하기만 하면 구원을 받을 수 있다는 것입

니다. 한 번 구원은 영원한 구원이라는 값싼 믿음, 값싼 구원, 값
싼 은혜가 이미 많은 교회에 범람해버렸습니다. 그렇기 때문에 '견
인'을 주제로 설교하는 교회를 찾기도 어렵습니다. 말씀이 선포되
지 않기 때문에 사람들이 값싼 믿음에서 헤어나오지 못하는 것입
니다.

　그런데 우리가 견인이란 단어의 한자만 정확히 알아도 그런 일
들이 얼마나 어리석은지 알 것입니다. 견인(堅忍)이란 "굳게 견디
다"라는 뜻입니다. 영어로는 'Perseverance'로 "인내", "버팀",
"불굴의 의지"를 뜻하고, 칼빈주의에서는 "궁극의 구원"을 의미하
기도 합니다. 어쩌면 견인이라는 용어를 '인내'라고 바꾸는 것이
나을 수도 있겠습니다. 제가 어릴 때 부흥사 목사님이 견인을 설
명하면서 이런 예화를 들었던 기억이 납니다. 하루는 친구 집에
놀러 가서 문득 잠이 들었는데 잠에서 깨어 눈을 떠보니까 내 방
침대였다는 것입니다. 그러니까 "내가 잠든 사이에 아빠가 나를
침실로 인도했다. 이처럼 주님은 우리가 알지 못하는 상태에서 우
리를 천국으로 인도한다"라는 식입니다. 그러나 이런 예화야말로
값싼 믿음을 가리키는 대표적인 사례라고 할 수 있습니다. 견인
은 그런 것이 아닙니다.

　참된 견인은 구원받은 사람이 어떤 고난과 환난이 와도 주님
앞에서 끝까지 견디고, 참고 인내하고, 주님이 다시 오실 때까지
그 길을 가는 것을 의미합니다. 이것이 진짜 인내이고 견인입니
다. 이 아이디어 하나만 제대로 이해해도 한국 교회는 변화될 것

입니다. 청교도가 생각하는 복음의 핵심은 '황금사슬'이고 '구원의 서정'입니다. 그런데 한국 교회에서 이것을 설교하지 않는다면 누가 천국으로 인도하는 길을 알 수 있을까요? 이것이 바로 우리가 견인 교리를 배워야 할 이유입니다.

한편 이와 정반대로 값싼 믿음을 지나치게 거부한 나머지 천국 가는 길을 매우 어려운 것으로 설명하는 무리도 있습니다. 그들 중에 신자들이 천국에 들어갈지 알 수 없다고 가르치는 경우가 있는데, 이것은 하나님의 주권을 폄훼하는 것입니다. 이처럼 양극단으로 치우칠 경우 오직 믿음으로 구원을 얻는다고 하나님의 주권만 강조하면 값싼 믿음이 되고, 구원에 이르기 위한 인간의 노력만 강조하면 행위구원이 됩니다.

차라리 하나님의 주권에 맡기거나 인간의 노력과 행위로 된다고 하면 구원의 문제는 매우 간단하고 쉬운 것이 될 수 있습니다. 그런데 개혁주의 교리의 관점에서 구원은 이 두 가지 차원, 즉 '하나님의 주권'과 '인간의 노력 차원'에서 함께 이해해야 하기 때문에 결코 쉽지 않은 문제입니다.

청교도 토마스 왓슨(Thomas Watson, 1620-1686)은 이렇게 말했습니다.

"그리스도인의 핵심 위로는 이 견인 교리에 달려 있다. 구원론에서 견인의 교리를 제거해보라. 그러면 여러분의 믿음은 왜곡될 것이고, '구원의 서정에서 즐거이 감내해야 온갖 수고'의 힘줄을 자르는 셈이 될 것이다."

즉 우리가 견인 교리를 상실하게 되면 참 기쁨을 잃어버리고 더 나아가 우리의 모든 신앙생활이 수고의 연속이 될 것이라는 말입니다.

견인의 세 가지 근거

신자가 비록 현세에서 눈물 골짜기를 지나는 것 같은 연속된 고난을 살아가더라도 '참된 견인'의 의미와 그 근거를 올바로 깨닫는다면, 이 세상이 결코 줄 수 없는 하늘의 위로와 평화를 맛보게 될 것입니다. 성경이 말하는 참된 견인의 근거는 다음과 같습니다.

참된 견인의 근거 1 성부 하나님의 사랑에 의한 선택

그러나 하나님의 견고한 터는 섰으니 인침이 있어 일렀으되 주께서 자기 백성을 아신다 하며 또 주의 이름을 부르는 자마다 불의에서 떠날지어다 하였느니라 딤후 2:19

견인의 첫 번째 근거는 '성부 하나님의 선택'입니다. 이것은 다른 말로 하면 '인(印)치심'이라고 할 수 있습니다. 즉 하나님이 만세 전에 그의 백성들을 인치셨다는 것입니다. 하나님의 속성 중 가장 중요한 것이 불변성과 신실하심이기 때문에 하나님이 한 번 인치시면 그 견인은 절대 상실되거나 없어지지 않습니다. 지워지지 않는 도장을 찍듯이 하나님이 의롭다고 하셨기 때문에 아무도 송사하거나 변개할 수 없다는 것입니다.

> 그런즉 이 일에 대하여 우리가 무슨 말 하리요 만일 하나님이 우리를 위하시면 누가 우리를 대적하리요 자기 아들을 아끼지 아니하시고 우리 모든 사람을 위하여 내주신 이가 어찌 그 아들과 함께 모든 것을 우리에게 주시지 아니하겠느냐 누가 능히 하나님께서 택하신 자들을 고발하리요 의롭다 하신 이는 하나님이시니 롬 8:31–33

구원받을 자들을 택하시고 의롭다고 하시는 분이 하나님이신데, 누가 감히 그 택함 받은 자들을 고발하고 하나님이 그들에게 치신 인(印)을 지워버릴 수 있겠습니까? 존 오웬(John Owen, 1616-1683)도 견인과 관련해 다음과 같이 말했습니다.

> "중보자로서 주 예수는 신자들의 견인을 위해 중보하고, 그들의 견인은 성부의 사랑 안에서 끝까지 유지되며, 그러기에 그들은 의심할 것이 없이 당연히 보존을 받을 것이다."

참된 견인의 근거 2 예수 그리스도의 공로와 중보 사역

견인의 두 번째 근거는 우리 예수님이 지금 이 순간 하나님 우편에서 우리를 중보하고 계신다는 것입니다.

> 누가 정죄하리요 죽으실 뿐 아니라 다시 살아나신 이는 그리스도 예수시니 그는 하나님 우편에 계신 자요 우리를 위하여 간구하시는 자시니라 롬 8:34

뿐만 아니라 우리를 위해 간구하시는 예수님의 중보를 막을 수 있는 것은 아무것도 없습니다.

> 그러므로 자기를 힘입어 하나님께 나아가는 자들을 온전히 구원하실 수 있으니 이는 그가 항상 살아 계셔서 그들을 위하여 간구하심이라 히 7:25

성부 하나님의 인침, 하나님의 선택, 예수 그리스도의 공로와 중보를 누구도 막을 수 없으며 그것이 견인의 충분한 근거가 된다고 성경은 말씀하고 있습니다.

참된 견인의 근거 3 말씀의 씨앗으로 내주하시는 성령

견인의 세 번째 근거는 '말씀의 씨앗'으로 내주하시는 성령입니다.

그 안에서 너희도 진리의 말씀 곧 너희의 구원의 복음을 듣고 그 안에서 또한 믿어 약속의 성령으로 인치심을 받았으니 이는 우리 기업의 보증이 되사 그 얻으신 것을 속량하시고 그의 영광을 찬송하게 하려 하심이라 엡 1:13-14

이 에베소서 말씀에는 중요한 구원의 도가 담겨 있습니다. 사도 바울은 이 말씀을 통해 "하나님께서 만세 전에 우리를 인치셨다"라고 전합니다. 하나님이 우리를 인치신 것은 만세 전에 하신 일입니다. 그런데 어떻게 지금 내가 그것을 알 수 있을까요? 그리고 또 누가 인침을 받고 누가 인침을 받지 않았는지 어떻게 알 수 있습니까?

결론부터 말하면 (말씀을 통해 내주하시는) 성령이 내 안에 있는지 확인하면 됩니다. 즉 우리가 구원의 도를 들을 때 그것이 믿어진다면 그런 사람은 만세 전에 인침을 받은 자입니다. 13절에 "그 안에서 너희도 진리의 말씀을 듣고 또한 믿어", 바울은 진리의 말씀, 곧 구원의 복음을 듣고 믿어지는 사람은 인침을 받은 것이라고 분명히 전하고 있습니다. 우리가 창세기부터 요한계시록까지 성경 전체에 담긴 모든 교리를 다 듣고 깨달았을 때 비로소 구원의 역사가 일어난다면 구원이 얼마나 어렵고 힘든 일이 되겠습니까? 다행히도 바울은 이 구원의 복음, 즉 '견인의 교리'를 듣고 이 말씀들이 참된 진리라고 깨달은 사람은 만세 전에 인침을 받은 사람이라고 가르치고 있습니다.

내가 인침을 받은 자의 수를 들으니 이스라엘 자손의 각 지파 중에서
인침을 받은 자들이 십사만 사천이니 계 7:4

사도 요한 역시 우리 주님께서 만세 전에 그분께서 택하신 자들
을 '인'치셨다고 분명히 전하고 있습니다. 여기서 핵심은 만세 전
에 선택받은 사람은 지금 구원의 도를 들을 때, 실제로 가슴이 뛰
면서 그것이 믿어진다는 것입니다. 그런 자들은 구원을 확신하게
되며 확신하는 그 자들이 인(印) 맞은 사람입니다. 사도 요한은
우리 주님이 마지막 날에 그 인침을 받은 사람들을 건지실 것이라
고 전하고 있습니다. 이것이 바로 복음입니다.

견인의 근거는 결코 나의 '도덕성'이 되어서는 안 되며, 견인은
성부, 성자, 성령 하나님의 일을 보고 판단해야 하며, 또한 견인
은 내가 하나님의 말씀을 듣고 그 말씀에 어떻게 반응하느냐를
보고 판단해야 합니다. 그러니까 우리가 하나님의 말씀에 어떻게
반응하는지 살펴보고, 우리가 구원의 서정에 들어갔는지를 충분
히 점검하고, 거짓된 구원의 확신에서 헤어나올 수 있는 것입니다.

참된 선행도 하나님의 말씀을 듣고 성령의 강력한 이끄심이 있
을 때 가능합니다. 말씀을 지속해서 듣는 가운데 말씀으로 내주
하시는 성령의 강력한 이끄심 없이, 그냥 인위적으로 하는 선행은
곧바로 율법주의에 빠지게 되어 있습니다. 그래서 유대인은 말씀
을 그렇게 많이 알아도 율법주의에서 헤어나올 수 없었고, 바울이
전한 이 구원의 도를 거절했던 것입니다.

참된 견인의 근거 4 이 3가지 사항을 토대로 한 은혜언약

성경이 말하는 참된 견인의 근거 네 번째는 '은혜언약'입니다. 사실 앞서 말한 세 가지 견인의 근거가 '은혜언약'의 핵심이기도 합니다. 거듭 강조하지만, 견인의 근거는 내 안에 있는 것이 아닙니다. 견인의 근거는 우리의 순종 여부가 아니라 삼위일체 하나님의 역사가 되어야 합니다. 하나님의 말씀이 수시로 우리 마음에 들어와 우리의 양심을 건드리고 심장을 뛰게 합니까?

> 하나님께로부터 난 자마다 죄를 짓지 아니하나니 이는 하나님의 씨가 그의 속에 거함이요 그도 범죄하지 못하는 것은 하나님께로부터 났음이라 요일 3:9

이 말씀은 그리스도인들이 어떤 죄도 짓지 않는다는 뜻이 아닙니다. 여기서 "죄를 짓지 아니한다"라는 말씀의 정확한 의미는, "하나님의 말씀을 듣고 그 말씀이 믿음을 유발하게 된 자들은 이 세상의 가치관과 사상에 분명히 동의하지 않고, 분별하여 이길 수 있다"라는 것입니다.

> 무릇 하나님께로부터 난 자마다 세상을 이기느니라 세상을 이기는 승리는 이것이니 우리의 믿음이니라 요일 5:4

사도 요한은 요한일서의 말씀을 통해서 하나님께로부터 난 자마다 세상을 이기고, 세상을 이기는 것이 우리의 믿음이라고 가르칩니다. 우리가 하나님의 말씀, 즉 구원의 도를 듣고 믿음이 생기면 세상의 가치관에 굴복하지 않는 자가 된다는 말씀입니다. 하나님의 말씀을 듣고 그 마음에 믿음의 씨앗이 심어진 자는 죄를 아예 안 지을 수는 없지만 점차 죄를 짓지 않으려는 성향을 가진 자가 됩니다.

그렇다면 우리는 수시로 우리 마음속에서 하나님의 원리에 맞지 않는 것을 점검하고 거절하고 계십니까? 잘못된 가치관의 지배를 받지 않고 이겨낼 수 있습니까? 수시로 죄를 찾아내고 발견하고 도려내고 계십니까? 만약 이러한 성향이 분명히 드러난다면 우리 안에 성령이 내주하시고, 우리가 견인의 서정에 들어선 것을 확신해도 됩니다. 그러나 만약 그렇지 않다면 우리에게 있는 구원의 확신이 과연 참된 것인지를 반드시 점검해보아야 합니다.

확신(견인)의 방해 요소

1. 타고난 (우울증적) 기질

신자가 거짓된 확신을 가지고 사는 것만큼이나 위험한 것이 구원의 확신을 방해하는 요소들입니다. 대표적인 것이 우리의 타고난 (우울증적) 기질입니다. 어떤 사람은 자신에게서 구원의 근거들이 나타나고, 하나님의 인치심에 동의가 되고, 말씀을 들을 때 마음이 두근거리는 것을 경험하고, 말씀에 적합하게 반응하며, 참된 회개를 하고 있는데도 계속 견인을 의심하다가 끝까지 구원을 확신하지 못하고 천국에 가기도 합니다. 이런 사람은 남들보다 우울증적 기질이 좀 더 많은 사람입니다. 그런 사람에게 성경은 다음과 같이 말씀합니다.

> 그러나 이 모든 일에 우리를 사랑하시는 이로 말미암아 우리가 넉넉히 이기느니라 내가 확신하노니 사망이나 생명이나 천사들이나 권세자들이나 현재 일이나 장래 일이나 능력이나 높음이나 깊음이나 다른 어떤 피조물이라도 우리를 우리 주 그리스도 예수 안에 있는 하나님의 사랑에서 끊을 수 없으리라 롬 8:37-39

하나님의 반석은 영구히 변치 않으시며, 구원은 우리의 감각에 따라 좌지우지되는 것이 아닙니다. 또한 하나님은 우리의 구원의 서정에 있어, 중생뿐만 아니라 견인의 과정도 넉넉히 통과할 힘을 주시는 분입니다. 창세 전에 택함을 받고 하나님을 아빠 아버지라고 부르게 된 자들은 이제 더 이상 고아가 아니기 때문입니다. 구원의 서정은 결코 우리의 기질이나 감각 때문에 열리거나 닫히지 않습니다.

> 그런즉 이 일에 대하여 우리가 무슨 말 하리요 만일 하나님이 우리를 위하시면 누가 우리를 대적하리요 … 누가 우리를 그리스도의 사랑에

서 끊으리요 환난이나 곤고나 박해나 기근이나 적신이나 위험이나 칼
이랴 롬 8:31-35

여기서 눈에 띄는 점은 로마서 8장 31절부터 35절까지 '누가'라
는 단어가 여러 번 나온다는 것입니다. 이것은 우리를 낙담케 하
는 모든 환경, 세상의 환난 핍박, 경제적 난국, 심지어 우울증적
기질까지 사실 악한 마귀가 배후에서 지배하고 있다는 것을 의미
합니다. 자신이 구원의 서정에 참여하고 있다는 증거와 확신의 열
매가 드러나는데도, 그 구원을 또다시 의심하고 걱정하며 환난
가운데 처하게 되었다면, 이때 우리는 먼저 이 말씀을 되새기며
"악한 마귀야, 물러나거라" 하고 외쳐야 합니다. 왜냐하면 성경에
서 '누가'라고 표현했듯이, 우리를 공격하는 대상은 환경이 아니
라 인격체인 마귀이기 때문입니다.

2. 양심에 대한 오해

둘째, 우리의 확신을 가로막는 것은 인간의 타락한 양심에 대한
그릇된 신뢰입니다. 인간의 양심은 절대적인 것이 아니라 정보와
관습에 따라 바뀔 수 있는 것입니다. 따라서 신자는 자신의 양심
이 아니라 말씀에 따라 살아야 합니다. 혹자는 양심가라는 말을
칭찬으로 사용하기도 하는데, 참된 그리스도인은 인간의 양심을
가치 중립적으로 바라보지 않습니다. 왜냐하면 인간의 양심은 아
담의 원죄로 인해 날 때부터 타락했을 뿐만 아니라 상황에 따라

오염될 수 있기 때문입니다. 그래서 우리는 타락한 인간의 양심을 신뢰할 수 없는 것입니다.

그렇다면 성경에서는 인간의 양심을 구체적으로 어떻게 언급하고 있을까요?

> 내가 주 예수 안에서 알고 확신하노니 무엇이든지 스스로 속된 것이 없으되 다만 속되게 여기는 그 사람에게는 속되니라 롬 14:14

사도 바울은 로마서에서 무엇이든지 속된 것이 없고 다만 속되게 여기는 그 사람에게는 속되다고 했습니다. 그렇다면 과연 여기서 "속된 것이 없다"라고 말하는 사람과 "속되다"라고 하는 사람 중에 누가 양심가입니까? 여기서 속된 것이 없다고 하는 사람은 양심이 덜 발달한 사람이고, 속되다고 말하는 사람은 양심이 예민한 사람, 즉 '양심가'를 의미합니다. 즉 바울이 말하는 '속되게 여기는 그 사람'은 양심이 남들보다 예민해서 어떤 일을 대할 때, 혹 그것이 죄가 되지 않을까 하여 매사 조심스럽게 행동하고 움츠러드는 사람을 말합니다. 반대로 '속된 것이 없다'고 하는 사람은 스스로 강인하고 건전한 양심을 가졌다고 생각하고 대부분의 일에 거리낄 것 없이 행동하는 사람입니다. 속되다고 하는 사람, 즉 예민한 양심을 가진 사람이 '양심가'입니다.

예를 들면 "어떻게 교회에 올 때 미니스커트를 입어요?", "누가 교회에 나오면서 슬리퍼를 신어요?"라고 말하는 사람들이 양심가입니다. 바울은 이런 양심가를 '약자'라고 말합니다.

> 음식으로 말미암아 하나님의 사업을 무너지게 하지 말라 만물이 다
> 깨끗하되 거리낌으로 먹는 사람에게는 악한 것이라 롬 14:20

그런데 이때 바울은 음식 때문에 연약한 자가 걸려 넘어지는 일을 만들지 말라고 합니다.

> 의심하고 먹는 자는 정죄되었나니 이는 믿음을 따라 하지 아니하였기
> 때문이라 믿음을 따라 하지 아니하는 것은 다 죄니라 롬 14:23

"의심하고 먹는 자는 정죄되었나니", 즉 의심하고 먹는 것이 죄라는 뜻입니다. 바울에 의하면 '속되다'고 하는 양심가와 '속된 것이 없다'라고 하는 자 중에 더 예민한 양심을 가진 사람이 죄인이 되는 것입니다. 참으로 놀라운 사실이 아닐 수 없습니다. 그러므로 교회는 그들을 보호하고, 상처 주지 말고, 나중에라도 복음을 접할 수 있는 기회를 빼앗지 말라고 합니다.

"이는 믿음을 따라 하지 아니하였기 때문이라 믿음을 따라 하지 아니하는 것은 다 죄니라", 마지막으로 바울은 자기 양심에 따라 행동하는 것은 믿음으로 하지 않은 것이기 때문에 죄라고 말합니다. 즉 양심적으로 판단하는 사람은 죄인이라는 것입니다. 양심으로 행동하는 것은 믿음으로 행동하지 않는 것을 의미하고

믿음으로 행동하지 않는 모든 일은 죄이기 때문입니다.

　설교자가 양심적인 설교를 하기 시작하면, "어떻게 장로가, 어떻게 교사가, 어떻게 집사가 그럴 수 있어?"라고 하며 곧장 율법주의로 빠져들기 쉽습니다. 그런데 율법주의에 빠진 사람들은 사람들이 보는 데서 죄를 감추고 사람들에게 보이지 않는 곳에서 편하게 죄를 짓는 자들입니다. 양심가들이 믿음으로 행동하지 않고 양심으로 행동하는 것이 죄가 되는 이유가 바로 이것입니다. 그래서 우리 주님은 인간이 양심을 따라 살면 구원의 확신을 얻지 못한다고 하셨습니다.

기독교의 양심은 복음과 연결되어 있다

성경은 양심이 강한 자와 양심이 약한 자는 서로 함부로 판단하고 비난해서는 안 된다고 말씀합니다. 그러면 우리는 과연 어떤 양심을 가지고 살아야 할까요? 어떻게 하면 양심에 화인 맞지 않으면서도 양심에 예민하지 않게 살 수 있는 것일까요?

　우리 개신교는 양심의 문제를 절대 작게 보아서는 안 됩니다. 루터의 종교개혁도 그의 양심에서 발발했으며, 개신교는 양심의 문제에서 시작되었다고 해도 과언이 아니기 때문입니다. 마르틴 루터가 종교개혁을 일으키고 구원에 관한 책을 썼을 때 그것은 당시 로마 가톨릭에 큰 파장을 불러일으켰습니다. 이에 교황은 보름스회의[5]에서 루터를 불러내어 파면을 당할 것인지, 책 쓰는 것을 멈추든지 둘 중 하나를 선택하라고 했습니다. 그 당시 파면은 단순히 해직 수준이 아니라 목숨을 잃는 것이나 다름없는 것이었지만 루터는 그에 대항하며 이렇게 말했습니다.

> "내 양심은 하나님의 말씀으로 사로잡혀 있습니다. 나는 어떤 것도 바꿀 수 없고 바꾸지 않을 것입니다. 왜냐하면 양심을 거스르는 일은 옳은 일도 아니고 안전한 일도 아니기 때문입니다."

여기서 루터는 양심을 거스르는 일이 "옳은 일도 아니고 안전한 일도 아니다"라고 말합니다. 특히 그가 양심을 거스르는 일이 "안전한 일도 아니다"라고 말한 이유는 바로 이 양심은 복음과도 연결되어 있기 때문입니다. 양심을 부인하는 것은 곧 복음을 부인하는 것이고, 양심을 부인하는 것은 성령을 억제하는 것입니다. 그래서 루터는 양심을 억제하는 것은 옳지 않고, 안전한 일도 아니라고 했던 것입니다. 바로 이러한 루터의 정신이 개신교의 시작이 되었습니다.

칼빈은 "양심은 우리가 하나님의 법정 앞에 설 때 하나님과 우리 사이에 있는 것이며, 최고의 심판자이신 하나님의 법정에서 사람들이 자신의 죄를 숨길 때, 그것을 고발하는 것이 바로 양심이

---

5 독일 보름스에서 열린 신성로마제국의 국회. 루터의 종교개혁운동을 탄압할 목적으로 1521년 1월 27일 개최되었다.

다"라고 말했습니다. 이처럼 양심은 매우 중요한 것입니다.

그렇다면 기독교에서 말하는 양심은 무엇일까요? 양심은 라틴어로 풀이하면 '지식과 함께'라는 뜻입니다. 즉 양심은 '지식'입니다. 양심은 우리의 지정의를 포함한 모든 인격체에 다 들어가 있는데 바로 지식의 형태로 들어가 있습니다.

> 우리가 세상에서 특별히 너희에 대하여 하나님의 거룩함과 진실함으로 행하되 육체의 지혜로 하지 아니하고 하나님의 은혜로 행함은 우리 양심이 증언하는 바니 이것이 우리의 자랑이라 오직 너희가 읽고 아는 것 외에 우리가 다른 것을 쓰지 아니하노니 너희가 완전히 알기를 내가 바라는 것은 고후 1:12-13

13절 말씀에서도 양심에 대하여는 "읽고 아는 것" 외에 다른 것을 가르치지 않았다고 말씀합니다. 이 역시 우리의 양심을 바로 잡기 위해서는 말씀을 공부해야 한다는 것을 말해줍니다. 우리는 우리 자신이 어떤 지식을 가지고 있느냐에 따라 판단하는 기준이 다르게 되어 있습니다. 그런데 하나님께서 말씀을 통해 우리의 양심을 노크하실 때마다 우리가 그것을 억제한다면 그 양심은 이내 화인 맞게 될 것입니다. 그리고 이것은 성령께서도 근심하시는 일입니다.

성령이 우리 안에 무엇으로 들어와 있습니까? 바로 진리의 씨앗으로 들어와 있습니다. 그 말씀의 씨앗이 우리 안에 많아지면 많아질수록 하나님이 우리에게 요구하시는 것도 많아지는 법인데, 그것을 억압하면 억압할수록 양심이 화인을 맞게 됩니다. 그것은 말씀을 많이 알아도 순종하지 않는 것이기 때문에 더 악한 일입니다. 그렇다고 해서 말씀을 소홀히 할 수 있을까요? 결코 그렇지 않습니다. 말씀이 없는 사람들은 자기의 소견에 옳은 대로 살아가기 때문에 역시 악한 자들입니다.

견인의 수단

그렇다면 견인은 어떠한 수단을 통해 이루어지는 것일까요? 이에 대한 해답은 웨스트민스터 대요리 문답 질문 154번에 잘 나와 있습니다.

> 154문 "그리스도께서 중보의 유익을 교회에 전달하는 외적인 수단은 무엇입니까?"
> 답 "그리스도께서 중보의 유익을 교회에 전달하는 외적이고 통상적인 수단은 그분의 모든 규례, 특히 말씀과 성례와 기도로, 이 모든 것은 택함 받은 자들이 구원을 얻는 데 효과적으로 작용합니다."

"그리스도께서 자신의 중보의 유익을 교회에 주셨는데, 외적이고 통상적인 수단을 사용하도록 주셨다"라는 조항은 무엇을 의미하는 것일까요? 교회에 오래 다닌 분들이라면 한 번쯤은 이런 경우를 보신 적이 있을 것입니다. 어떤 사람이 교회에서 큰 상처를 받아 목사나 장로에게 실망한 나머지, 가정에서 혼자 예배를 드리거나 혹은 마음이 맞는 몇몇 성도들과 모여 예배를 드리고 헌금을 모아 구제 활동을 하는 경우 말입니다. 이 예배 형태를 일명 '무교회주의'라고 하는데, 사실 이런 무교회주의는 성경적인 교회론과 대치하는 것이며 교회가 타락한 결과물 중 하나라고 볼 수 있습니다. 그것은 우리 주님과 바울이 세운 교회와 외적인 은혜의 수단을 따른 것이 아니기 때문입니다.

그러나 눈에 보이는 가시적인 교회를 세우고 목사와 장로와 집사를 주신 것은 주님이 정해주신 것입니다. 물론 그 안에서도 타락한 인간의 죄성이 드러날 수 있고 크고 작은 문제가 발생할 수도 있습니다. 그러나 주님은 자신의 중보의 유익을 교회에 전달하는 외적인 수단으로 목사를 통해 설교하고, 교사를 통해 가르치고, 집사를 통해 많이 구제하고, 장로를 통해 성도를 다스리도록 하는 외형적 제도들을 만들어주셨습니다.

통상적인 외적 수단으로 대표적인 것이 말씀과 기도와 성례인데, 이것을 신학 용어로 '은혜의 방편'이라고도 합니다. 이러한 은혜의 방편은 무교회주의자들의 주장과는 달리, 실제로 모든 택함받은 자들이 구원을 얻는 데 효과적으로 작용합니다. 그러므로 중생한 성도는 결코 - 무교회주의자들이 생각하는 것처럼 - 은혜의 방편을 등한히 할 수 없습니다. 이 말은 구원받은 성도에게 있어서 은혜의 방편은 그저 열심히 참여해도 되고 상황에 따라서는 생략할 수도 있는 선택의 문제가 아니라는 것입니다. 은혜의 방편 곧 구원의 외적인 수단은 성도가 구원의 서정을 완주하기 위해 끝까지 고수하고 참여해야 하는 필수 과정입니다.

예수님께서 베드로의 발을 씻기려고 하자 베드로는 예수님이 자신의 발을 씻지 못하게 했습니다. 이에 예수님은 그러면 베드로가 예수님과 상관이 없다고 말씀하셨습니다. 그러자 이번에는 베드로가 예수님께 발뿐 아니라 손과 머리도 씻어달라고 합니다. 그때 예수님은 이렇게 말씀하셨습니다.

> 이미 목욕한 자는 발밖에 씻을 필요가 없느니라 온 몸이 깨끗하니라 너희가 깨끗하나 다는 아니니라 하시니 요 13:10

한 번 받은 구원은 영원한 것이지만 매일 자신의 죄를 회개하지 않는 사람은 아예 처음부터 구원을 받은 적이 없었던 사람이라고 할 수 있습니다. 마찬가지로 이미 구원받았으니까 은혜의 방편을 열심히 하면 좋고 등한히 해도 괜찮다고 생각하는 것은 진짜 구원받은 사람에게서는 결코 나타날 수 없는 모습입니다. 날마다 은혜의 방편에 열심히 참여하여 자신의 더러운 발을 씻고, 매일 죄로부터 멀리하여 마침내 주님의 심판대 앞에 서게 되는 그날까지 구원의 서정을 완주해야 한다는 것이 바로 견인 교리의 핵심입니다.

청교도 리처드 십스(Richard Sibbes, 1577-1635)는 이렇게 말했습

니다.

"참된 믿음이 있는 곳에서는 믿어지는 것들 속에 항상 사랑과 기쁨과 즐거움이 있다. 우리의 보배로운 믿음은 보배로운 약속들을 붙들고, 그것들을 영혼 전체에 전달한다."

말씀을 배우고 은혜의 자리에 나와 기도하면 할수록 참된 성도는 기쁨을 누리게 됩니다. 만일 내 안에 성령이 역사하지 않는다면 우리의 모든 신앙생활과 섬김은 하면 할수록 힘들고 지겨운 짐으로 전락하고 말 것입니다. 그러나 참된 성도는 시간이 가면 갈수록 모든 구원의 서정과 은혜의 외적 수단 안에서 참된 안식과 만족을 누리게 됩니다. 이것이 자신 안에 성령이 있는 사람의 특징입니다.

지난 코로나를 통해 교회에 나오지 않게 된 분들의 면면을 보면 공통점이 있습니다. 교회에 왔다갔다 하기만 하는 뜨뜻미지근한 분들이 교회에 나오지 않았고, 거기에 배우자 중 한 명이 불신자인 경우에도 교회에 나오지 않았습니다. 저희 교회 역시 처음에는 예배 실황을 스트리밍 서비스하면서 집에서 예배를 드리도록 했습니다. 그런데 코로나를 통해서 나중에 교회에 나오는 숫자가 더 늘어났습니다. 처음에는 이 현상을 이해할 수 없었습니다. 아마 성도들이 한두 달 집에서 예배를 드리다보니 성령이 긴급히 마음을 두드리셔서 차츰 더 많은 분들이 교회에 나와 예배를 드리게 된 것 같습니다.

평생을 신앙생활 하는 분, 기쁨으로 신앙생활 하는 분은 성령이 내주하시는 분입니다. 사람이 하는 일은 좋다가도 싫어지고 아무리 좋아도 길게 하면 지겨워집니다. 그러나 성령은 매일 새 힘을 주시고, 독수리가 날개치며 올라가게 하셔서 10년, 20년을 계속해도 그 속에서 기쁨과 즐거움과 만족이 넘치게 하십니다. 그런 분 안에 성령의 역사하심이 있고, 그런 분은 구원받았다는 확신을 가지시기 바랍니다.

확신에 거하는 자에게 일어나는 말씀의 선순환

성도는 견인의 수단인 말씀 공부를 끊임없이 하는 사람들입니다. 이것이 견인의 핵심입니다. 우리의 머릿속에 계속 말씀을 담아야 악한 생각이 들어올 자리가 없게 됩니다. '확신'에 거하는 자는 말씀이 들어와서 쌓이면 쌓일수록 그것이 즐거움과 행복으로 느껴집니다. 그렇게 쌓인 말씀들이 옳게 느껴지고, 그것들 때문에 회개가 되고, 말씀을 배우는 자리가 있으면 앞다투어 가서 공부하고 싶고, 책을 읽고 싶고, 예배의 자리에 또 가고 싶은 이런 일련의 과정들이 선순환하고, 이것 때문에 삶이 기뻐지는 사람, 그 사람이 바로 구원받은 사람이라고 성경은 말씀합니다. 그렇게 하나님이 마련하신 은혜의 방편을 계속해서 활용해야만 내가 구원받은 자임을 알 수 있기 때문입니다.

심지어 우리가 잘 알고 있는 성령의 9가지 열매 또한 말씀을 통해서 얻어지는 것입니다. 이 말씀을 항상 머릿속에 담고 성령의 내주하심과 이끌림을 받는 자는 쉽게 분을 내지 않고 시험에 넘어지지 않습니다. 예수님과 사도 바울의 삶을 보면 쉽게 분을 내거나 원망하지 않았고 한 사람을 오랫동안 미워하지도 않았음을 잘 알 수 있습니다.

견인의 서정에 들어간 자는 매일매일 하나님이 제공하신 은혜의 수단을 통해 날이 갈수록 새로워지고 하나님에 대한 사랑이 뜨거워지는 자입니다. 이것이 바로 진정한 구원을 받은 사람, 즉 마지막 날에 하나님 앞에 가는 자의 모습입니다. 우리의 견인의 근거, 즉 삼위 하나님께서 이루신 일에 소망을 가지십시오. 그리고 하나님이 제공하신 은혜의 수단을 통하여 우리가 매일 새로워지고 날이 갈수록 하나님께 더 감사하는 뜨거운 하나님의 사람이 되시기를 바랍니다.

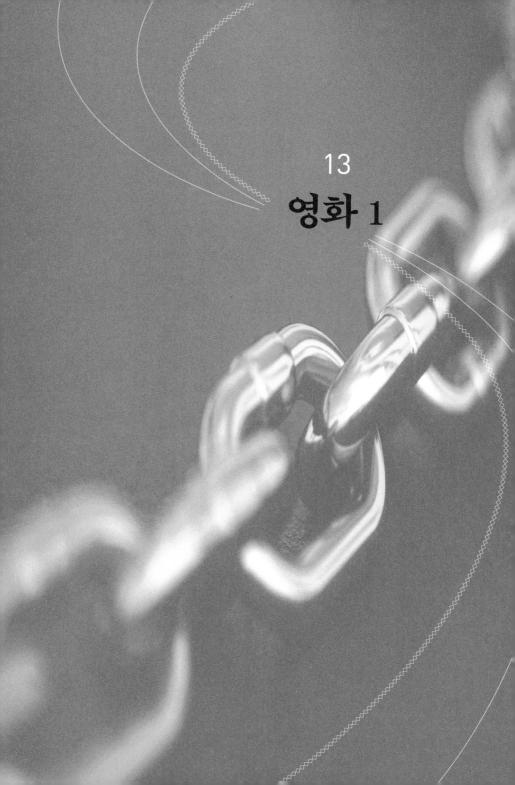

13

영화 1

생명의 부활을 맞이하는가?

내가 확신하노니
사망이나 생명이나
천사들이나 권세자들이나
현재 일이나 장래 일이나 능력이나
높음이나 깊음이나
다른 어떤 피조물이라도
우리를 우리 주 그리스도 예수 안에 있는
하나님의 사랑에서 끊을 수 없으리라

부활 : 누가, 무엇이, 어떻게 부활할 것인가?

복음의 핵심은 '황금사슬'에 나타난 구원의 서정을 머릿속에 잘 숙지하는 것입니다. 복음의 본질은 그저 단순히 "예수 믿고 구원받는다"라는 문장 하나로 끝나는 것이 아닙니다. 우리가 복음을 원론으로 아는 데서 그치면 임종 직전에 머릿속에 남는 성경 말씀 하나 없이 두려움과 공포에 휩싸여 비참한 최후를 맞이하게 될 것입니다. 내 머릿속에 복음이 하나도 없다는 것을 평소에는 전혀 인지하지 못하다가 죽기 직전이 되어서야 깨닫게 된다면 얼마나 두려운 일이 되겠습니까? 구원의 도가 무엇인지 제대로 아는 사람은 "본질만 사수하고 비본질에서는 관용을 베풀자"라는 말을 쉽게 하지 못합니다. 복음을 단편적으로 아는 수준에서 그치지 않고 구원의 서정을 공부하고 평생 그것을 숙지한다면 어느 순간 하나님의 말씀이 내 전인격을 지배할 날이 올 것입니다. 그것이 바로 구원입니다.

이제 황금사슬, 즉 구원의 서정 중에서 '영화'에 대해 구체적으로 알아볼 것입니다. 견인까지가 구원의 서정 중 현세에서 벌어지는 일이라면, 영화부터는 내세, 즉 죽음 이후에 드러나는 일입니다. '영화'에서는 크게 '부활', '예수 그리스도의 심판', '심판 이후

인간의 상태'에 대해서 다룰 텐데 그중에서 먼저 부활에 대해 살펴
보겠습니다.

1. 누가 부활할 것인가? : 모든 죽은 사람

> 이를 놀랍게 여기지 말라 무덤 속에 있는 자가 다 그의 음성을 들을 때
> 가 오나니 선한 일을 행한 자는 생명의 부활로, 악한 일을 행한 자는
> 심판의 부활로 나오리라 요 5:28-29

요한복음의 말씀에서 알 수 있듯이 부활 때에는 이 땅에서 살
다가 죽은 모든 사람이 '다' 부활할 것입니다. 단 한 명의 예외도
없습니다. 이것은 명백한 예수님의 말씀입니다. 여기서 '다'(모든),
'생명의 부활', '심판의 부활' 이렇게 세 단어가 중요합니다. 즉 무
덤 속에 있는 자가 한 명의 예외도 없이 부활할 것인데, 그중에서
생명의 부활과 심판의 부활로 나누어진다는 것입니다. 그러므로
심판은 최종적인 선언에 해당하며, 누가 천국 백성이고 누가 지옥
백성인지는 심지어 죽을 때부터 이미 알 수 있습니다.

마지막 날에 우리 주님이 구름을 타고 오실 때 큰 나팔 소리가
울려 퍼집니다. 왜냐하면 전 세계 인류가 나팔 소리를 다 듣고 깨
어나야 하기 때문입니다. 이 장면을 떠올릴 때마다 몽골족의 전
쟁 방식이 생각납니다. 몽골족은 기본적으로 목축업을 하기 때문
에 목초지가 많이 필요합니다. 보편적인 제국들이 점령한 땅의 백

성들을 노예로 삼아 농사를 짓고 수확한 농산물을 거둬가는 것에 비해, 몽골족은 그런 노예를 거의 필요로 하지 않았기 때문에 잔인하기로 유명합니다. 왜냐하면 살려줄 이유가 전혀 없기 때문입니다.

그 몽골이 고려를 여러 차례 침략했습니다. 항복하여 조공을 바치든지, 나라가 전란에 휩싸여 수많은 백성들이 짓밟히든지, 조정에서 한창 논쟁을 벌이다가도 몽골군이 쳐들어오면서 부는 나팔 소리가 울려 퍼지면 다들 혼비백산이 되어버립니다. 전쟁에서 나팔이 이렇게 무서운 것입니다. 그러면 예수님이 이 땅에 재림하실 때 온 세상 사람들에게 다 들리도록 울려 퍼지는 나팔 소리가 얼마나 두려울지는 이루 말할 수 없는 것입니다.

그 공포가 얼마나 큰 것이었는가 하면, 하나님이 모세와 언약을 맺기 위해 시내산에 내려오셨을 때 이스라엘 백성은 그 근처에 접근할 수 없을 정도로 큰 공포를 느꼈습니다. 예수님이 재림하실 때도 그와 같은 두려움과 공포가 모든 사람에게 임할 것입니다.

보라 내가 너희에게 비밀을 말하노니 우리가 다 잠 잘 것이 아니요 마지막 나팔에 순식간에 홀연히 다 변화되리니 나팔 소리가 나매 죽은 자들이 썩지 아니할 것으로 다시 살아나고 우리도 변화되리라

고전 15:51-52

마지막에 나팔 소리가 들리면 우리는 홀연히 다 변화되는데,

죽은 사람들이 다시 살아납니다. 죽지 않은 사람들은 완전히 변화되는데, 우리 주님이 변화산에서 변형되신 것처럼 변화될 것입니다. 이것이 마지막 부활의 모습입니다.

2. 무엇이 부활할 것인가? : 육신

그렇다면 무엇이 부활하는 것입니까? 우리의 몸이 부활하는지, 우리의 영이 부활하는지, 아니면 몸과 영이 다 같이 부활하는지를 말입니다. 기독교는 영과 육의 분리를 죽음이라고 합니다. 죽음을 소멸이라고 보지 않고 분리로 보는 것입니다. 따라서 육체의 죽음은 육과 영이 분리되는 것이고, 영의 죽음은 하나님과 우리가 분리되었다는 뜻입니다.

영은 시작도 없고 끝도 없습니다. 즉 영은 죽지 않습니다. 영은 우리의 육이 죽는 순간 우리의 몸을 빠져나갑니다. 육은 썩어 없어지고 영은 영의 본향인 하나님께로 가는 것입니다. 전도서에도 우리의 육은 땅으로, 우리의 영은 하나님께로 돌아간다고 합니다.

> 흙은 여전히 땅으로 돌아가고 영은 그것을 주신 하나님께로 돌아가기 전에 기억하라 전 12:7

그렇다면 부활의 날에 인간은 '육신'만 부활하는 것일까요? 아니면 '육'(肉)과 '영'(靈)이 같이 부활하는 것일까요? 결론부터 말씀

드리면 육신(肉身)만 부활합니다. 부활의 전제는 죽음인데 영(靈)
은 죽지 않기 때문에 부활도 하지 않는 것입니다.

3. 어떻게 죽은 자가 부활할 것인가? : 성령이 하신다

예수님이 심판주로 재림하실 때 천군 천사가 호령하고 나팔 소리
가 울리는데, 그 소리를 듣고 죽어 있는 자들이 다시 일어나게 될
것입니다. 하나님의 나팔 소리는 모든 사람들이 다 들을 수 있는
소리일 것입니다. 그 나팔 소리는 땅과 바다 깊은 곳까지 닿을 것
이며, 그 엄청난 소리에 죽은 사람들의 모든 뼈들이 깜짝 놀라며
일어나 각각 연결되어 이전의 몸이 될 것입니다. 그 나팔 소리에
영혼들은 각자의 몸으로 들어가 다시는 분리되지 않을 것입니다.
그리고 모든 이들이 일어나 '마지막 대심판'을 받으러 심판주 앞
으로 걸어갈 것입니다.

> 환난을 받는 너희에게는 우리와 함께 안식으로 갚으시는 것이 하나님
> 의 공의시니 주 예수께서 자기의 능력의 천사들과 함께 하늘로부터 불
> 꽃 가운데에 나타나실 때에 살후 1:7

> 주께서 호령과 천사장의 소리와 하나님의 나팔 소리로 친히 하늘로부
> 터 강림하시리니 그리스도 안에서 죽은 자들이 먼저 일어나고 살전 4:16

> 예수를 죽은 자 가운데서 살리신 이의 영이 너희 안에 거하시면 그리스

도 예수를 죽은 자 가운데서 살리신 이가 너희 안에 거하시는 그의 영으로 말미암아 너희 죽을 몸도 살리시리라 롬 8:11

그렇다면 과연 마지막 날에 어떻게 죽은 자가 살아나는 것일까요? 여기서 "예수를 죽은 자 가운데서 살리신 이의 영"은 성령을 의미합니다. 그런데 이 성령은 거듭난 자가 살아 있을 때 이미 그의 안에 내주하고 계시던 영(너희 안에 거하시는 영)인데 바로 그 영이 우리의 몸을 부활하게 하신다고 로마서는 말씀하고 있습니다. 예수를 살리신 성령이 우리의 죽을 몸도 부활시킨다는 것입니다. 우리는 죽은 자의 부활이 생명의 부활과 심판의 부활로 나누어진다는 것을 알았습니다. 죽은 자가 부활하자마자 생명의 부활을 맞이하는지, 사망의 부활을 맞이하는지는 심지어 그들의 생전 모습에서도 알 수 있습니다.

그러면 죽은 다음 생명의 부활로 우리를 살리시는 성령이 언제부터 우리 안에 계셨습니까? 우리가 살아 있을 때부터 계시고, 이 땅을 살아가는 동안 계속 내주하시고, 마지막 날에 우리를 생명의 부활로 일으키시는 것입니다. 구원의 도는 우리의 전인격을 변화시키기 때문에 성도의 마음속에 성령이 내주하시면 그것은 분명히 드러나게 마련입니다.

그래서 구원의 확신 없는 사람의 영적 상태는 매우 위험하다고 볼 수 있습니다. 구원의 도에 대해 아무것도 모르는 상태에서 "나는 구원받았어"라고 하는 마인드 컨트롤은 아무 소용이 없습니다. 실질적으로 구원의 도를 배우고 내 삶과 인격이 거기에 여러 가지로 부합되어야만 우리는 자신이 구원받은 자라는 확신이 생깁니다. 그것이 성령이 내주하신다는 뜻입니다. 그렇기 때문에 우리는 죽기 전에 이미 자신이 천국에 갈지 지옥에 갈지를 압니다. 또 죽었다가 다시 살아서 눈을 떠도 아는 것입니다.

죽음 이후 부활까지 우리에게 일어나는 일

그러면 이제 죽고 나서 어떻게 천국과 지옥으로 분리되는지 이론적으로 설명해보겠습니다. 죽음과 동시에 인간은 육과 영이 분리되는데 육은 땅으로 보냄을 받고, 성도의 영은 낙원으로, 불신자의 영은 지옥으로 보냄을 받습니다. 낙원은 영이 가는 곳이므로 장소가 필요 없습니다. 땅이 아니기 때문에 육은 갈 수 없고 오직 영만이 갈 수 있습니다.

이때 인간의 인식은 살아 있으면서 낙원과 지옥 각자의 위치에서 육체의 부활을 기다립니다. 예수님이 재림하시기 전에 이미 영혼은 낙원이나 지옥에 가 있는 상태이고 예수님이 재림하시면 낙원이나 지옥에 있던 영이 각자 자신의 육체를 찾아가 부활을 이루는 것입니다. 이렇게 부활로 영과 육이 다시 합쳐지고 나면 비로소 심판이 진행되고 그 결과에 따라 천국과 지옥으로 가게 됩니다.

낙원에 있던 영이 무덤에 있던 시체와 만나는 부활을 천국이라고 합니다. 여기서 천국이란 낙원이 이 땅에 내려온 것을 의미하는데 그것을 성경은 새 하늘과 새 땅이라고 합니다. 즉 부활 후 우리가 살아갈 곳이 바로 이 땅입니다.

한편 지옥에 있던 영이 육체와 결합해서 가는 곳은 '불못'입니다. 영이 가는 곳은 낙원과 지옥이고 부활한 육체가 가는 곳은 천국과 불못입니다. 생명의 부활을 한 자는 영원히 이 땅에서 살게 되고, 사망의 부활을 한 사람은 영원한 불못에 던져지게 됩니다.

부활할 때 만나게 될 사람

육체가 부활했을 때 세 종류의 만남을 갖게 됩니다. 첫째, 같이 천국에 갈 사람 또는 같이 지옥에 갈 사람을 만납니다. 둘째, 육체는 영혼을 만납니다. 오래전에 헤어진 자신의 영과 만나게 됩니다. 셋째, 예수 그리스도와 및 바울이나 베드로와 같은 믿음의 선진들을 만납니다.

1. 내세를 함께할 동료

① 생명의 부활 : 같이 천국 갈 사람들의 만남

육체가 부활하여 눈을 뜨면 보이는 사람들이 거의 다 아는 사람들입니다. 그러면 왜 아는 사람들을 만날까요? 지금 이 땅에서 살 때 내가 마음을 나누고 동고동락했던 사람들이 내세에도 함께할 사람들이기 때문입니다. 현세를 같이 했던 사람들과 내세도 같이 하는 것입니다.

그런데 만약 지금 내 주변에 있는 사람들, 나와 가장 마음이 통하고 대화가 잘 되는 사람이 불신자라면 나 역시 지옥 갈 사람일 가능성이 없는지 다시 점검해봐야 합니다. 사실 성도는 불신자와 마음을 나누며 대화하는 것이 불가능합니다. 그리스도와 벨리알이 어찌 조화되며 믿는 자와 믿지 않는 자가 어찌 상관할 수 있겠습니까(고후 6:15).

물론 우리가 세상 사람들을 전도하기 위해서 때로는 불신자를 만날 수 있습니다. 그러나 성도는 신앙이 같은 성도와 이야기할 때 마음이 풀리지 불신자와 대화하지 못합니다. 한 사람은 천국 백성이고 한 사람은 지옥 백성인데 어떻게 섞이겠습니까? 이미 이 땅에서부터 나누어지는 것입니다.

생명의 부활로 일어나는 사람들은 죽기 이전부터 이미 그 상태 그대로 유지되기 때문에 결국 서로 올 사람이 왔다는 것을 알 것입니다. 천국에 갈 사람의 주변에는 천국 갈 사람이 많고, 지옥에 갈 사람의 주변에는 지옥 갈 사람이 많이 나타날 것입니다. 이처럼 부활해서 만나는 사람들은 전혀 예측 불가능하지 않습니다. 살아 있을 때 주로 누구와 함께 시간을 보내고 교제하는지만 봐도 충분히 그 사람의 천국과 지옥을 예측할 수 있다고 성경은 말합니다.

우리가 이 세상에서 죽어 육체가 부활해서 만난 친구와 인사를 나눈다면 이런 인사를 나눌 수 있을 것입니다.

"우리가 살아갈 때 죽음 때문에 얼마나 고달팠나! 이제 다시는 죽지 않고 영원한 기쁨을 누릴 수 있으니 정말 감사하군."

"우리가 현세에서 살 때 교회를 다니며 그리스도를 구주로 받아들였을 때가 인생에서 가장 복된 시간이었지. 내 몸은 그때부터 그리스도를 모시는 성전이 되었어."

"이 세상에서 일도, 돈도, 명예도, 권력도 아무 의미가 없고, 오직 우리 주님과 함께했던 시간만 유효한 시간이었다는 것을 이제 알겠네."

"많은 목사님이 우리는 잠깐 보이다가 없어지는 안개라고, 우리는 흙이니 흙으로 돌아갈 거라고 설교할 때는 그 말씀이 잘 안 믿어졌지. 그래서 이 땅에서 그저 아등바등 살았는데, 이제 와보니 성경이 다 맞았네."

"내가 그리스도를 모시고 순례의 길을 가는 동안 자네가 내게 큰 위로와 소망의 권면을 해주었지. 참으로 고맙네. 이제 우리의 최종 고향이 저 눈앞에 있네."

이렇게 생명으로 부활한 사람들 사이에서는 서로 칭찬과 감사와 격려가 끊임없이 일어납니다. 성도의 육체가 부활하여 눈을 떴을 때 바로 이런 일이 일어날 것입니다.

② 사망의 부활 : 같이 지옥 갈 사람들의 만남

생명의 부활을 하는 자들이 이렇게 복된 부활을 맞이할 때, 사망의 부활을 하는 자들은 이런 부활을 맞이합니다. 마치 아침에 늦잠을 자는 사람이 알람 소리를 듣고 억지로 일어나듯이 천사들의 나팔 소리를 듣고 깨어나는 순간 공포에 휩싸여 부들부들 떨기 시작할 것입니다. 그리고 그들은 이내 "안 돼"라는 비명을 지르기 시작할 것입니다. 마치 출애굽 직전 애굽의 장자들이 몰살당할 때처럼, 광야 시절 땅이 입을 벌려 다단과 아비람을 삼킬 때처럼, 엘리야가 바알 선지자들을 모조리 참수할 때처럼 그들에게는 비명소리와 울음소리가 끊이지 않을 것입니다.

안타깝게도 이런 사람들은 생전에 위선자로 교회에 몸만 드나들며 그 안에 성령이 없던 자들입니다. 부활할 때도 그들의 이마에는 이미 '지옥 갈 자'라고 씌어 있고 외부에서 누가 보더라도 그들이 지옥 갈 자라는 것은 대번에 알 수 있습니다.

그렇게 비명 가운데 일어난 그들이 자신의 친구들을 만날 것입니다. 생전에 불경건한 이야기나 농담을 주고받고, 같이 향락과 탐욕에 빠져 죄짓고 살던 자들이 부활할 때도 다시 만나 영원토록 서로를 원망하고 증오하면서 고통스러운 시간을 보내는 것입니다. 그들이 서로 원망할 때 이런 말을 할 것입니다.

"아, 이 땅에서 한 번뿐인 인생을 내가 왜 그렇게 살았을까, 사실 나도 그때 목사님을 통해 경고를 받았었는데, (동료를 향해) 너 같은 놈이 나를 유혹하고 꾀어 내가 신앙을 버리고 여기에 온 거야. 그때 네가 나를 방해만 하지 않았어도 나는 여기에 오지 않았을 거야."

어떤 사람은 이 땅에 살 때도 입만 열면 남을 탓하고 원망합니다. 왜 그럴까요? 그들은 이미 지옥이 예비되어 있는 자들이기 때문에 지옥 갈 때 할 것을 미리 연습하는 것입니다. 남 탓은 항상 피해의식을 수반하게 되어 있고 매사 피해의식을 가진 자들은 절대 회개할 수 없습니다. 그런데 회개하지 못하면 구원이 없습니다. 습관적인 남 탓이 치명적인 이유가 바로 이것이고, 지나치게 사회정의를 외치지 말라는 것도 바로 이 때문입니다. '나는 괜찮은데, 이 사회가 이상해서 문제다'라는 생각이 바로 남 탓의 근원입니다. 이처럼 사망의 심판을 받을 자들은 이 땅에서도 그 특징이 다 드러나게 되어 있습니다. 천국은 감사가 넘치는 곳이지만 지옥은 원망과 증오가 가득한 것입니다.

2. 자신의 영혼 또는 육체

① 생명의 부활 : 육체와 영혼의 만남

생명의 부활을 맞이하는 육체는 자신의 영혼을 만나 이렇게 이야기합니다.

"나와 오래도록 떨어진 영이여, 참으로 오랜만이네. 자네가 내 마음을 감동케 해서 그리스도 앞으로 가게 했지. 자네는 내 혀를 사용하여 그리스도를 주님으로 시인하고 고백하게 해주었지. 참으로 고맙네. 자네는 내 눈을 사용하여 눈물의 씨앗을 흘리게 하였고, 그 씨앗이 이렇게 꽃으로 피어나게 되었네. 다른 육체들은 배를 신(神)으로 삼아 결국 멸망의 길로 갔지만, 자네는 나를 쳐서 복종시켜 영광 가운데서 일어나게 했으니 참으로 감사할 따름이네. 영혼아, 이제 우리는 더 이상 병들거나 신음할 일이 없게 되었네. 이제 우리에게 하나님을 찬양하는 일만 남게 된 걸세."

이것이 바로 생명으로 부활한 사람들의 기쁨이며 생명으로 부활한 사람들이 경험하게 될 내용입니다.

② 사망의 부활 : 영혼을 향한 육체의 원망

위선자와 불신자가 악으로 부활할 때 그들의 육체는 자신의 영혼을 향해 이렇게 불평할 것입니다.

"나의 영혼아, 너는 왜 나에게 왔니? 너 같은 영혼이 내 육신에 안착할 바에야 나는 차라리 뱀이나 두꺼비로 태어나는 것이 더 나을 뻔했다."

"내 원수, 내 영혼인 자네여, 너는 내 몸을 도구로 사용해서 온갖 사악한 일을 저지르고 욕망을 채우고 다녔지. 너 때문에 내 입은 예수를 조롱했었고, 나는 이 세상에서 썩어 없어질 것에만 온통 정신을 쏟았었지, 너는 나로 하여금 설교 시간에 온갖 잡생각을 하게 해서 내 머리와 귀가 하나님의 말씀에 집중하지 못하게 했었지. 내가 입을 벌려 찬양하려고 할 때마다 너는 나에게 부끄러운 마음과 이상한 생각을 심어주어서 내가 찬송하는 것을 훼방했지. 그 덕에 나는 그 입으로 지금 이렇게 지옥에 떨어져서 살려달라고 부르짖고 있군. 그러니 이 모든 것은 바로 다 네 탓이다."

③ 사망의 부활 : 육체를 향한 영혼의 원망

이에 대한 반격으로 영혼이 자신의 육체에 대하여 이렇게 말할 것입니다.

"웃기지 마. 육신, 너 때문에 나 영혼은 네가 오기 전에 수천 년 동안 지옥에 있었어. 내 영혼은 원래 오염되지 않았는데, 육체 너의 눈이 허구한 날 이상한 것만 쳐다보고, 그 다리로 이상한 데만 찾아다니고, 주일 전날까지 밤새 흥청망청 술 마시며 놀고 나서 주일 아침에는 일어나지도 못하게 하고, 기도하자고 하면 게으름을 피우고, 말씀 보자고 하면 핑계를 대지 않았느냐? 나 영혼은 너 육체에게 심지어 양심의 가책까지 주었다. 그런데 너는 그 양심의 가책을 받지 않으려고 취미생활, 음주생활을 하지 않았느냐? 내가 여기 와서 이 모든 고통을 받고 있는 이유는 다름 아닌 너 육신의 불경건하고 추악한 행동 때문이다."

이들의 대화를 보면 시종일관 남 탓입니다. 온통 상대방을 향한 비난, 분노, 싸움 외에 다른 어떤 것도 찾아볼 수 없습니다. 바로 이것이 지옥 갈 사람들의 부활입니다. 거듭 강조하지만 이러한 불평과 원망, 증오의 성향은, 비단 육체가 무덤에서 일어날 때만 알 수 있는 것이 아니라 이미 죽기 전에 이 땅에서 살 때부터 자명하게 드러난다는 점을 기억해야 합니다.

3. 예수 그리스도와 믿음의 선진들

생명의 부활을 하는 자들은 천국에서 예수 그리스도와 믿음의 선진을 만나게 됩니다. 이뿐 아니라 부활 시에는 생전에 자신에게 복음을 가르쳐주었던 목사와 교사 등 믿음의 선배들도 만나게 될 것입니다. 그때가 되면 복음과 삼위일체 하나님에 대해 우리가 미처 몰랐던 부분은 더 이상 의문으로 남지 않고, 예수님과 아브라함, 바울에게 직접 물어볼 수 있습니다. 그리고 그 분들이 우리의 모든 궁금증을 명확히 해결해주실 것입니다. 이것은 고난을 인내하고 구원의 모든 서정을 지나온 모든 성도에게 참으로 영광스럽고 복된 일이 아닐 수 없을 것입니다.

부활할 때 우리 몸의 상태

우리가 부활하게 되면 생명의 부활을 하는 자들, 즉 의인들은 변화산의 예수님과 같이 완전한 몸으로 변할 것입니다. 혹 이 땅에서 태어날 때 선천적으로 신체에 장애가 있거나 사고로 죽어 육체가 훼손되었다 할지라도 우리가 그리스도 안에서 생명의 부활을 한다면 우리의 DNA는 바뀌지 않을지언정 외형은 성령에 의해 새 몸을 입고 가장 영광된 모습으로 변화해 있을 것입니다.

1. 생명의 부활 : 영광의 몸

성도의 부활의 몸의 특징은 무엇입니까? 첫째, 부활의 몸은 썩지 않을 몸입니다. 가장 젊고 왕성한 몸으로 영원히 유지될 것이며 이 세상처럼 더 이상 부패가 존재하지 않을 몸으로 부활할 것입니다.

둘째, 부활의 몸은 영광스러운 몸입니다. 부활의 몸은 아름답고 사랑스러우며 완벽한 조화를 이룹니다. 해와 같이 빛나고 화려하고 찬란할 것입니다. 스데반의 얼굴처럼 천사와 같고, 그 몸은 예수님이 변화산에서 변형된 것처럼 변화될 것입니다. 이 세상에서는 볼품없고 다치고, 심지어 장애를 가지고 태어날 수도 있습니다. 그러나 그들의 몸이 무덤에서 일어날 때는 완벽한 몸으로 일어나는 것입니다.

셋째, 부활의 몸은 능력이 많은 강한 몸입니다. 이 세상에서는 강한 몸이라도 점점 노쇠해지고 반드시 기력을 잃게 됩니다. 그러면 세상의 몸은 언제 가장 약합니까? 바로 현재의 몸이 지금까지 모든 삶에서 가장 약합니다. 그러나 성도는 부활할 때 지금보다 수백수천 배 강한 자로 일어납니다. 죽고 썩을 육체가 감당할 수 없는 강한 육체로 부활합니다.

넷째, 부활의 몸은 신령한 몸입니다. 이것은 우리의 몸이 영으로 부활한다는 뜻이 아닙니다. 영이 지닌 특징과 장점을 몸도 지니게 된다는 뜻입니다. 부활의 몸은 영혼을 따르며 완벽하게 순종하고 영혼에 의해 힘을 얻을 것입니다. 몸의 활동을 막는 장애가 더 이상 없을 것이고, 영혼을 거스르는 행동을 더 이상 하지 않을 것입니다. 즉 더 이상 몸을 쳐서 복종시킬 필요가 없는 상태가 되는 것입니다. 현세에서는 육체 때문에 영혼이 제약을 받지만 부활의 몸은 그렇지 않습니다. 부활할 때는 하늘에 있는 천사들과 같이 장가도 시집도 가지 않습니다. 부활의 몸은 날렵하고 활동적이며 마음을 무겁게 하는 우울증도 없을 것입니다.

2. 사망의 부활 : 수치와 부끄러움을 당할 몸

악인이 사망의 부활을 할 때 어떤 모습을 하고 있는지에 대해 성경에 구체적으로 설명된 부분은 없습니다. 그러나 많은 신학자가 '부활 때 나타날 악인의 몸'에 대해 성경에서 관련 구절을 찾아 간접적으로 유추하고 있습니다. 그 근거가 되는 구절은 다니엘서 12장 2절입니다.

> 땅의 티끌 가운데에서 자는 자 중에서 많은 사람이 깨어나 영생을 받는 자도 있겠고 수치를 당하여서 영원히 부끄러움을 당할 자도 있을 것이며 단 12:2

여기서 "수치를 당하여 부끄러움을 당한다"라는 것은 외모가 이상함을 의미하는 말입니다. 천국에 갈 사람들은 영광스러운 모습으로 변화되는데, 지옥에 갈 사람들은 그 모습이 흉측하게 변화되는 것입니다. 이처럼 생명의 부활을 하는 자와 사망의 부활을 하는 자는 외형상으로도 극명하게 차이가 드러난다고 성경은 말하고 있습니다.

사망의 부활을 하는 자들의 외형이 그토록 흉하고 이상할 수밖에 없는 이유는 아마도 그들이 죽을 때 모습을 하고 부활하기 때문일 것이라고 신학자들은 유추합니다. 예를 들면 물에 빠져 죽은 사람은 온몸이 물에 불은 상태로, 높은 데서 떨어져 죽은 사람은 온몸이 산산조각이 난 형상을 그대로 간직한 채 부활한다는 것입니다. 부활해서 그처럼 끔찍한 외형을 한 상태로 서로를 바라보면 저절로 비명을 터뜨리며 원망과 불평을 쏟아내지 않을 수 없을 것입니다.

그리고 그들은 후회할 것입니다. 생전에 충분히 복음을 들을 기회가 있었음에도, 마치 에서가 팥죽 한 그릇에 장자의 축복을 팔아넘기듯 복음을 하찮게 여겼던 것에 대해 자신을 끝없이 한탄할 것입니다.

우리의 인생과 죽음

죽음은 중력과도 같은 것입니다. 중력이 지구상에 편재하기 때문에 지구상에 있는 모든 물체는 제아무리 하늘 높이 솟아올라도, 어느 순간이 되면 중력을 받아 추락하게 되어 있습니다. 마찬가지로 인생도 한때는 승승장구할 수 있어도, 때가 되면 죽음이 찾아오기에 인간은 항상 불안과 근심을 달고 살 수밖에 없습니다. 무언가 이루었다고 생각될 때쯤이면 어느새 죽음이 문턱까지 와 있고, 잠깐 기뻤다가 곧 슬퍼지는 것이 바로 인생입니다. 저명한 철학자 쇼펜하우어(Arthur Schopenhauer, 1788-1860)도 이렇게 말했습니다.

"인류의 본질은 고통이지 기쁨이 아니다."

생명의 부활을 맞이하게 된 자들은 생전에도 서로 의지하며 믿음의 삶을 지켜왔던 것처럼 천국에 가서도 함께 지난 일을 회상하며 서로 칭찬하고 감사하며 영원의 시간을 보낼 것입니다. 그러나 사망의 부활을 한 자들은 서로에 대한 원망과 증오로 가득한 불못에서 영원히 고통받게 될 것입니다.

14

영화 2

어떻게 심판을 받을 것인가?

내가 확신하노니
사망이나 생명이나
천사들이나 권세자들이나
현재 일이나 장래 일이나 능력이나
높음이나 깊음이나
다른 어떤 피조물이라도
우리를 우리 주 그리스도 예수 안에 있는
하나님의 사랑에서 끊을 수 없으리라

'영화'는 구원의 서정 중 가장 마지막에 속합니다. 구원의 서정은 소명, 중생, 회심(회개, 믿음), 칭의, 양자, 성화, 견인, 영화 이렇게 9가지 단계로 나타나는데, 이런 구원의 서정이 모든 사람에게 동일한 순서로 일어나는 것은 아니라는 점을 기억하시기 바랍니다.

'그러면 나는 과연 이 9가지 구원의 서정에서 어느 단계에 와 있는 것일까?' 자칫 이런 오해가 발생할 수도 있습니다. 이처럼 구원의 서정을 '순차적인 사건' 혹은 '획일화된 공식'처럼 오해한다면 우리는 율법주의적 사고의 딜레마에 빠질 수 있습니다. 예를 들면 '저 사람은 왜 저렇게 행동하지? 아직 소명의 단계에도 들어서지 못한 사람 같아', '이 사람이 하는 말을 들어보니 분명 중생하지 않은 것이 틀림없어'라는 식으로 말입니다. 칭의부터 성화 이전까지의 구원의 서정은 논리적 순서를 나타내는 것이지, 결코 시간적 순차를 나타내는 것이 아니고 우리 인생 전반에 걸쳐 복합적으로 드러나는 사건임을 우리는 늘 잊지 말아야 합니다.

현대 자유주의 기독교

'영화'로 부활을 주제로 설교하면서 인간의 죽음 이후를 깊이 다루고 있습니다. 어떤 분에게는 꺼리는 주제가 될 수도 있겠지만 사실 기독교의 핵심 중 하나는 죽음 이후를 고민하는 것입니다.

많은 사람들이 기독교를 사랑의 종교라고 생각합니다. 그런데 사실 그것은 반쪽짜리 진실에 불과합니다. 왜냐하면 하나님은 '사랑의 하나님'이신 동시에 '공의의 하나님'이시기 때문입니다. 기독교를 '사랑의 종교'라는 시각에서만 해석하면 성경의 모든 진리는 자유주의 신학의 영향에 의해 쉽게 무너지고 말 것입니다. 기독교가 정말 사랑의 종교이기만 하다면 그 '사랑'이 무엇인지 연구하고 '하나님이 말씀하시는 사랑'이 무엇인지 가르치는 일들이 교회에서 끊임없이 일어나야 하는데 현실은 그렇지 않기 때문입니다. 그저 "하나님은 사랑이시다"라는 단편적인 문구만 강조하다 보면 '내가 어떤 잘못을 범하고, 하나님의 말씀을 무시하고 불순종해도 하나님은 다 받아주고 용서해주시겠지'라는 논리가 성립하게 됩니다. 그런 논리로 신자 개개인이 성경의 모든 말씀을 가볍게 해석하고 성경에서 엄연히 말씀하고 계시는 하나님의 경고마저 무시한다면 기독교는 이내 하나님 중심(God-Centered)의 종교가 아닌 인간 중심(Human-Centered) 종교로 전락할 것입니다.

그러나 기독교는 결코 인본주의 종교가 아닙니다. 기독교는 명백히 신본주의(神本主義) 종교입니다. 교회 안에서 인본주의 사상이 신본주의보다 우세하게 되는 현상, 그것이 바로 우상숭배가 아니고 무엇이겠습니까. 이것은 비단 신자 개인의 일은 아닙니다. 실제로 최근 몇십 년간 한국 교회와 신학교에서조차 죄에 대한 각성과 심판에 대한 메시지가 줄어들고 있습니다.

이처럼 자유주의 신학이 가장 먼저 강조하는 것이 바로 사랑입니다. "그렇게 하면 다른 사람한테 상처를 준다", "그렇게 말하는 것은 언어폭력이다" 이런 논리로 자유주의 신학은 사랑이라는 미명 아래 성경에 나타난 하나님의 엄중한 경고를 간과해버립니다.

그러나 기독교는 성경에 있는 것을 그대로 전하는 종교입니다. 성경에서 사랑을 말하면 사랑을 말하고, 성경에서 경고를 말하면 경고를 말하고, 성경에서 도덕을 말하면 도덕을 말하고, 성경에서 저주를 말하면 저주를 말하는 것이 진정한 기독교 신학입니다. 사랑이라는 센트럴 도그마(central dogma)로 모든 성경을 다 해석할 수는 없기 때문입니다. 성경에는 하나님께서 우리에게 벌을 내리시고, 경고하시고, 책망하시고, 저주를 내리신다는 말씀이 다 들어 있습니다. 물론 그런 경고의 근저에는 하나님의 사랑이 전제되어 있습니다. 그러나 성경에는 하나님의 사랑이 따뜻하고 친절한 말들뿐만 아니라 때로는 회초리, 칼과 채찍처럼 매서운 표현으로 나타나 있기도 한 것입니다.

그러나 현재 한국의 기독교는 이 사랑이라는 '만능 방패'로 하나님의 엄중한 경고와 심판의 메시지까지 가리고 있습니다. 이렇게 성경에 나타난 '공의의 하나님'을 간과하고 하나님의 경고가 갖는 절대성을 왜곡하는 것이 자유주의 신학의 위험입니다. 저는 이런 자유주의에 역행하여 여러분에게 '하나님의 대심판'을 가감 없이 알려드리려고 합니다. 부활한 사람들은 어떤 과정과 순서로 심판을 받게 될까요?

심판의 순서

심판의 순서는 첫째, 심판주가 오십니다. 둘째, 그 심판주가 재판
관의 자리에 앉으십니다. 셋째, 심판의 당사자인 피고인들이 등장
합니다. 이 세상의 모든 사람이 우리 주님의 법정에 소환되는 것입
니다. 넷째, 소환된 그들은 구분될 것입니다. 재판장이신 임금은
양과 염소를 구분하는데 경건한 자는 재판장의 오른편에, 악인들
은 왼편에 세워질 것입니다. 여기서 중요한 것은 양과 염소는 재
판받은 다음 나뉘는 것이 아니라 재판장 앞에 나올 때 이미 양과
염소로 나뉘어서 나온다는 것입니다. 다섯째, 판결이 내려집니다.
이때 판결의 기준은 은혜가 아니라 각 사람의 행위입니다. 각 사
람이 생전에 이 땅에서 보인 행위에 근거하여 의인에게는 무죄, 악
인에게는 유죄가 선고될 것입니다. 은혜로 판결되는 것이 아니라
행위로 판결되는 것입니다. 여섯째, 선고에 따라서 즉시 '형'(刑)이
집행될 것입니다. 악인은 지옥으로, 경건한 자는 천국으로 즉시
인도함을 받는 것입니다.

　심판의 순서를 다시 정리하면, 첫 번째, 심판주가 오셔서 두 번
째, 재판관의 자리에 앉으신 다음 세 번째, (피고인) 당사자들이 등
장하되 네 번째, 그들이 구별되어서 나타날 것이고, 다섯 번째, 당
사자들이 판결을 받을 것이고, 여섯 번째, 선고 즉시 형이 집행될

것입니다. 이것이 심판 날에 우리 눈앞에서 벌어질 일들입니다.

1. 심판

대심판의 날 심판의 현장에서 벌어지는 구체적인 모습은 성경 곳곳에서 다음과 같이 묘사되고 있습니다. 먼저 다니엘서는 이렇게 말합니다.

> 내가 보니 왕좌가 놓이고 옛적부터 항상 계신 이가 좌정하셨는데 그의 옷은 희기가 눈 같고 그의 머리털은 깨끗한 양의 털 같고 그의 보좌는 불꽃이요 그의 바퀴는 타오르는 불이며 불이 강처럼 흘러 그의 앞에서 나오며 그를 섬기는 자는 천천이요 그 앞에서 모셔 선 자는 만만이며 심판을 베푸는데 책들이 펴 놓였더라 단 7:9-10

다니엘의 예언에 따르면 심판 때 재판장이 왕좌에 앉아 심판을 베푸는데, 그 앞에 책이 있을 것이라고 설명합니다. 또한 바울은 로마서에서 심판에 대해 다음과 같이 묘사합니다.

> 네가 어찌하여 네 형제를 비판하느냐 어찌하여 네 형제를 업신여기느냐 우리가 다 하나님의 심판대 앞에 서리라 기록되었으되 주께서 이르시되 내가 살았노니 모든 무릎이 내게 꿇을 것이요 모든 혀가 하나님께 자백하리라 하였느니라 롬 14:10-11

바울 역시 우리가 다 심판대 앞에 서게 될 것이고, 모든 혀가 자신의 죄를 하나님께 자백하게 될 것이라고 합니다. 이처럼 구약 성경과 신약 성경 모두 죽음 이후에 심판이 있다는 것을 분명히 언급하고 있습니다. 그런데 현대의 교회는 자유주의 신학의 영향을 과도하게 받아, 점차 인간의 내세와 주님의 심판에 대해서는 소홀하고, 그저 교인이 이 땅에서 어떻게 착하게 살고, 주변에 선한 영향력을 끼쳐서 사회 정의를 구현할 것인지에만 집중하고 있습니다.

하지만 기독교의 핵심은 "이 땅에서 어떻게 살 것인가?"가 아니라 "죽음 이후 어떻게 심판받을 것인가?"입니다. 그러면 "목사님, 죽음 이후 어떻게 심판을 받을지 고민하기 때문에 이 땅에서 어떻게 살지 고민하는 것 아닙니까?"라는 질문도 생길 것입니다. 좋은 질문입니다. 그렇다면 지금까지 살아오면서 죽음 이후 심판에 대한 설교를 몇 번이나 들어보셨습니까? 우리가 듣는 설교는 대부분 우리가 이 땅에서 남을 돕고 선행을 베풀어야 한다는 도덕 설교이지 죽음 이후에 있을 심판을 어떻게 준비할 것인지 알려주는 설교는 거의 찾아볼 수 없습니다. 하나를 잃으면 하나를 얻고 하나를 얻으면 하나를 잃는 것처럼, 성도로서 이 땅에서 그리스도인다운 삶을 살아가야 한다고 강조할수록 내세의 삶은 그만큼 강조되지 않게 되어 있습니다. 누가 심판대 앞에 가봤습니까? 죽음 이후 천국과 지옥이 있다는 것을 정말 믿습니까? 심판이 있다고 확실히 믿는다고 말하면서도 우리는 내 영혼과 내 자녀의 영혼에 대해 아무 걱정 없이 살아갑니다. 혹은 심판이 있음을 믿는다고 하지만 우리는 심판에 대해 아무런 대비를 하지 않습니다. 그러나 우리가 죽음 이후 천국과 지옥이 있고 심판이 있다는 것을 단 1퍼센트라도 믿는다면 지금처럼 저조한 위기의식을 가진 채 살수는 없을 것입니다. 구약과 신약 성경은 심판이 있을 것을 명백히 전하고 있습니다.

코로나 팬데믹으로 인한 사망률이 0.25퍼센트 정도를 기록한 적이 있었습니다. 1퍼센트가 채 되지 않는 사망률 때문에 우리는 등교를 하지 않았고, 현장 예배를 멈추었고, 전국의 음식점이 한시적으로 문을 닫는 등 삶의 전 영역이 막대한 영향을 받았습니다. 그러면 1퍼센트도 되지 않는 사망률로도 전 세계가 이만큼 위축되었는데, 우리가 죽어서 심판받을 확률이 1퍼센트만 있어도 우리의 삶은 온통 달라져야 하지 않겠습니까? 진짜 심판을 믿는 신앙이 있다면 우리의 신앙은 더 이상 느슨해질 수 없을 것입니다. 우리가 이 땅에 많은 것을 투자하기보다 오실 신랑을 기대하며 살 것이고, 내 영혼과 내 자녀의 영혼에 대해 더 많은 관심과 걱정을 쏟을 것입니다. 만약 그렇지 않다면, 과연 내가 진짜 하나님의 심판을 믿고 있는 것인지 다시 한번 자문해야 합니다.

무릇 내게 오는 자가 자기 부모와 처자와 형제와 자매와 더욱이 자기 목숨까지 미워하지 아니하면 능히 내 제자가 되지 못하고 눅 14:26

그런데 만약 마지막 날에 심판이 없고 천국과 지옥이 없다면 그리스도인만큼 불쌍한 사람이 없을 것입니다. 왜냐하면 그리스도인은 현세에 가장 좋은 것을 투자하지 않기 때문입니다. 또한 우리가 그리스도를 따르는 삶을 살다보면 자기 부모와 처자와 형제자매와 심지어 자기 목숨까지 등을 돌려야 할 상황에 처할 수 있습니다. 예수를 제대로 믿으면 그 믿음의 색깔과 성향 때문에 세상 사람들과의 관계가 깨지는 일이 발생하기도 합니다. 심지어 사랑하는 가족과도 멀어질 수 있습니다. 천로역정의 순례자가 왜 사랑하는 가족과 멀어졌습니까? 바로 심판의 엄중한 메시지 때문이 아닙니까? 신앙이 아니었더라면 사랑하는 사람들과 이웃과 등지는 일도 없었을 것이고 이 땅에서 더 즐기고 누리고 신앙 때문에 손해 보는 일도 없었을 텐데, 마지막 날에 심판이 없다면 이 얼마나 억울한 일이 되겠습니까?

만일 그리스도 안에서 우리가 바라는 것이 다만 이 세상의 삶뿐이면 모든 사람 가운데 우리가 더욱 불쌍한 자이리라 고전 15:19

2. 심판의 증인 : 각 사람의 양심

둘째, 모든 사람이 자기 품 안에 증거가 있습니다.

이런 이들은 그 양심이 증거가 되어 그 생각들이 서로 혹은 고발하며 혹은 변명하여 그 마음에 새긴 율법의 행위를 나타내느니라 롬 2:15

모든 사람은 심판대에서 자신의 양심을 꺼내 하나님 앞에 보여드릴 것이라는 말씀입니다. 아무리 양심이 죽은 자라도 심판대 앞에서는 가장 예민하게 양심이 살아납니다. 이 땅에서 살 때 다른 사람들에게 자신의 죄를 다 감췄더라도 자기 양심에게만큼은 절대 감출 수가 없습니다. 그런데 심판대 앞에서는 모든 사람이 자신의 양심을 꺼내 하나님께 바치게 되고, 그럴 때 그 양심이 그 사람의 삶에 대해 증언할 것입니다. 즉 심판대에서는 모든 사람이 하나님께 자신의 죄를 낱낱이 자백하게 될 것이라고 바울은 로마서에서 말씀하고 있습니다.

3. 의인과 악인의 분리

의인과 악인은 이미 부활 때 분리되어 있습니다. 심판을 하고 판결을 내리기 전에 이미 의인은 의인으로 죽고, 악인은 악인으로 죽어 부활합니다. 그들은 이미 우측과 좌측으로 나뉘어서 심판대에 들어가게 됩니다. 그러니까 우리가 흔히 말하는 것처럼 죽어서 천국에 갈지 지옥에 갈지 가봐야 안다는 말은 통용되지 않습니다. 죽었을 때의 영적 상태가 곧 천국과 지옥을 결정합니다.

또한 그것은 죽는 순간이 아니라 이 땅에서 살 때 이미 결정되어 있는 것이기도 합니다. 불신자와 성도는 서로 팽팽한 평행선을 달리며 살다가 그 상태로 죽습니다. 왜냐하면 한 사람은 영원한 지옥의 백성이요 다른 한 사람은 영원한 천국의 백성이기 때문입니다. 그들은 이 땅에서도 결코 조화를 이루지 않습니다. 분리된 상태에서 각자의 삶을 살다가 분리된 상태에서 천국과 지옥을 가고, 분리된 상태에서 부활하여 심판을 받게 되는 것입니다.

그렇기 때문에 이 땅에서 신자가 불신자와 나누는 대화에는 한계가 있습니다. 그들은 결코 서로 깊은 대화를 나누며 진정한 영적 친구가 될 수는 없습니다.

미국 교포 사회에서 볼 수 있는 한 가지 독특한 현상이 있습니다. 미국이 아무리 다인종 국가이고, 각 나라의 교포들이 어릴 때부터 1.5세 또는 2세로 자랐더라도 어느 순간에 보면 한국인들은 한국인들끼리, 중국인들은 중국인들끼리, 백인들은 백인들끼리 어울리는 것을 볼 수 있습니다. 인종만 달라도 그렇습니다. 인종만 달라도 내 마음 깊은 곳에 있는 고민을 속 시원히 털어놓고 나눌 친구를 찾는 것이 쉽지 않습니다. 그런데 천국과 지옥의 차이는 그것과 비교할 수 없을 정도로 전혀 다른 성향의 영혼들이 가는 곳인데, 어떻게 이 땅에서 그들이 서로 영적 친구가 될 수 있겠습니까?

진정한 그리스도인에게는 "너는 다 좋은데 딱 하나, 나랑 신앙만 달라" 이런 논리가 결코 성립하지 않습니다. 만약 자신의 가장 친한 친구가 불신자라면 그의 영혼은 위험한 상태에 있는 것입니다. 철길 위에 놓인 선로의 두 축이 결코 서로 만나는 일이 없듯이, 신자와 불신자도 만나거나 섞일 수가 없고, 각자의 길을 가는 것입니다. 불신자는 당연히 지옥의 길로 가고, 성도는 당연히 천국의 길로 가는 철길 위를 달립니다. 그들은 그렇게 나눠진 상태

그대로 죽어서 부활하고 심판을 맞이하여 서로 영원히 만나지 않는 길로 가게 됩니다. 이것이 의인과 악인의 분리입니다.

자타가 공인하는 교인이 신앙이 없는 자들과 생각이 크게 다를 바 없고, 복음을 비웃는 자들의 행위가 마음속에서 하나도 거슬리지 않고, 세상 사람들과 똑같이 교회를 비난한다면 그것은 매우 아이러니한 일이 아닐 수 없습니다. 어떻게 하나님의 자녀가 자신의 아버지를 욕하고 복음을 비웃는 자들과 어깨를 나란히 할 수 있겠습니까? 거듭남이라는 것을 듣기는 했지만, 그것이 무슨 의미인지 한 번도 경험해보지 못한 자들은 교회 안에 있더라도 불신자와 다를 바가 없는 것입니다.

4. 네 가지 책이 열린다

심판 때 모든 사람이 주님 앞에 나와 자신의 양심을 꺼내 하나님께 보여드릴 것이고, 우리 주님이 악인과 의인을 분리해서 앉혀 놓으신 다음에는 책이 열릴 것입니다. 심판 때 열릴 책에는 총 네 가지가 있는데, 이중 첫 번째는 하나님의 기념책입니다. 기념책에는 그동안 우리가 했던 생각과 말과 행동들, 그 사람의 삶이 고스란히 기록되어 있습니다.

> 그 때에 여호와를 경외하는 자들이 피차에 말하매 여호와께서 그것을 분명히 들으시고 여호와를 경외하는 자와 그 이름을 존중히 여기는 자를 위하여 여호와 앞에 있는 기념책에 기록하셨느니라 말 3:16

두 번째, 양심의 책이 꺼내집니다. 세 번째는 율법책입니다. 그 율법책이 읽히면 양심을 가진 사람들은 내가 무슨 죄를 지었는지 다 느끼게 됩니다. 즉 이 율법책 자체가 우리의 죄를 지적하는 동시에 선고를 내리는 것입니다.

네 번째 책이 바로 생명책입니다. 이 생명책에는 만세 전에 선택된 모든 자들의 이름이 기록되어 있습니다.

> 또 내가 보니 죽은 자들이 큰 자나 작은 자나 그 보좌 앞에 서 있는데 책들이 펴 있고 또 다른 책이 펴졌으니 곧 생명책이라 죽은 자들이 자기 행위를 따라 책들에 기록된 대로 심판을 받으니 계 20:12

이 네 가지 책, 즉 기념책과 양심의 책, 율법책, 생명책을 심판주가 펼쳐서 우리를 판단하실 것입니다. 그러면 본격적으로 어떻게 판단이 이루어지는지 마태복음 25장 말씀을 통해서 살펴보겠습니다.

5. 판결 선고 : 성도가 먼저, 불신자가 나중에 판결받는다

이 말씀은 심판대에서 이루어지는 일들을 분명히 말해줍니다.

> 그 때에 임금이 그 오른편에 있는 자들에게 이르시되 내 아버지께 복 받을 자들이여 나아와 창세로부터 너희를 위하여 예비된 나라를 상속받으라 마 25:34

여기서 "그 오른편에 있는 자들"이 창세로부터 예비된 사람, 생명책에 기록된 사람들을 의미합니다. 재판장의 왼쪽에는 불신자가 가득 차 있고, 재판장의 오른쪽에는 성도들이 가득 차 있습니다. 이때 먼저 성도들에 대한 판결이 이루어집니다. 불신자를 먼저 판단하는 것이 아니라 성도들을 먼저 판단하는 것입니다.

먼저 "내 아버지께 복 받을 자들이여 나아와 창세로부터 너희를 위하여 예비된 나라를 상속받으라"는 말씀이 선포되고 이 선언을 성도와 불신자들이 모두 듣게 됩니다. 그러면 성도는 말할 수 없는 기쁨을 경험하지만, 반대로 불신자는 말할 수 없는 질투심에 몸부림치게 됩니다.

"아, 저 김○○라는 사람, 생전에 별로 대단한 사람이 아니었는데", "내가 저 박○○보다 훨씬 더 좋은 직장에 다녔고 좋은 사람과 결혼을 해서 행복하게 잘 살았었는데", "아! 저 이○○란 사람은 우리 옆집에 살던 사람인데, 진짜 별 볼일 없던 사람인데, 왜 저런 사람들에게 저런 선고를 내리시고 나는 왜 이렇게 되었을까" 라면서 생전과 비교해 역전된 모든 상황을 보며 뼈에 사무치도록 후회하고 한탄할 것입니다.

인간에게 심히 고통스러운 감정 중에 하나가 바로 질투심입니다. 질투심은 사람에게 잠 못 이루는 격노를 선사합니다. 그런데 불신자는 하필이면 이제 다시는 돌이킬 수 없는 자리인 심판대 앞에서 지상 최대의 질투심을 경험하게 되는 것입니다.

또 왼편에 있는 자들에게 이르시되 저주를 받은 자들아 나를 떠나 마귀와 그 사자들을 위하여 예비된 영원한 불에 들어가라 마 25:41

오른편에 있는 자들에게 먼저 천국을 상속받으라는 판결이 행해지고 불신자들의 마음속에 엄청난 질투심이 유발된 상태에서 악인들에게 영원한 불못에 들어가라는 판결이 내려집니다. 그런데 그들은 나와 같은 동네에 사는 이웃이었고, 내 동창이었고, 심지어 나와 같은 교회를 다녔던 교인이거나 혹은 내 가족이었을 수도 있습니다.

악인들은 성도들에게 내려지는 선고를 보며 그제야 자신들이 인생에서 가장 중요한 것을 놓치고 살았음을 깨닫고 '나는 그동안 무엇을 하며 살았을까?'라며 영원한 자괴감과 두려움에 휩싸이게 되는 것입니다. 물론 한탄해도 때는 이미 늦었습니다. 이제 그들은 그들이 가야 할 곳이 어딘지 확실히 알 것입니다.

심판의 기준은 은혜가 아닌 행위

마태복음에 나온 예수님의 말씀을 살펴보면 심판 때 그들(의인과 악인들)이 가야 할 곳이 어딘지 판단하는 기준이 행위임을 알 수 있습니다. 예비된 나라를 상속받을지, 아니면 영원한 불에 들어가게 될지는 그들이 생전에 어떤 행위를 했는지로 판결된다는 것입니다.

예수님은 악인들에게 영원한 불에 들어가라고 말씀하신 다음 바로 그 판결의 기준을 제시하십니다.

> 내가 주릴 때에 너희가 먹을 것을 주지 아니하였고 목마를 때에 마시게 하지 아니하였고 나그네 되었을 때에 영접하지 아니하였고 헐벗었을 때에 옷 입히지 아니하였고 병들었을 때와 옥에 갇혔을 때에 돌보지 아니하였느니라 하시니 그들도 대답하여 이르되 주여 우리가 어느 때에 주께서 주리신 것이나 목마르신 것이나 나그네 되신 것이나 헐벗으신 것이나 병드신 것이나 옥에 갇히신 것을 보고 공양하지 아니하더이까 이에 임금이 대답하여 이르시되 내가 진실로 너희에게 이르노니 이 지극히 작은 자 하나에게 하지 아니한 것이 곧 내게 하지 아니한 것이니라 하시리니 마 25:42-45

여기서 우리는 "이 지극히 작은 자 하나에게 하지 아니한 것이"라는 말씀에 주목해야 합니다. '하지 아니한 것'이란 행동하지 아니한 것을 의미합니다. 바로 행동으로 심판의 기준을 삼았다는 것입니다. 그러면 이렇게 말씀하실 수도 있을 것입니다. "구원은 믿음으로 얻는 것 아니었나요?", "믿음으로 구원받는 것인데 왜 행위를 강조하나요?"라고 말입니다. 그러나 예수님이 말씀하신 행위대로 판단한다는 말씀은 바로 진짜 믿음은 바른 행위를 낳는다는 뜻입니다. 이것을 바꾸어 말하면 바른 행위를 낳지 않으면 믿음이 없는 것입니다.

그들이 행한 것과 그들이 행하지 않은 것을 판결의 기준으로 삼았다는 것의 의미는 단 하나입니다. 믿는 자에게는 바른 행위가 있어야 되고, 바른 행위가 없다는 것은 믿음이 없는 증거라는 것입니다. 이것을 기억하시기 바랍니다. 행위로 구원받지 못하지만, 구원받은 자는 반드시 행위가 드러나게 되어 있습니다.

한국 교회의 가장 큰 병폐는 믿음으로 구원받는다고 하면서 행위에 대해서 아무것도 이야기하지 않는다는 것이었습니다. 우리는 믿음으로 구원받는 것이 맞습니다. 그러나 내게 믿음이 있는지 없는지는 눈에 보이지 않기 때문에 내 행위가 내게 믿음이 있음을 증명한다는 것입니다.

그러므로 우리가 이 땅을 살아갈 때, 천국 갈 백성과 지옥 갈 백성은 사다리의 양 축과 같이 서로 만나지 않고 각자의 방식대로 살아갑니다. 이들은 섞일 수 없습니다. 그래서 그들은 각각 어떤 내세에 속한 백성인지 미리 짐작할 수 있습니다. 그들이 살아가는 모습만 보아도 육안으로 그들이 어떤 백성인지 대략 알 수 있다는 것입니다. 그런데 이런 차이점은 있습니다. 상대적으로 천국 갈 사람들은 지옥 갈 사람들보다 확실하게 드러나지 않습니다. 왜냐하면 인간은 얼마든지 자신을 속이면서 외적으로 믿음 있는 척할 수 있기 때문입니다. 그러나 지옥 백성은 그보다 훨씬 명백히 드러납니다. 지옥 갈 백성이 이 땅에서 어떻게 명백히 드러나는지 예수님께서 다음과 같이 말씀하십니다.

내가 주릴 때에 너희가 먹을 것을 주지 아니하였고 목마를 때에 마시게 하지 아니하였고 나그네 되었을 때에 영접하지 아니하였고 헐벗었을 때에 옷 입히지 아니하였고 병들었을 때와 옥에 갇혔을 때에 돌보지 아니하였느니라 하시니 마 25:42-43

이것이 바로 지옥 갈 백성을 구분하는 명백한 기준입니다. 이와 관련하여 고린도전서에서도 다음과 같이 말씀합니다.

그러나 그들의 다수를 하나님이 기뻐하지 아니하셨으므로 그들이 광야에서 멸망을 받았느니라 고전 10:5

여기서 멸망을 받았다는 것은 멸망 받을 삶을 살았다는 것입니다. 예를 들면 어떤 부모가 신앙 없는 자녀를 안타까워하며 이렇게 말합니다. "얘, ○○아, 너 신앙생활을 좀 더 열심히 할 수 없겠니? 하나님에 대해 좀 더 열심히 배우고, 주님을 더 사랑할 수 없겠니?"라고 말입니다. 이때 그 신앙 없는 자녀가 이렇게 말합니다. "아빠, 엄마, 저는 도무지 성경이 믿어지지 않고 하나님을 사랑하는 마음이 안 생깁니다, 그래서 저는 신앙생활을 깊이 하고 싶은 마음이 전혀 없습니다"라고 말입니다.

그런데 이와 같은 현상을 두고 고린도전서는 이렇게 말씀합니다. "네가 하나님이 도무지 믿기지 않고 성경을 깊이 연구하고 싶지 않은 것은, 네가 하나님을 싫어해서가 아니라 하나님이 너를 미워하시기 때문이다"라고 말입니다. 우리가 이 땅에서 지옥 갈 사람을 명백히 아는 것은 그 사람에게 하나님을 사랑하는 마음이 없기 때문입니다. 그런데 우리 입장에서 보면 내가 하나님을 사랑하지 않는 것 같고, 하나님을 열심히 추구하지 않는 것 같은데 고린도전서 10장 5절 말씀에 따르면 하나님께서 기뻐하지 않고 하나님께서 사랑하지 않는 그들이 멸망의 열매를 맺고 있다는 것입니다. 하나님께서 왜 그들을 기뻐하지 않으셨습니까? 그들이 멸망의 자녀로 선택되었기 때문입니다.

그러므로 우리는 항상 이 점을 두려워해야 합니다. 하나님은 이 세상을 보고 매일 분노하십니다. 하나님은 이 세상 사람들을 기뻐하지 않습니다. 그들은 진노의 대상입니다. 그들이 하나님을 가벼이 여기고, 경거망동하며, 진지하게 신앙하지 않고, 하나님을 열정적으로 추구하지 않는 모습 자체가 멸망받은 자의 표상이라는 것입니다.

> 이것이 곧 적게 심는 자는 적게 거두고 많이 심는 자는 많이 거둔다 하는 말이로다 고후 9:6

이것은 만고불변의 진리입니다. 뿌린 대로 거두고, 콩 심은 데 콩 나고, 팥 심은 데 팥 나는 것입니다. 그렇다면 우리는 우리의 영혼을 위해 무엇을 심고 있습니까? 무엇을 심어야 나의 영혼에 꽃이 피고 열매를 맺을 텐데 각자 자신의 영혼에 무엇을 심고 계십니까?

> 내가 주릴 때에 너희가 먹을 것을 주었고 목마를 때에 마시게 하였고
> 나그네 되었을 때에 영접하였고 헐벗었을 때에 옷을 입혔고 병들었을
> 때에 돌보았고 옥에 갇혔을 때에 와서 보았느니라 마 25:35-36

여기서 '내가'는 우리 주님을 의미합니다. 그리고 '너희'는 예수
님의 제자, 예수님의 종 혹은 그리스도인을 의미합니다. 이에 의인
들이 대답합니다.

> 이에 의인들이 대답하여 이르되 주여 우리가 어느 때에 주께서 주리신
> 것을 보고 음식을 대접하였으며 목마르신 것을 보고 마시게 하였나이
> 까 어느 때에 나그네 되신 것을 보고 영접하였으며 헐벗으신 것을 보
> 고 옷 입혔나이까 어느 때에 병드신 것이나 옥에 갇히신 것을 보고 가
> 서 뵈었나이까 하리니 마 25:37-39

의인들은 자신들이 영을 위해 씨앗을 심되 아주 작은 것을 심
었다고 생각했는데, 마지막 심판대 앞에서 크나큰 상을 받고 놀
라 그렇게 말하는 것입니다. 즉 내가 이 땅에서 주님의 이름으로
냉수 한 그릇을 드렸는데, 심판대에서 기쁨의 강물이 흘러나옵니
다. 내가 이 땅에서 예수 그리스도의 이름으로 나그네에게 하룻
밤을 유숙하게 해주었을 뿐인데, 영원한 천국의 저택이 우리를 기

다리고 있던 것입니다. 입을 것이 없는 사람에게 옷을 한 벌 주었더니, 천국에서 영원한 옷이 나에게 준비되었고, 병든 성도를 위로하고 어려운 성도를 도와주었더니, 우리 그리스도께서 하늘의 천군 천사들과 함께 친히 찾아오셔서 나를 방문해 주고 계십니다. 그리스도로 인하여 감옥에 갇혔더니, 그리스도께서 친히 오셔서 하늘의 궁전으로 데려가시고, 데려가신 후에 그리스도와 함께 영원한 곳에서 거하게 하셨습니다.

그러므로 우리는 그리스도의 이름으로 이 세상뿐만 아니라 주님을 위하여, 더 나아가 주의 종, 주의 제자, 그리스도인들을 도와주어야 합니다. 교회 안에 있는 주의 종, 핍박받는 성도들, 가난한 성도들을 찾아가 손을 잡아주고, 같이 울어주고, 옷을 주고, 용돈을 주는 것이 믿음 있는 자의 모습입니다. 40절 말씀입니다.

> 임금이 대답하여 이르시되 내가 진실로 너희에게 이르노니 너희가 여기 내 형제 중에 지극히 작은 자 하나에게 한 것이 곧 내게 한 것이니라 하시고 마 25:40

"너희가 여기 내 형제 중에 지극히 작은 자 하나에게 한 것", 내 형제, 작은 자, 성도에게 물 한 그릇이라도 주고 싶은 마음이 구원받았다는 증거입니다. 가난한 성도에게 옷 한 벌이라도 입혀주고 싶고, 그가 불쌍하고, 그와 친해지고 싶고, 그와 마음의 교제를 나누고 싶은 것이 거듭난 자만이 가질 수 있는 마음입니다.

"행위로 구원받는다"라는 말의 의미는 이처럼 주의 종을 좋아하고, 주님 때문에 어려움을 당한 사람을 위대하게 여기고, 경제적으로 어려움을 당한 지체를 그냥 지나치지 않는 마음이며 그것이 바로 구원받은 자의 특징입니다. 그들에게 손을 내밀고 좋은 것을 함께 나누고자 하는 마음과 행위가 거듭난 자들의 표상이고, 그가 천국 백성이라는 외적 증거입니다. 그리고 그 결과는 천국에서 영원한 복락을 누리는 것입니다.

반면에 지옥 갈 자들은 다른 교인들이 어떻게 살고 있는지, 잘 먹고는 사는지, 어디 아픈 데는 없는지 전혀 관심도 없습니다. 그들의 관심이라고는 오로지 세상에서 자신의 유익을 구하는 일들뿐입니다. 그러니 구원받은 자는 자연스럽게 눈에 띄는 행위로 드러나는 것입니다. 그 사람들은 비록 이 땅에서는 자신들이 별것 아닌 일을 한 것처럼 여길 수 있으나, 따뜻한 위로 한마디, 작은 도움의 손길이 결국 그들이 영원한 천국 백성임을 증거합니다.

6. 성도가 세상을 판단할 것이다

성도가 세상을 판단할 것을 너희가 알지 못하느냐 세상도 너희에게 판단을 받겠거든 지극히 작은 일 판단하기를 감당하지 못하겠느냐 우리가 천사를 판단할 것을 너희가 알지 못하느냐 그러하거든 하물며 세상 일이랴 고전 6:2-3

이제 심판대의 오른쪽에 있는 모든 성도, 즉 구원받은 자들에게는 의의 면류관이 씌워집니다. 이 면류관은 단지 천국의 영광을 상징하는 데 그치지 않고, 실제로 그것을 쓴 자에게 권세와 능력이 부여되었음을 의미합니다. 그렇다면 그들에게 어떤 능력과 권세가 주어지게 된 것일까요? 그들은 대심판의 재판장 옆에서 증인 혹은 배심원으로 참석하게 될 것입니다. 이것은 계시록 말씀에 잘 나와 있습니다.

> 이기는 그에게는 내가 내 보좌에 함께 앉게 하여 주기를 내가 이기고 아버지 보좌에 함께 앉은 것과 같이 하리라 계 3:21

> 할렐루야 구원과 영광과 능력이 우리 하나님께 있도다 그의 심판은 참되고 의로운지라 음행으로 땅을 더럽게 한 큰 음녀를 심판하사 자기 종들의 피를 그 음녀의 손에 갚으셨도다 하고 계 19:1-2

이처럼 성도들은 재판장이신 예수님의 재판에 증인으로 참여하고 또한 배심원으로서 예수님의 판결에 "아멘"으로 화답하며 심판에 참여할 것입니다. 그들은 지옥 갈 자들이 심판을 받을 때 악인에 대한 선고에 증언하고 동의합니다. "주님의 심판이 참으로 옳습니다. 저 사람은 심판받아 마땅한 자입니다"라고 외치면서 말입니다. 시편 또한 이렇게 말씀합니다.

그들은 양 같이 스올에 두기로 작정되었으니 사망이 그들의 목자일 것이라 정직한 자들이 아침에 그들을 다스리리니 그들의 아름다움은 소멸하고 스올이 그들의 거처가 되리라 시 49:14

여기서 '정직한 자들'은 성도를 말하고, "정직한 자들이 다스린다"라는 것은 성도가 마지막 날에 재판자의 자리에 앉게 될 것을 의미합니다. 149편에도 같은 내용이 등장합니다.

그들의 입에는 하나님에 대한 찬양이 있고 그들의 손에는 두 날 가진 칼이 있도다 이것으로 뭇 나라에 보수하며 민족들을 벌하며 그들의 왕들은 사슬로, 그들의 귀인은 철고랑으로 결박하고 기록한 판결대로 그들에게 시행할지로다 이런 영광은 그의 모든 성도에게 있도다 할렐루야 시 149:6-9

즉 모든 성도는 배심원의 자리에 올라가서 지옥 갈 자들에게 내려지는 판결에 동의하고 선고의 타당함을 증언하며, 그러한 주님의 심판이 참으로 옳고 마땅한 것이라고 찬양한다는 것입니다. 또한 "뭇 나라에 보수한다"라는 말씀의 의미는, 예를 들어 기독교를 악의적으로 폄훼하는 언론, 정치인, 드라마, 방송, 혹은 인터넷에서 교회를 조롱하고 악의적인 댓글을 쓰는 사람들, 더 나아가 북한을 비롯한 전 세계 곳곳에서 기독교를 핍박하는 공산주의, 이슬람 국가들이 예수님 앞에서 심판받을 때, 성도들 역시 그 재판에 동참하여 "예수님, 저들은 그런 선고를 받아 마땅합니다", "주님이 내리신 판결이 합당합니다"라고 외칠 수 있도록 주님이 허락해주신다는 것입니다.

여러분, 이 땅에서 교인이라는 이유로 미움받고 억울한 일을 당하고 계십니까? 마지막 대심판의 자리에서 그들과 우리의 자리는 완전히 뒤바뀌어 있을 것입니다.

7. 저주의 선고

이뿐 아니라 대심판의 날에 성도들은 재판장이신 주님과 함께 불신자들, 지옥에 갈 자들을 판단할 것입니다. 그 기준 역시 마태복음 25장 42-43절입니다. 그런데 마지막에 주님이 판단하실 때 악인들은 "주님, 우리가 언제 주님을 공양하지 않았습니까?"라고 말할 것입니다.

> 그들도 대답하여 이르되 주여 우리가 어느 때에 주께서 주리신 것이나
> 목마르신 것이나 나그네 되신 것이나 헐벗으신 것이나 병드신 것이나
> 옥에 갇히신 것을 보고 공양하지 아니하더이까 마 25:44

예를 들면, "만약 제가 참다운 주의 종, 참다운 그리스도인을 발견했더라면 그들을 열심히 섬겼을 것입니다. 그러나 내 눈에는 그런 사람이 한 명도 보이지 않았습니다. 그들은 다 이기적이고 무식하고 광신적이고 성격도 안 좋고 대화를 나누고 싶지도 않은

그런 자들이었습니다"라는 것입니다. 결국 그들의 말은 "나는 지금까지 주님을 기다렸는데 주님은 오시지 않았습니다"라는 뜻입니다. 이에 대해 주님은 다음과 같이 말씀하십니다.

> 이에 임금이 대답하여 이르시되 내가 진실로 너희에게 이르노니 이 지극히 작은 자 하나에게 하지 아니한 것이 곧 내게 하지 아니한 것이니라 하시리니 마 25:45

여기서 '지극히 작은 자'란 우리가 봤을 때 "아무 볼품이 없다", "참 무식하다", "저 사람과 친구하고 싶지 않다", "참 성격이 안 좋다"라는 소리를 듣는 사람입니다. 그렇지만 주님은 바로 그런 사람이 예수님 자신이라고 말씀하십니다. 우리는 지나치게 이상적인 사람, 경건하고 참된 자를 기다립니다. 그런데 그런 사람은 없습니다.

이 외에도 대심판의 날에는 또 다른 무서운 일이 벌어집니다. 그때는 이 땅에서의 부모, 형제, 자녀라는 우리의 모든 천륜이 다 끊깁니다. 경건한 아내와 불경건한 남편이 살다가 심판대에서 남편이 지옥에 던져집니다. 그럴 때 경건한 아내는 박수를 치며 이렇게 말할 것입니다. "맞습니다. 주님, 저 사람이 생전에 나에게 얼마나 큰 고통을 주었는지 모릅니다", "주님의 판결은 합당하십니다. 일평생 제가 전도해도 무시하고, 복음을 받아들이지 않고, 저를 힘들게 한 가족을 지옥에 보내시는 것은 타당한 판결이십다" 바로 이것이 심판대에서 일어날 일들입니다.

　내 남편이 지옥에 가고, 내 자녀가 지옥에 가는 것을 볼 텐데, 그때 하나도 슬프지 않고 주님의 결정이 합당하다고, 그 결정을 찬양하는 것입니다. 경건한 자녀가 그토록 부모에게 예수를 믿으라고 전해도, "얘야, 나는 지금이 좋다"라며 거절하더니 마지막 날에 그 부모가 심판대 왼편에 서서 자녀의 눈앞에서 지옥의 판결을 받게 됩니다. 또한 이것이 우리가 주님을 따를 때 부모와 처자와 형제와 자매까지 저버려야 한다고 예수님이 말씀하신 이유입니다. 마지막 날에는 양과 염소, 알곡과 가라지가 완전히 분리되기 때문입니다.

　그러면 우리가 이 땅에서 무엇을 해야 합니까? 무엇보다 내가 진짜 성도인지 아닌지 점검해야 합니다. 심판 전에 이 땅에서 미리 검증을 받아야 하는 것입니다. 이에 대한 해답을 주님은 이미 우리에게 제시해주셨습니다. 어떤 사람이 천국에 가고 어떤 사람이 지옥에 가는지 다 알려주셨기 때문에 이제는 우리가 전부 다 천국 백성이 되어야 하는 것입니다.

　더 구체적으로 어떻게 하면 됩니까? 주님의 양을 먹이시면 됩니다. 지금 교회에서 어려운 사람들을 돌봐주십시오. 지친 교인들과 대화를 나눠주시고, 슬퍼하는 교인들과 시간을 보내주시고, 그들을 위해서 기도해주시고, 말씀을 권면해주시고, 음식을 주시고, 옷도 주시기 바랍니다.

　여러분은 그렇게 한 지가 언제였습니까? 성도들은 세상 사람들이 살아가는 방식처럼 "너는 너, 나는 나"라며 서로 외면하는 일이 단연코 없어야 합니다. 그리하여 마지막 날 눈물로 심판을 받으시는 분이 단 한 분도 없게 되기를 주님의 이름으로 간절히 소원합니다.

15

영화 3

천국은 어떤 곳인가?

내가 확신하노니
사망이나 생명이나
천사들이나 권세자들이나
현재 일이나 장래 일이나 능력이나
높음이나 깊음이나
다른 어떤 피조물이라도
우리를 우리 주 그리스도 예수 안에 있는
하나님의 사랑에서 끊을 수 없으리라

성경과 천국

우리는 대부분 성경이 바른 가치를 심어주거나 이 땅을 살아가는 도덕적 기준을 제시해준다고 생각하며 살아갑니다. 또한 구원은 하나님께서 이루시는 일이며, 우리가 이 땅에서 성도로 살아갈 때 어차피 하나님의 말씀을 다 지키지 못한다는 것도 알고 있고, 그래서 하나님의 말씀을 지키지 못해도 큰 양심의 가책을 느끼지 않습니다. 구원이 이미 확보되었으니, 이 땅에서 부귀영화를 누리고, 남들보다 더 잘살고, 성공하고 싶은 모든 것을 추구하며 살아도 마음속으로는 천국에 들어갈 것으로 생각한다는 것입니다. 좀 더 진보적인 관점을 가진 사람이라면 이웃 사랑을 실천하는 것이 그리스도인의 삶이라고 여깁니다. 이 정도의 생각을 넘어서는 사람들이 별로 없습니다. 그러나 이것은 천국과 아무 관계가 없이 변죽을 울리는 것입니다.

그렇다면 그리스도인으로서 살기 위해 우리가 해야 할 일은 무엇일까요? 저는 이 질문에 대한 답을 찾는 과정에서 깨달았습니다. 하나님께서 이루시는 구원의 과정에서 우리의 역할이 있다는 사실을 말입니다. 하나님은 하나님의 일을 하시고 우리는 천국을 향한 준비의 일환으로 성경을 깊이 연구하고 순종해야 합니다.

성경이야말로 우리가 '천국'이라는 대학에 들어가기 위해 치러야 하는 수능 시험 교과서라고 생각한다면 성경을 대하는 우리의 자세가 달라질 것입니다. 사실 우리가 성경을 얼마나 아느냐, 내가 천국을 어떻게 알고 있느냐에 따라서 천국에 간다고 보면 그리 어렵지 않습니다. 좋은 대학에 들어가는 학생은 교과서가 너덜너덜해질 정도로 교과서를 공부합니다. 우리가 이론을 알고, 말씀의 종교가 무엇인지 깨닫고, 그 말씀이 나를 천국으로 들어가게 해준다는 것을 알면, 우리는 성경을 목숨처럼 보게 될 것입니다.

성경은 능히 너로 하여금 그리스도 예수 안에 있는 믿음으로 말미암아 구원에 이르는 지혜가 있게 하느니라 딤후 3:15

천국의 특징

천국은 우리가 알 수 없고 우리가 한 번도 가보지 않았기 때문에 하나님은 우리의 눈높이에 맞춰서 천국을 설명해주셨습니다. 천국에 대해서 가장 많이 말씀하신 분은 바로 예수님입니다. 우리가 예수님을 정확히 따르고자 하면서 천국과 지옥에 대한 예수님의 가르침에 집중하지 않는다면 그것은 예수님을 업신여기는 것이 됩니다. 따라서 우리는 성경을 통해 예수님이 가르쳐주신 천국의 특징이 무엇인지 분명히 알아야 할 것입니다.

그 때에 임금이 그 오른편에 있는 자들에게 이르시되 내 아버지께 복
받을 자들이여 나아와 창세로부터 너희를 위하여 예비된 나라를 상속
받으라 마 25:34

이것은 예수님이 심판에 대하여 비유로 말씀하신 본문입니다.
여기서 임금은 예수 그리스도이시고, 천국을 상속받은 자들은 주
님의 오른편에 있는 자들이며 재판이 막 끝난 직후입니다.

1. 천국 성도의 권세

이제 거기에 있는 성도들에게 왕권이 주어집니다. 왕권이란 왕으
로서 나라를 물려받는 것입니다. 즉 그리스도인들은 왕이 되고
각자 머리에 면류관을 쓰게 될 것입니다. 왕권은 실권이 주어지는
것입니다. 우리가 하늘 아래 살 때에는 죄로부터 지배를 당하던
종의 삶을 살았는데, 천국에서는 왕으로서 죄를 다스리고 우리의
영혼을 완벽하게 다스리게 되는 것입니다.

우리가 이 세상에서 아무리 승승장구하고 성공하고 전쟁에서
이길지라도 우리의 행복과 불행이 거기에 달려 있지 않다는 것을
잘 알 것입니다. 우리의 행불행은 내가 원하는 것을 성취하고, 돈
을 많이 벌고, 목표를 완성하느냐에 달린 것이 아니라 죄 문제에
좌우됩니다. 내가 죄를 짓느냐 안 짓느냐에 달려 있는 것입니다.
아무리 성공하고 출세해도 가정이 불화하면 행복할 수 없습니다.

성경은 우리의 눈물과 한숨이 다 죄에 대한 결과라고 말합니

다. 우리는 이 땅에서 우리의 능력으로는 죄를 다스릴 수가 없었습니다. 그런데 천국에 가면 완벽하게 죄를 제어할 수 있기 때문에 천국에는 더 이상 눈물과 한숨이 없습니다. 그것은 이 땅에서도 마찬가지입니다. 천국의 삶은 죄가 없고 당당하고 행복하고 기쁜 것입니다.

많은 사람들이 인생의 정점에서 과거에 지은 죄 때문에 단번에 추락하는 경우가 얼마나 많은지 모릅니다. 그렇기 때문에 수많은 사람들이 알아주는 명예와 권세의 자리에 올라가고, 무엇을 더 크게 성취하는 것보다 더 중요한 것은 죄를 짓지 않고 살아가는 것입니다. 내 삶에서 어떻게 죄를 제어할 것인지 관심을 갖는 것입니다. 그런 자가 성도입니다. 그 성도는 비록 가진 것이 없어도 당당할 것이고, 이룬 것이 없어도 행복할 것입니다.

> 이기는 자와 끝까지 내 일을 지키는 그에게 만국을 다스리는 권세를 주리니 그가 철장을 가지고 그들을 다스려 질그릇 깨뜨리는 것과 같이 하리라 나도 내 아버지께 받은 것이 그러하니라 계 2:26-27

죄는 우리가 싸워서 이겨야 하는 적입니다. 싸우지 않고 가만히 놔두면 그것은 지는 것입니다. 주님은 이기는 자와 주님의 일을 끝까지 지키는 자에게 나라를 다스리는 권세를 주겠다고 하십니다. 질그릇 부수듯이 깨트릴 권세를 주겠다고 하십니다. 그것은 이 땅의 권세를 잡은 사람과 비교가 되지 않는 왕의 권세입니다.

2. 천국 성도의 표지 : 흰옷

천국 성도에게는 그들만의 표지가 있습니다. 성경에 따르면 그들은 의의 면류관(딤후 4:8)을 쓰고, 손에는 칼(시 149:6)과 종려나무 가지(계 7:9)를 들고, 흰옷(계 3:4)을 입습니다. 이 중 흰옷은 '자유'와 '승리'를 상징합니다.

① 자유

흰옷의 첫 번째 의미는 노예로 있다가 해방되어 자유롭게 되었다는 것입니다. 우리는 이 땅에서 죄와 세상의 노예로 살았습니다. 그 결과 눈물과 고통이 끊이지 않았고 항상 슬픔에 빠질 수밖에 없었습니다. 그런데 천국에 가면 그 죄로부터 완전히 해방되고, 죄로 말미암은 벌 또한 없기 때문에 더 이상 눈물이 없을 것입니다.

우리는 죄를 지으면 그 대가를 반드시 받는다는 것을 분명히 알아야 합니다. 하나님은 심판하는 분이시고, 우리가 하나님 앞에 죄를 지으면 우리는 그 죄에 대한 벌을 100퍼센트 받게 됩니다. 내일이 될지, 다음 달이나 내년일지, 인생의 후반부인지 언제 어떻게 받는지 잘 모를 뿐입니다. 그러니 우리가 죄의 유혹 앞에서 죄를 이기지 못하고 죄에 질 수밖에 없을 때 내가 이 죄에 대한 벌을 달게 받겠다는 각오를 해보는 것이 좋습니다. 그러면 죄를 지으려고 하다가도 멈추게 될 것입니다.

제가 청교도를 공부하면서 깜짝 놀란 사실도 바로 이 점입니다. 그전에는 하나님께서 우리의 죄를 다 용서해주신다고 쉽게 생각했습니다. 그러나 우리가 이 땅에서 죄를 지으면 그 죄에 대한 벌로 우리에게 고통과 눈물이 찾아옵니다. 우리의 고통과 눈물은 다 죄의 결과물일 수 있다는 것입니다.

> 모든 눈물을 그 눈에서 닦아주시니 다시는 사망이 없고 애통하는 것이나 곡하는 것이나 아픈 것이 다시 있지 아니하리니 처음 것들이 다 지나갔음이러라 계 21:4

이제 하나님께서 우리의 눈물을 닦아주십니다. '처음 것들'이란 우리가 거듭나지 않았을 때, 하나님의 백성으로 살아가지 못했을 때의 모든 것들입니다. 그것이 다 지나갔다는 말의 의미는 우리가 이제 더 이상 죄를 짓지 않으니까 눈물과 한숨도 사라진다는 것을 의미합니다.

제가 성도들과 상담을 많이 하면서 느낀 것이 있습니다. 삶의 고난 때문에 눈물이 마르지 않는 사람들은 대개 상담을 통해 권면한 대로 따르지 않을 때가 많습니다. 그 교회의 목회자만큼 성도를 많이 알고, 그들의 문제를 객관적으로 보면서, 성도에게 하나님의 말씀으로 바른 길을 제시할 수 있는 사람이 어디 있습니까? 그런데도 결국 눈물을 흘리게 되는 선택을 하는 경우를 많이 보았습니다. 그 경우 하나님께서도 그 선택에 대한 책임을 물으실 것입니다.

사랑하는 자들아 우리가 지금은 하나님의 자녀라 장래에 어떻게 될지
는 아직 나타나지 아니하였으나 그가 나타나시면 우리가 그와 같을
줄을 아는 것은 그의 참모습 그대로 볼 것이기 때문이니 요일 3:2

"그가 나타나시면 우리가 그와 같을 줄을 아는 것은", 천국에
갔을 때 예수님이 내 앞에 나타나시면 우리가 그분과 닮았다는
것을 발견하게 됩니다. 따라서 우리가 이 땅을 살아갈 때도 우리
는 예수님을 닮아가야 합니다. "예수님이라면 어떻게 하실까?",
"예수님이라면 내가 바라보는 상대를 어떻게 바라보실까?" 생각
해보시기 바랍니다. 어떤 사건 때문에 어떤 사람을 정말 싫어하
게 되었습니다. 그런데 몇 년이 지나도 그 사람이 용서가 안 된다
고 합니다. 그러면 입장을 바꿔놓고 생각해보십시오. 우리 예수님
이라면 한 번 상처받은 그 마음을 몇 년씩 품고 '나는 네가 나한
테 한 일을 결코 잊지 못하겠다' 하고 계실까요? 예수님은 도무지
그러실 것 같지 않습니다.
　악한 마음을 품고 주님과 상관없이 살아가면서, 지옥에 갈 사
람처럼 마음을 바꾸지 않으면서, 어떻게 주님을 따라간다고 그러
십니까? 이 땅에서 주님처럼 살아야 천국에 가서 주님을 만났을
때 내가 주님과 닮아 있다는 것을 볼 수 있습니다. 흰옷은 죄로부
터의 자유를 의미합니다. 죄를 짓지 않는 순결의 표시이자 우리가
예수님처럼 되는 것입니다.

② 승리

흰옷은 승리입니다. "이기는 자는 이와 같이 흰옷을 입을 것이요"(계 3:5), "흰옷을 입고 손에 종려 가지를 들고 보좌 앞과 어린 양 앞에 서서"(계 7:9), 종려 가지도 승리의 표시로 사용되었습니다. 이기는 자는 흰옷을 입습니다. 이것은 승리를 상징하는데 그 뜻은 전쟁에서 승리했다는 것입니다. 우리는 이 땅을 살아가면서 주님의 말씀을 지키려고 분투해야 합니다. 우리가 분투하지 않으면, 미워하는 마음을 없애려고 싸우지 않으면 승리는 없습니다.

천국은 승리하는 사람이 가는 것입니다. 죄와 싸우고 하나님의 말씀을 지키기 위해 내 몸을 쳐서 복종해야 합니다. 천국에는 모두 그런 사람들만 있습니다. 죄와 싸우다가 다치고 부러지고 피가 나는 사람들, 하나님의 말씀을 지키려고 싸우다가 사람들로부터 손가락질당하고, 사회에서 낙오되고 왕따당하고 상처받은 사람들이 승리의 훈장을 가지고 천국에 가게 되는 것입니다.

천국은 그냥 갈 수 있는 곳이 아닙니다. 그런 천국은 없습니다. 천국은 승리한 결과로 가는 곳입니다. 이 땅에서 주님의 말씀을 지키려고 몸부림치며 싸워보셨습니까? 문제가 해결될 때까지 끈질기게 기도에 승부를 걸어보셨습니까? 지옥에 휩쓸려가는 사람들을 건지기 위해 전도하며 처절하게 애써보셨습니까? 그리스도의 손에 박힌 못자국은 영광의 훈장으로 바뀌고, 십자가에 달렸을 때 쓰신 가시 면류관은 영광스러운 면류관으로 바뀌고, 죄와 세상과 마귀에 대항하여 얻은 승리는 천국에서 한층 더 고취될 것입니다. 그때 성도는 영원한 안식에 들어갈 것입니다. 이 땅에서는 주일이 예배를 드리는 가장 중요한 날이지만 천국에서는 언제든지 예배가 드려집니다. 천국은 삶 자체가 예배입니다. 천국에서는 이 땅에서 들을 수 없었던 영광스러운 설교를 듣게 될 것입니다. 주님의 품 안에서 누리는 끊임없는 기쁨과 영원한 안식이 있을 것입니다.

천국에 안식이 있다는 것은 이 땅에서는 고난이 있었다는 뜻입니다. 천국에 승리가 있다는 것은 이 땅에서 피 흘리는 전투를 했다는 뜻입니다. 이 땅에서 당하는 고난은 주님을 섬기다가 당하는 고난이지 죄짓다가 죄 때문에 당하는 고난이 아닙니다. 죄짓는 것은 어렵지 않습니다. 주님의 말씀을 따라 살고 죄를 억제하는 것이야말로 피를 흘릴 만큼 어려운 전투의 과정입니다. 이 전투의 승리가 있는 자들이 천국의 안식으로 들어가는 것입니다.

3. 성읍의 모양

그 성곽은 벽옥으로 쌓였고 그 성은 정금인데 맑은 유리 같더라 그 성의 성곽의 기초석은 각색 보석으로 꾸몄는데 첫째 기초석은 벽옥이요 둘째는 남보석이요 셋째는 옥수요 넷째는 녹보석이요 다섯째는 홍마노요 여섯째는 홍보석이요 일곱째는 황옥이요 여덟째는 녹옥이요 아홉째는 담황옥이요 열째는 비취옥이요 열한째는 청옥이요 열두째는 자수정이라 그 열두 문은 열두 진주니 각 문마다 한 개의 진주로 되어

있고 성의 길은 맑은 유리 같은 정금이더라 계 21:18-21

성경은 천국을 세밀하게 묘사합니다. 요한계시록에는 천국의 벽이 벽옥으로 되어 있고, 성곽의 기초는 각색 보석으로 꾸며져 있으며, 그 곳의 열두 문은 진주로 되어 있고, 성의 길은 정금이라고 기록되어 있습니다. 우리는 이 땅에서 금을 얻기 위해 평생을 고군분투합니다. 부와 권세는 이 땅의 최종 목표이자 최고 가치로 여겨집니다. 그러나 천국에서는 우리가 목숨 걸고 얻으려 하는 금이 발밑에 깔려 있으며, 단지 천국을 이루는 흔한 재료로 쓰이고 있을 뿐입니다. 우리는 그것들을 밟고 다니게 될 것입니다. 우리가 이 땅에서 귀하게 여겼던 것들은 천국에서 더 이상 중요하지 않습니다.

4. 성전과 예배의 변화

성 안에서 내가 성전을 보지 못하였으니 이는 주 하나님 곧 전능하신 이와 및 어린 양이 그 성전이심이라 계 21:22

천국에서는 성전도, 예배도 따로 존재하지 않습니다. 이는 천국에서 더 이상 건물로서의 성전이 필요 없다는 것을 의미합니다. 그 이유는 하나님과 예수 그리스도가 우리와 함께 계시기 때문입니다. 천국에서는 물리적 성전이 아닌 하나님과 예수 그리스도 자신이 성전이 되어주십니다.

여러분, 천국에서는 하나님과 함께하는 삶 자체가 예배입니다. 이 땅에서처럼 따로 모여 예배를 드릴 필요가 없습니다. 천국에서 하나님과 함께하는 모든 순간이 완전한 예배요, 완전한 안식입니다. 우리는 그곳에서 임재하시는 하나님과 영원히 교통할 것입니다.

5. 천국에 거주하는 주민

① 믿음의 사람들

천국에 거주하는 주민은 바로 성도들입니다. 성도의 교제는 얼마나 기쁜 일인지 모릅니다. 천국에서는 모든 성도가 동일한 신앙을 공유하며, 서로 깊이 교제하며 살아갑니다. 이 땅에서 우리가 신앙생활을 하며 느끼는 고립감이나 단절은 천국에서는 더 이상 존재하지 않습니다.

개혁주의 신앙이나 청교도 신앙을 깨달은 이들이 종종 자신의 믿음을 나누려고 해도, 주변 사람들이 잘 이해하지 못해 외로움을 겪는다고 합니다. 신앙은 각자 성향과 연령에 따라 다를 수 있기 때문에 자기 신앙만 옳다고 주장하거나 그것을 일방적으로 강요하는 것은 폭력이라고 하는 분들이 있습니다. 물론 일리가 있는 말이기는 합니다. 그러나 가정에서도 서로 신앙의 색깔이 다르면 행복하지 않습니다.

그런데 천국은 그런 것에 구애받지 않습니다. 모든 신앙이 같습니다. 내가 찬양하는 것을 이 사람도 찬양하고, 내가 싫어하는 것을 이 사람도 싫어하고, 내가 틀렸다고 하는 것을 이 사람도 틀렸다고 여기는 곳, 모든 갈등이 사라지고, 성도들이 하나 된 믿음으로 서로 온전히 이해하고 받아들이는 곳, 그곳이 바로 천국입니다.

그런데 천국에 갔더니 신앙의 색채가 제각각이라면 이상하지 않을까요? 주님이 가르쳐주신 내용을 사람들마다 각기 다르게 해석하는 일이 과연 상상이나 되십니까?

우리는 최소한 같은 교회에서 통일된 신앙관을 가져야 합니다. 만날 때마다 기쁨이 넘치는 성도들의 교제가 깊어지는 곳, 대화를 나누기만 해도 기쁘고 감사해서 입가에 미소가 가득하고, 내 이야기를 속 시원히 나눌 수 있으며, 모두가 진심으로 잘 받아주는 그런 교회가 바로 천국의 모형과 같은 곳입니다.

더욱이 천국은 성도들뿐만 아니라 믿음의 선배들과도 교제할 수 있는 곳입니다. 아브라함, 이삭, 야곱, 엘리야, 베드로와 바울 등 성경에 나오는 위대한 분들을 모두 만나게 될 것입니다. 또한 머리에 면류관을 쓴 순교자들과 많은 사람을 의의 길로 돌아오게 한 목사들과 사역자들, 함께했던 경건한 친구들과 가족들을 보게 될 것입니다.

우리는 천국에서 이들을 만나 그들의 신앙과 삶에 대해 직접 물어볼 수 있습니다. 그동안 궁금했던 것들, 아브라함에게는 왜 사라를 보호하지 못했는지, 이삭에게는 왜 늦게까지 장가를 가지 못했는지, 야곱에게 환도뼈가 부러질 때 얼마나 아팠는지, 베드로에게는 닭이 울기 전에 예수님을 세 번 부인했을 때의 두려움과 그 후 십자가에 거꾸로 매달렸을 때의 심정을 물어볼 수 있을 것입니다. 그 분들이 우리의 이웃이 됩니다. 우리가 믿음의 선배들과 하나 되어 교제하고 기쁨을 나누며 영원히 사는 것입니다.

② 주님
천국에서 가장 큰 기쁨은 바로 주님이 그곳에 계신다는 사실입니다.

> 아버지여 내게 주신 자도 나 있는 곳에 나와 함께 있어 아버지께서 창세 전부터 나를 사랑하시므로 내게 주신 나의 영광을 그들로 보게 하시기를 원하옵나이다 요 17:24

우리는 천국에서 주님의 영광을 보게 될 것입니다. 이 '영광'을 본다는 것은 우리 주님을 볼 때 궁극의 기쁨을 얻는다는 뜻입니다. 우리가 이 땅에서 무엇을 했을 때 가장 기쁩니까? 우리가 맛본 어떤 기쁨과도 비할 수 없는 최고의 기쁨과 행복이 우리 주님이 계신 곳에 있을 것입니다. 그것이 하나님께서 주님께 주신 영광이고 우리가 대면할 영광입니다.

우리와 하나님 사이에 죄가 있기 때문에 우리가 이 땅에서 그 영광을 경험하는 것은 간접적이며 아주 적습니다. 그러나 하나님 으로부터 오는 영광을 조금 맛보았을 뿐인데도 다윗은 광야의 고 난을 능히 견뎠고, 다니엘의 세 친구는 불구덩이에 던져지는 한이 있어도 금 신상에 절하지 않았습니다. 성도는 천국에서 그 영광 을 직접 맛볼 것입니다.

> 영생은 곧 유일하신 참 하나님과 그가 보내신 자 예수 그리스도를 아 는 것이니이다 요 17:3

우리는 이 땅에서 '말씀'을 통해 하나님과 예수 그리스도를 압 니다. 그러나 천국에 가면 하나님과 예수 그리스도를 직접 알 수 있습니다. 주님 앞에 앉아 직접 말씀을 들을 것입니다. 그럴 때 신 앙하면서 성경공부하다가 모호했던 것을 다 물어볼 수 있습니 다. 완전한 하나님이자 완전한 인간이신 예수님의 신비는 이 땅에 서 도저히 이해할 수 없는 부분이었지만, 천국에서는 그분을 직접 바라보며 모든 의문이 풀리고 해답을 얻게 될 것입니다.

우리가 구원론을 배울 때 하나님께서 만세 전에 우리를 선택하 셨다면 우리가 이 땅에서 성도로 살아가야 할 이유가 무엇이고, 이 땅에서 자유의지가 왜 필요합니까? 이 문제도 해결되지 않는 비밀인데 천국에 가면 우리 주님이 답을 알려주실 것입니다. 이 땅 을 다스리시는 하나님의 섭리가 무엇인지, 왜 전염병을 주셨는지, 왜 세계대전이 일어났는지, 왜 스탈린, 히틀러 같은 사람을 허락하셨는지 물어보면 하나님이 하나하나 답해주실 것입니다. 그 대답이 끝나면 우리는 "할렐루야, 하나님이 옳았습니다"라고 하면서 하나님을 찬양하게 될 것입니다. 우리가 이 땅에서 이해할 수 없었던 수많은 비극적 사건들, 역사 속의 고통스러운 일들이 결국 하나님의 선하신 뜻에 따라 이루어졌음을 알게 될 것입니다. 밭에 감추인 보화를 캐는 기쁨으로 하나님의 무한한 지혜를 배우며 즐거워할 것입니다. 우리 주님의 말씀을 영원토록 반복해서 들을 때마다 놀랍고 새로운 것들을 발견할 것입니다. 이곳이 바로 천국입니다.

신앙의 여정을 힘껏 달려온 사람들의 천국

천국에서 안식의 기쁨을 맛보는 사람들은 오직 분투하는 자, 즉 이 땅에서 신앙의 싸움을 처절하게 치르고 온 자들입니다. 우리가 이 세상에서 겪는 힘든 노동 뒤에 맞이하는 휴식이 꿀처럼 값지듯, 열심히 공부한 학생에게만 방학이 기쁜 것처럼, 천국에서의 승리와 안식도 신앙의 여정을 힘껏 달려온 사람들에게만 값진 것입니다.

그래서 청교도들은 인생에서 단 한 번도 신앙의 결정적 변화를 경험하지 못한 자는 구원의 은혜를 맛볼 수 없다고 강조했습니다. 단순히 주일 예배에만 참석하고 일상으로 돌아가는 반복적인 삶이 아니라, 매일매일 영적 싸움에서 분투하며 하나님과 동행하는 삶이 천국을 위한 준비가 되는 것입니다. 이 땅에서의 모든 성취와 목표가 천국의 가치를 대신할 수 없다는 사실을 기억하며, 우리는 진정한 목표를 놓치지 말아야 합니다.

예배를 포기하면서까지, 신앙을 포기하면서까지, 묵상을 포기하면서까지 우리가 이 세상에서 열심히 해야 할 것은 없습니다. 자녀의 성공을 위해 전념하다가 자녀의 신앙이 무너진다면, 그것이 무슨 의미가 있겠습니까? 이 땅의 목표가 아무리 중요해 보여도, 우리의 최우선은 천국을 준비하는 삶이어야 합니다. 여러분, 영적인 싸움에 집중하십시오. 세상의 일에 지나치게 얽매이지 마십시오. 하나님께 올바른 예배와 헌신을 드리며, 주님께서 주실 영원한 안식에 소망을 두시기 바랍니다.

16

영화 4

천국을 침노하라

내가 확신하노니
사망이나 생명이나
천사들이나 권세자들이나
현재 일이나 장래 일이나 능력이나
높음이나 깊음이나
다른 어떤 피조물이라도
우리를 우리 주 그리스도 예수 안에 있는
하나님의 사랑에서 끊을 수 없으리라

교리의 발견

사실 로마서 8장에서는 구원의 서정 8단계 내지 9단계라는 황금사슬을 발견하기가 어렵습니다. 로마서 8장에 구원의 서정이 다 나오지 않기 때문입니다. 따라서 제가 로마서를 강해하는 가운데 '황금사슬'을 주제로 설교할 수 있었던 것은 특별한 은혜였습니다.

보통 신학교를 졸업하고 난 뒤 목회 현장에서 목회자들에게 더 필요한 것은 성경신학과 설교학이나 상담학 같은 분야이지 조직신학이 아닙니다. 목회와 설교로 바쁜 나날을 보내는 목회자는 조직신학에 천착하기가 어렵습니다. 따라서 조직적 체계, 즉 교리를 등한시할 수밖에 없는 구조입니다.

그런데 저는 개인적으로 조직신학을 좋아하고 조직신학만큼이나 역사신학도 좋아합니다. 그래서 로마서 8장 29-30절 말씀을 근거로 역사적으로 황금사슬이 만들어졌다는 것을 발견하였고, 성경에 흩어져 있는 많은 병행구와 더불어서 황금사슬 설교를 할 수 있었습니다. 성경을 입체적으로 볼 뿐만 아니라 조직신학과 역사신학에도 관심을 기울였기 때문입니다.

우리가 성경신학으로 로마서를 공부하고 성경 본문을 해석한다고 해서 황금사슬을 스스로 알아낼 수 없습니다. 개인이 혼자 성경을 읽고 소명부터 영화까지 발견해내는 것은 불가능합니다. 칭의, 성화, 영화를 하나씩 구분해서 개별적으로 설교할 수는 있겠지만 구원론을 체계적으로 전달하기는 어렵습니다.

따라서 우리는 종교개혁 이후로 최소 500년 동안 칼빈을 비롯한 수많은 믿음의 사람들이 일평생 하나님의 말씀을 연구하여 이룩한 것들, 청교도가 기틀을 마련한 것을 그대로 받아들이면 됩니다. 우리가 우리의 상식만 가지고 신앙생활을 하려고 고집하는 것이 아니라 믿음의 선배들이 이룬 것을 우리 것으로 만드는 과정에 익숙해지는 것이 얼마나 중요한지 모릅니다.

세례 요한과 같은 설교자

마지막 영화에서는 그러면 천국에 들어가려면 우리가 이 땅에서 어떻게 천국을 준비해야 하는지 이것이 중요한 주제가 됩니다.

청함을 받은 자는 많되 택함을 입은 자는 적으니라 마 22:14

청함을 받는다는 것은 설교를 듣는 것입니다. 따라서 이것은 예수를 믿지 않는 사람, 설교를 듣지 않는 사람들을 아예 고려하지 않습니다. 청함을 받는 사람은 많습니다. 흔히 어릴 때부터 그냥 교회를 다닙니다. 그렇기 때문에 우리가 단지 교회 안에 있다고 해서 그것을 자연스럽게 구원으로 연결시키거나 내가 교회에 속해 있기 때문에 어느 정도 천국에 가까이 있다고 생각하는 것은 큰 오산입니다.

교회를 다니고 예수님을 믿어도 태어나서 지금까지 한 번도 인생의 가치관이 극명하게 뒤바뀐 적이 없다면 그는 거듭난 상태가 아닙니다. 언제 한 번 말씀을 듣고 뒤집어져서 내가 인생 잘못 살았다는 결정적인 순간을 경험해본 적이 있습니까? 과거를 한번 곰곰이 돌이켜보십시오. 우리가 지금까지 살아온 육적인 상태, 여전히 본성의 상태에 머물러 있다면 그는 거듭난 상태가 아닙니다. 그는 그냥 지옥 백성입니다.

그러면 육적인 상태, 본성의 상태에 있는 사람의 반대는 무엇일까요? 은혜의 상태로 들어간 사람입니다. 은혜의 상태에 들어간 사람들은 마음이 자꾸 그리스도에게 기울어집니다.

마태복음 11장에는 그리스도에게 마음을 기울인 세례 요한과 예수님이 세례 요한을 증거하신 내용이 나옵니다. 세례 요한이 감옥에서 그리스도께서 하신 일을 듣고 제자들을 보내어 예수님께 묻는 장면입니다.

요한이 옥에서 그리스도께서 하신 일을 듣고 제자들을 보내어 예수께 여짜오되 오실 그이가 당신이오니이까 우리가 다른 이를 기다리오리이까 마 11:2-3

그런데 사실 세례 요한은 예수님이 자신에게 세례를 받으러 나오실 때 하나님의 성령이 예수님 위에 임하시는 것을 보았기 때문에 예수님이 오실 메시아라는 것을 알았습니다. 그렇기 때문에 그리스도께서 하신 일들도 알고 있었습니다. 그렇다면 세례 요한은 왜 굳이 제자들을 보내서 예수님에게 "오실 그이가 당신이오니이까 우리가 다른 이를 기다리오리이까?"라고 물었을까요? 제자들에게 이제 자신의 시대는 마무리될 것이고, 오실 그분이 바로 예수님이심을 확고히 보여주기 위해서 그들을 보낸 것입니다.

> 맹인이 보며 못 걷는 사람이 걸으며 나병환자가 깨끗함을 받으며 못 듣는 자가 들으며 죽은 자가 살아나며 가난한 자에게 복음이 전파된다 하라 마 11:5

예수님은 요한의 제자들에게 메시아가 오실 때 어떤 일이 일어나는지 구약에 예언된 내용을 말씀하시며 가서 듣고 보는 것을 알리라고 말씀하십니다. 요한의 제자들이 떠나자 예수님은 사람들에게 요한에 대하여 말씀하십니다.

> 너희가 무엇을 보려고 광야에 나갔더냐 바람에 흔들리는 갈대냐 그러면 너희가 무엇을 보려고 나갔더냐 부드러운 옷 입은 사람이냐 부드러운 옷을 입은 사람들은 왕궁에 있느니라 그러면 너희가 어찌하여 나갔더냐 선지자를 보기 위함이었더냐 옳다 내가 너희에게 이르노니 선

지자보다 더 나은 자니라 마 11:7-9

예수님은 세례 요한을 가리켜 그는 바람에 흔들리는 갈대가 아니요 부드러운 옷 입은 사람도 아니라고 말씀하십니다. 그는 심지가 굳은 나무요 거침없이 죄를 드러내는 입을 가진 자로 선지자보다 더 나은 자라고 하십니다. 예수님은 그 어떤 선지자보다 요한을 높이 평가하십니다.

> 기록된 바 보라 내가 내 사자를 네 앞에 보내노니 그가 네 길을 네 앞에 준비하리라 하신 것이 이 사람에 대한 말씀이니라 내가 진실로 너희에게 말하노니 여자가 낳은 자 중에 세례 요한보다 큰 이가 일어남이 없도다 그러나 천국에서는 극히 작은 자라도 그보다 크니라
>
> 마 11:10-11

여러분, 목사는 성도에게 좋은 내용들을 설명하기 위해 단에 서는 것이 아닙니다. 책을 많이 읽고 많이 배워서 많은 성도들을 설득하려고 하는 것이 아닙니다. 거침없이 말을 쏟아내서 그들 속에 숨어 있는 죄들을 다 드러내기 위해 서는 것입니다. 청교도 목회자에게 설교 단상은 성도가 가진 영혼의 병을 수술하는 장소입니다. 외과 의사가 칼로 죄악의 덩어리를 잘라내려고 하는데 어떻게 부드러운 소리가 나오겠습니까?

설교는 세례 요한과 같아야 하고, 베드로와 같아야 합니다. 베

드로가 사람들에게 그들의 죄를 정확히 지적했을 때 사람들은 그러면 이제 우리가 어떻게 하면 좋으냐고 발버둥쳤고 그 때 베드로는 예수의 복음을 전했습니다. 그러자 하루에 3천 명이나 믿게 되었습니다. 바울은 수많은 곳을 다니며 전도했고 어떤 사람과 논쟁해도 한 번도 지지않는 용사였습니다. 그것이 바로 목사입니다. 목사는 순한 자가 아닙니다. 목사는 영적인 야성이 있어야 합니다. 세례 요한은 이미 자신의 역할이 무엇인지 다 알고 있었습니다. 예수님이 오시기 전까지 그들의 마음을 하나님의 법으로 경고하고, 그들을 회개시키고, 그들을 하나님께 무릎 꿇게 하는 것이 그의 사역이었습니다. 예수님께서는 그런 세례 요한을 가리켜 여자가 난 자 중에 가장 위대한 자라고 말씀하셨습니다.

침노하는 자는 빼앗느니라

천국은 세례 요한의 때부터 지금까지 침노를 당한다고 했는데 '침노하는 천국'이란 무엇입니까?

> 세례 요한의 때부터 지금까지 천국은 침노를 당하나니 침노하는 자는
> 빼앗느니라 마 11:12

청교도들은 목회자가 유능한 연극배우가 되어야 한다고 말했습니다. 유능한 연극배우란 작가의 의도를 정확히 표현해내는 배

우입니다. 그렇듯이 가장 좋은 목사는 성경이 말하고자 하는 바를 그대로 드러내고, 그것을 사람들에게 가감 없이 전해야 합니다. 세례 요한의 사역은 죄를 엄격히 꾸짖는 것이었습니다. 그는 처음부터 "회개하라 천국이 가까이 왔느니라"라고 외쳤습니다. 그는 사람의 비위를 맞추지 않고 사람에게 알랑거리지도 않았습니다. "너희, 그렇게 살면 죽는다"라고 곧바로 칼을 들이댔습니다. "회개하라 천국이 가까이 왔느니라"라는 말은 회개하지 않으면 멸망한다는 것입니다.

예수님께서 천국은 침노하는 자가 가는 것이라고 말씀합니다. 침노한다는 것은 빼앗는다는 것입니다. 우리의 인생이 전쟁과 같다고 하면 침노하지 않으면 우리는 천국에 들어갈 수 없습니다. 따라서 천국 백성이 되기 위하여 목회자와 성도가 일심동체가 되어 해야 할 일이 있습니다. 목사는 성도들이 침노하지 않는 부분, 여전히 타협하고 있고, 여전히 게으르고, 천국에 가지 못하도록 여전히 마귀가 뒷다리를 잡는 부분을 하나님의 말씀의 칼, 성령의 칼로 도려내야 합니다. 그것이 목사의 사역입니다. 성도 역시 도려냄을 당할 때는 아프지만 그것이 내 영혼에 유익하다는 마음을 굳게 먹어야 합니다.

저는 목사가 강단에서 보편적인 자기 의견을 내는 듯한 설교를 하면 안 된다고 생각합니다. 제대로 된 설교는 우리를 방해하는 모든 것을 하나님의 말씀으로 도려낼 수 있을 만한 날카로운 설교입니다. 날카로운 권면과 날카로운 사역이 성도를 천국에 가게 하는 것입니다.

우리가 침노해야 할 것들

그러면 우리가 무엇을 침노해야 할까요?

1. 무지를 침노하라

첫째, 우리의 무지입니다.

> 내가 두루 다니며 너희가 위하는 것들을 보다가 알지 못하는 신에게
> 라고 새긴 단도 보았으니 그런즉 너희가 알지 못하고 위하는 그것을
> 내가 너희에게 알게 하리라 행 17:23

그리스 사람들은 종교심이 남다른 특징이 있었습니다. 그런데 바울은 그들에게 종교심이 많고 대단하다는 것은 알겠는데, 그들이 알지 못하고 예배해온 신이 누구인지 알려주겠다고 합니다.

> 너희는 알지 못하는 것을 예배하고 우리는 아는 것을 예배하노니…
> 요 4:22

예수님께서도 사마리아 여인에게 "너희는 알지 못하는 것을 예배하고 있다"라고 하셨습니다. 많은 성도들에게는 종교적인 열

심이 있습니다. 아침부터 저녁까지 열심을 냅니다. 죄를 고백합니다. 심지어 금식합니다. 봉사합니다. 헌금을 많이 냅니다. 그렇지만 주님을 알지 못합니다. 무지합니다. 그런데 이런 사람은 지옥에 갑니다.

이런 설교를 하면 공식적으로 따라오는 말이 있습니다. "목사님, 그럼 우리 할머니는 일자무식이었는데 그럼 지옥 갑니까?" 제가 이 말 한마디를 꼭 하겠습니다. 구원은 다 똑같이 받습니다. 자기가 알고 있는 한도 내에서 최선을 다해 하나님과 예수 그리스도를 아는 지식이 없이는 구원받지 못합니다.

> 내가 증언하노니 그들이 하나님께 열심이 있으나 올바른 지식을 따른 것이 아니니라 하나님의 의를 모르고 자기 의를 세우려고 힘써 하나님의 의에 복종하지 아니하였느니라 롬 10:2-3

하나님께 열심이 있어도 그것이 올바른 지식을 따라서 낸 열심이 아니라는 것입니다. 3절에 "하나님의 의를 모르고 자기 의를 세우려고", 우리가 하나님의 의를 모르면, 쉽게 말해서 하나님의 의에 대해 무지하면 100퍼센트 자기 의를 세운다는 것입니다. 그러니까 일자무식이니 할머니라는 말로 물타기 하지 말고 우리가 할 수 있는 한 최선을 다해 하나님과 예수 그리스도를 알아가도록 공부해야 하는 것입니다. 그렇게 하지 않으면 하나님의 의를 모르고 자기 의를 세우려고 힘써 하나님의 의에 복종하지 않는 것입니다. 하나님의 말씀을 깊이 모르고 하나님의 뜻을 깊이 모르는데, 예수 그리스도가 누구신지 정확히 모르는 자가 열심히 의를 행하려고 하면 그것이 바로 하나님을 대적하는 것이 됩니다. 하나님을 모르는 자들이 외치는 수많은 정의는 악입니다.

이 세상에는 이 세상의 가치관들이 있습니다. 이 세상에서 통용되는 사고들입니다. 우리는 자라면서 이 세상의 가치관을 공기처럼 마시고 살았습니다. 물에 사는 물고기처럼 이 세상의 가치관이 우리를 다 휘감았습니다. 그런데 지금까지 이 상태로 꾸준히 살아왔다면 우리는 여전히 하나님의 의를 모르고 사는 것입니다. 스스로 내가 옳다고 느끼고 내가 바르고 정직하다고 외치는 자들에 지나지 않습니다. 하나님의 천국에서 멀어질 수밖에 없는 그런 종류의 사람이라는 것을 반드시 알아야 합니다.

그렇기 때문에 교회는 바로 이런 사람들에게 "지금까지 부모님이 주입시킨 삶의 지혜, 학교에서 선생님이 가르쳐준 교훈, 사회에 대한 고찰들이 전부 다 가짜이니 처음부터 다시 공부하십시오"라고 말하는 것입니다. 이것이 바로 교회입니다. 이런 교회의 가르침이 공영방송에서 방송이 된다면 사람들이 알아들을까요? 그렇지 않습니다. 세상에서 옳다고 하는 것들을 교회에서는 옳지 않다고 합니다. 무엇보다 교회에서는 세상에서는 한 번도 들어보지 못한 내용을 가르칩니다. 천국을 침노한다는 것은 침략하듯이 진리를 공부하라는 것입니다. 목숨 걸고 전쟁하듯이 진리를 공부하는 것입니다. 그 진리는 하나님의 말씀입니다. 그런데 이 진리는 성경만 가지고 해석하는 것이 아닙니다. 성경을 앞뒤로 입체적으로 연구하고 분석해서 떨어지는 것, 그래서 진리는 '교리'입니다. 어느 유튜브를 보니 "진리는 하나님이 만들었고 교리는 인간이 만들었다"라고 하는데, 그렇지 않습니다. 청교도는 이렇게 말합니다.

"하나님은 우리에게 교리라는 체계로 진리를 주셨다."

삼위일체 교리는 인간이 만든 것입니까? 하나님이 만들어주신 것입니까? 예수 그리스도의 인성과 신성의 교리를 인간이 만들었나요? 창조의 교리, 값없이 주시는 은혜의 교리, 이신칭의 교리, 중생의 교리, 전가의 교리, 육체의 부활과 생명에 관한 교리, 이것은 다 교리입니다. 이 교리들을 인간이 만든 것입니까? 그렇지 않습니다. 인간이 만든 것이 아니라 성경에서 인간이 발견해낸 것입니다.

이 땅에 금을 인간이 만들었습니까? 하나님이 만드신 금을 광부가 발견해낸 것입니다. 그런데 어리석은 사람들이 진리는 하나님이 만들었고 교리는 인간이 만들었기 때문에 교리를 탐닉하게 되면 싸움밖에 일어나지 않는다고 하는데 아닙니다. 교리는 하나님이 주셨습니다. 청교도들은 진리가 교리라는 체계로 우리에게 전달되었다고 강조합니다.

우리가 성경을 읽고 로마서를 읽더라도 우리는 결코 삼위일체 교리를 스스로 발견할 수 없을 것이고, 결코 예수 그리스도의 인성과 신성의 의미를 발견할 수 없을 것입니다. 우리가 체계를 가지고 진리를 받아들이지 않으면 우리는 거짓과 싸워서 이길 수 없습니다. 하나님의 말씀을 교리적 체계로 받아들이고, 교리적 체계로 나를 사수하고, 피가 나도록 공부하고 연구해서 교리를 머릿속에 담을 때 비로소 이 세상의 거짓이 눈에 똑똑히 보입니다.

저 역시 하나님이 주신 교리를 확고한 이론으로 배우니까 이 세상 것들의 허점이 보이고 그것이 틀렸다고 용감하게 말할 수 있게 된 것입니다. 이 세상과 싸우려면 우리는 무지와 전쟁해야 합니다. 무지란 우리 안에 있던 이 세상의 가치관들에 대항해서 하나님의 말씀을 교리적 체계로 습득하는 것입니다. 피를 흘리면서까지 싸워서 진리를 배우는 것이 바로 천국을 침노하는 자의 모습입니다.

우리의 구원에 대해서 우리가 취할 입장이 무엇입니까?

그가 그 피조물 중에 우리로 한 첫 열매가 되게 하시려고 자기의 뜻을 따라 진리의 말씀으로 우리를 낳으셨느니라 약 1:18

"자기의 뜻을 따라 진리의 말씀으로 우리를 낳으셨느니라", 우리는 진리의 말씀으로 거듭납니다. 우리가 성경을 통해 거듭날 때 황금사슬처럼 교리를 가지고 거듭나게 되는 것입니다. 삼위일체 하나님께서 어떻게 구원의 역사를 진행하시는지 배우면서 구원의 길을 가는 것입니다.

> 너희가 성경에서 영생을 얻는 줄 생각하고 성경을 연구하거니와 이 성
> 경이 곧 내게 대하여 증언하는 것이니라 요 5:39

우리도 마찬가지입니다. 우리가 성경에서 영생을 얻는 줄 생각하고 성경을 보는 것은 잘하는 일입니다. 성경은 전부 예수님에 대하여 증거하고 있습니다. 우리가 어떻게 천국에 갑니까? 성경을 많이 공부하면 가는 것입니다. 진리를 사수하기 위해 성경이 너덜너덜해질 정도로 성경을 보면 천국에 간다는데, 그래도 성경을 읽지 않겠습니까? 성경이 우리를 거듭나게 하고, 성경이 예수 그리스도를 전해주어서 그로 말미암아 천국에 가게 한다는데, 우리가 시간만 나면 성경을 읽고, 자다가도 성경을 읽고, 그 어떤 보화보다 성경을 더 귀하게 여겨서 내 것으로 해야 하지 않겠습니까?

2. 설교를 침노하라

둘째, 우리는 설교를 들어야 합니다. 우리는 하나님의 말씀을 공부해야 하고 설교를 들어야 합니다. 설교 시간은 수술 시간입니다. 모든 사람들은 자기 영혼의 병을 가지고 예배에 나와야 합니다. 목사의 설교를 통해 병든 부위가 도려내지기를 원하는 마음으로 설교를 들어야 합니다.

백성이 다 그에게 귀를 기울여 들으므로 어찌할 방도를 찾지 못하였더라 눅 19:48

청교도는 하나님의 말씀은 기록된 말씀과 전파된 말씀으로 봅니다. 기록된 하나님의 말씀인 성경과 전파된 하나님의 말씀, 즉 설교입니다. 하나님의 말씀이 우리에게 이 두 가지로 전달된다고 보는 것입니다. 그러나 우리 마음에 구원을 일으키고 우리 마음을 감화 감동시키는 것은 설교입니다.

그렇다면 우리는 설교를 어떻게 들어야 할까요? 졸면서 들어도 될까요? 청교도가 이야기했듯이 하나님의 말씀은 성경보다 설교를 통해서 전달될 때 우리에게 감화 감동이 일어나고 우리에게 구원을 일으킵니다.

설교를 들었는데 예배당을 나가자마자 무슨 설교를 들었는지 잊어버립니까? 또는 설교 시간에 자꾸 졸리나요? 그것은 저주받은 증거입니다. 왜냐하면 그 마음에 말씀의 씨가 떨어지기도 전에 악한 참새가 와서 먹어버렸기 때문입니다. 아무리 설교를 들어도 설교가 머릿속에 남지 않고, 설교를 들으면 졸리고, 아무리 경각심을 높이는 무시무시한 설교를 들어도 마음이 평안하다면, 그것은 그 말씀이 심령에 꽂히지 않기 때문입니다.

설교는 재판장이신 예수님이 심판하실 때 우리를 평가하시는 모의고사 같은 것입니다. 우리가 본고사를 보러 가기 전에 모의고사를 보는데 졸고, 넋이 빠져 있고, 다른 생각하고, 마음에 집중하지 않고 그럴 수 있을까요? 우리가 설교를 들을 때는 열정적으로 듣고, 전투하듯이 듣고, 나에게 말씀이 침투해 들어오듯이 들어야 합니다.

3. 기도를 침노하라

셋째, 기도에 힘써야 합니다.

베자는 루터가 기도하는 소리를 들었습니다.

> "놀랍게도 그의 기도는 생명과 열정이 가득 넘쳤고, 그의 태도는 마치 하나님께 직접 말씀을 드리는 것처럼 그렇게 공손할 수가 없었고, 또 마치 친구에게 말하는 것처럼 그렇게 담대할 수가 없었다."

성경에서는 기도를 씨름이라고 표현합니다. 그래서 우리는 야곱처럼 씨름하듯이 기도해야 합니다. 나의 마음과 열정을 하나님께 드리는 기도를 해야 합니다. 우리는 진리를 공부해야 합니다. 우리는 설교를 들어야 합니다. 우리는 기도해야 합니다. 우리가 이 세 가지를 침노해야 합니다.

특별한 천국에 가는 특별한 삶

우리는 누가 구원받았는지, 누가 천국에 들어가는 사람인지는 모르지만 누가 천국에 들어가지 못하는 사람인지는 안다고 했습니다. 그들은 말씀을 들을 때 넋 놓고 있는 사람, 말씀을 들을 때 조는 사람, 마음이 동할 때 어쩌다 한 번 성경을 읽는 사람, 성경에 손때가 거의 묻어 있지 않은 사람, 설교를 들어도 자주 잊어버리는 사람, 성경을 사모하지 않는 사람입니다. 이 성경 말씀이 생명보다 귀하고 우리 영혼을 하나님께 데려가는 정답이라면 우리는 성경을 종이가 닳도록 읽고 연습장에 기록해서 내 것으로 만들기 위해 노력해야 합니다. 그런데 성도들에게 그런 모습이 별로 보이지 않습니다. 열정을 가지고 기도하는 사람이 별로 없습니다.

우리가 형식적으로 교회에 다니는 것은 아무 의미가 없습니다. 노아의 시대에 노아가 방주에 들어가던 날까지 사람들은 먹고 마시고 장가 들고 시집 갔습니다. 큰 잔치를 열어서 많은 사람을 초청했을 때에도 사람들은 나는 밭을 사서 못 가고, 나는 소를 사서 못 가고, 나는 장가 들어서 잔치에 가지 못하겠다고 했습니다.

지금까지도 우리는 내 욕망껏 살아왔습니다. 하고 싶은 대로 하면서 달려왔습니다. 전부 다 일상적인 삶을 살았습니다. 일상적인 삶 때문에 영적인 삶에 문제가 생긴다면 단호하게 결정을 내려야 합니다. 내 영혼에 투자하는 시간이 현저히 줄어들어서 기도하지 못했다면 이제는 기도하는 시간을 확보해야 합니다.

여러분, 우리가 이대로 그냥 살면 지옥에 가는 것입니다. 천국은 특별해야 가는 곳입니다. 하나님의 나라에 평강이 있다는 것은 이 땅에서는 분투했다는 것입니다. 천국은 승리해야 가는 곳입니다. 그렇다면 이 땅에서 피 흘리고 싸웠다는 뜻입니다. 천국은 우리가 넉넉하고 게으르고 평범하게 살면서 갈 수 있는 곳이 아닙니다. 정말 싸워야 하고, 눈물 나게 기도해야 하고, 밤을 지새우며 성경을 읽고 교리를 공부하다가 놀라운 은혜에 감탄하고 무릎을 치며 살아가기에도 우리 인생의 시간이 너무나 부족하다는 것을 반드시 기억하시기 바랍니다.

황금사슬

초판 1쇄 발행	2024년 11월 25일
지은이	정대운
펴낸이	여진구
책임편집	안수경 김도연
편집	이영주 박소영 최현수 구주은 김아진 정아혜
책임디자인	노지현 마영애 ｜ 조은혜
홍보 · 외서	진효지
마케팅	김상순 강성민
제작	조영석 허병용

마케팅지원 최영배 정나영
경영지원 김혜경 김경희

303비전성경암송학교 유니게 과정
이슬비전도학교 / 303비전성경암송학교 / 303비전꿈나무장학회

펴낸곳	규장

주소 06770 서울시 서초구 매헌로 16길 20(양재2동) 규장선교센터
전화 02)578-0003 팩스 02)578-7332
이메일 kyujang0691@gmail.com
페이스북 facebook.com/kyujangbook
카카오스토리 story.kakao.com/kyujangbook
등록일 1978.8.14. 제1-22

홈페이지 www.kyujang.com
인스타그램 instagram.com/kyujang_com

ⓒ 저자와의 협약 아래 인지는 생략되었습니다.
이 출판물은 저작권법에 의해 보호를 받는 저작물이므로 무단 전재와 무단 복제를 할 수 없습니다.

책값 뒤표지에 있습니다.
ISBN 979-11-6504-574-6 03230

규 ｜ 장 ｜ 수 ｜ 칙

1. 기도로 기획하고 기도로 제작한다.
2. 오직 그리스도의 성품을 사모하는 독자가 원하고 필요로 하는 책만을 출판한다.
3. 한 활자 한 문장에 온 정성을 쏟는다.
4. 성실과 정확을 생명으로 삼고 일한다.
5. 긍정적이며 적극적인 신앙과 신행일치에의 안내자의 사명을 다한다.
6. 충고와 조언을 항상 감사로 경청한다.
7. 지상목표는 문서선교에 있다.